Friedrich Schiller

Die Räuber

Schroedel

Friedrich Schiller (1759–1805). Zwischen 1781 und 1784 entstandene Radierung (24,5 mal 19,5 cm) von Friedrich Kirschner (1748–1789) mit einer Szene aus den »Räubern« unterhalb des Porträts.

Friedrich Schiller

Die Räuber

Ein Schauspiel

Hippocrates
→ Seite 179

Quae … sanat.
→ Seite 179

Hippocrates.
Quae medicamenta non sanant, *ferrum* sanat,
quae ferrum non sanat, *ignis* sanat.

Personen

Erläuterungen zum Personenverzeichnis → Seite 179

Maximilian, *regierender Graf von Moor*
Karl
Franz } *seine Söhne*
Amalia von Edelreich

Spiegelberg
Schweizer
Grimm
Razmann
Schufterle
Roller
Kosinsky
Schwarz } *Libertiner, nachher Banditen*

Hermann, *Bastard von einem Edelmann*
Daniel, *Hausknecht des Grafen von Moor*
Pastor Moser
Ein Pater
Räuberbande
Nebenpersonen

Der Ort der Geschichte ist Teutschland,
die Zeit ohngefähr zwei Jahre

Vorrede

Man nehme dieses Schauspiel für nichts anders, als eine dramatische Geschichte, die die Vorteile der dramatischen Methode, die Seele gleichsam bei ihren geheimsten Operationen zu ertappen, benutzt, ohne sich übrigens in die Schranken eines Theaterstücks einzuzäunen, oder nach dem so zweifelhaften Gewinn bei theatralischer Verkörperung zu geizen. Man wird mir einräumen, dass es eine widersinnige Zumutung ist, binnen drei Stunden drei außerordentliche Menschen zu erschöpfen, deren Tätigkeit von vielleicht tausend Räderchen abhänget, so wie es in der Natur der Dinge unmöglich kann gegründet sein, dass sich drei außerordentliche Menschen auch dem durchdringendsten Geisterkenner innerhalb vierundzwanzig Stunden entblößen. Hier war Fülle ineinandergedrungener Realitäten vorhanden, die ich unmöglich in die allzu enge Palisaden des Aristoteles und Batteux einkeilen konnte.

Nun ist es aber nicht sowohl die Masse meines Schauspiels, als vielmehr sein Inhalt, der es von der Bühne verbannet. Die Ökonomie desselben machte es notwendig, dass mancher Charakter auftreten musste, der das feinere Gefühl der Tugend beleidigt und die Zärtlichkeit unserer Sitten empört. Jeder Menschenmaler ist in diese Notwendigkeit gesetzt, wenn er anders eine Kopie der wirklichen Welt und keine idealische Affektationen, keine Kompendienmenschen will geliefert haben. Es ist einmal so die Mode in der Welt, dass die Guten durch die Bösen schattiert werden und die Tugend im Kontrast mit dem Laster das lebendigste Kolorit erhält. Wer sich den Zweck vorgezeichnet hat, das Laster zu stürzen und Religion, Moral und bürgerliche Gesetze an ihren Feinden zu rächen, ein solcher muss das Laster in seiner nackten Abscheulichkeit enthüllen und in seiner kolossali-

die Seele gleichsam bei ihren geheimsten Operationen zu ertappen → Seite 180

zu geizen krampfhaft zu streben

drei außerordentliche Menschen → Seite 180

vielleicht tausend Räderchen → Seite 180

Geisterkenner Seelenkundler

Realitäten (frz.) ›réalités‹: ›Tatsachen‹, ›Fakten‹

Palisaden Bollwerk aus Pfählen

Aristoteles → Seite 180

Batteux → Seite 181

Ökonomie hier: innere Balance

Zärtlichkeit Weichlichkeit

idealische Affektationen → Seite 181

Kompendienmenschen → Seite 181

Kolorit Farbgebung, Farbwirkung

nackten wahren

schen Größe vor das Auge der Menschheit stellen – er selbst muss augenblicklich seine nächtlichen Labyrinthe durchwandern, – er muss sich in Empfindungen hineinzuzwingen wissen, unter deren Widernatürlichkeit sich seine Seele sträubt.

Das Laster wird hier mitsamt seinem ganzen innern Räderwerk entfaltet. Es löst in Franzen all die verworrenen Schauer des Gewissens in ohnmächtige Abstraktionen auf, skelettisiert die richtende Empfindung, und scherzt die ernsthafte Stimme der Religion hinweg. Wer es einmal so weit gebracht hat, (ein Ruhm, den wir ihm nicht beneiden) seinen Verstand auf Unkosten seines Herzens zu verfeinern, dem ist das Heiligste nicht heilig mehr – dem ist die Menschheit, die Gottheit nichts – Beide Welten sind nichts in seinen Augen. Ich habe versucht, von einem Missmenschen dieser Art ein treffendes lebendiges Konterfei hinzuwerfen, die vollständige Mechanik seines Lastersystems auseinanderzugliedern – und ihre Kraft an der Wahrheit zu prüfen. Man unterrichte sich demnach im Verfolg dieser Geschichte, wie weit ihr's gelungen hat – Ich denke, ich habe die Natur getroffen.

Nächst an diesem stehet ein anderer, der vielleicht nicht wenige meiner Leser in Verlegenheit setzen möchte. Ein Geist, den das äußerste Laster nur reizet um der *Größe* willen, die ihm anhänget, um der *Kraft* willen, die es erheischet, um der *Gefahren* willen, die es begleiten. Ein merkwürdiger wichtiger Mensch, ausgestattet mit aller Kraft, nach der Richtung, die diese bekömmt, notwendig entweder ein Brutus oder ein Catilina zu werden. Unglückliche Konjunkturen entscheiden für das Zweite, und erst am Ende einer ungeheuren Verirrung gelangt er zu dem Ersten. Falsche Begriffe von Tätigkeit und Einfluss, Fülle von Kraft, die alle Gesetze übersprudelt, mussten sich natürlicherweise an bürgerlichen Verhältnissen zerschlagen, und zu diesen enthusi-

kolossalischen gigantischen, ungeheuerlichen

Franzen damals übliche Flexion eines Eigennamens

ohnmächtige Abstraktionen sinn- und folgenlose Verallgemeinerungen

skelettisiert die richtende Empfindung analysiert und seziert das spontane Werturteil, bis dieses wirkungslos geworden ist

Missmenschen missratenen Menschen

Konterfei Abbild (von frz. ›contrefaire‹, ›nachmachen‹)

erheischet erfordert

ein Brutus oder ein Catilina → Seite 181

Konjunkturen schicksalhafte Verkettungen

astischen Träumen von Größe und Wirksamkeit durfte sich nur eine Bitterkeit gegen die unidealische Welt gesellen, so war der seltsame Don Quixote fertig, den wir im Räuber Moor verabscheuen und lieben, bewundern und bedauern. Ich werde es hoffentlich nicht erst anmerken dörfen, dass ich dieses Gemälde so wenig nur allein Räubern vorhalte, als die Satire des Spaniers nur allein Ritter geißelt.

Auch ist itzo der großе Geschmack, seinen Witz auf Kosten der Religion spielen zu lassen, dass man beinahe für kein Genie mehr passiert, wenn man nicht seinen gottlosen Satyr auf ihren heiligsten Wahrheiten sich herumtummeln lässt. Die edle Einfalt der Schrift muss sich in alltäglichen Assembleen von den sogenannten witzigen Köpfen misshandeln, und ins Lächerliche verzerren lassen; denn was ist so heilig und ernsthaft, das, wenn man es falsch verdreht, nicht belacht werden kann? – Ich kann hoffen, dass ich der *Religion* und der wahren Moral keine gemeine Rache verschafft habe, wenn ich diese mutwillige Schriftverächter in der Person meiner schändlichsten Räuber dem Abscheu der Welt überliefere.

Aber noch mehr. Diese unmoralische Charaktere, von denen vorhin gesprochen wurde, mussten von gewissen Seiten glänzen, ja oft von Seiten des Geistes gewinnen, was sie von Seiten des Herzens verlieren. Hierin habe ich nur die Natur gleichsam wörtlich abgeschrieben. Jedem, auch dem Lasterhaftesten ist gewissermaßen der Stempel des göttlichen Ebenbilds aufgedrückt, und vielleicht hat der große Bösewicht keinen so weiten Weg zum großen Rechtschaffenen als der kleine; denn die Moralität hält gleichen Gang mit den Kräften, und je weiter die Fähigkeit, desto weiter und ungeheurer ihre Verirrung, desto imputabler ihre Verfälschung.

Klopstocks Adramelech weckt in uns eine Empfindung, worin Bewunderung in Abscheu schmilzt. Miltons Satan fol-

durfte sich brauchte sich

unidealische seinen Idealen nicht standhaltende

Don Quixote … nur allein Ritter geißelt → Seite 181

itzo jetzt

der große Geschmack große Mode

Witz Verstand

Genie → Seite 181

passiert gilt, gehalten wird

Satyr → Seite 181

Schrift Heiligen Schrift, Bibel

Assembleen Zusammenkünfte (von frz. ›assemblée‹)

gemeine gewöhnliche, anspruchslose

imputabler schwerwiegender

Klopstocks Adramelech → Seite 182

Miltons Satan → Seite 182

das unwegsame Chaos → Seite 182

Die Medea der alten Dramatiker → Seite 182

Shakespeares Richard → Seite 182

Dissonanzen Missklänge

missraten abgeraten

Pöbel das einfache Volk (von lat. ›populus‹, ›Volk‹), oft auch im abwertenden Sinne: die primitivsten Instinkten folgende Menge

mein Ganzes auszureichen mein Werk als Ganzes zu überblicken

Apologie Verteidigung, Verteidigungsrede (von griech. ›apologia‹)

gen wir mit schauderndem Erstaunen durch das unwegsame Chaos. Die Medea der alten Dramatiker bleibt bei all ihren Greueln noch ein großes staunenswürdiges Weib, und Shakespeares Richard hat so gewiss am Leser einen Bewunderer, als er auch ihn hassen würde, wenn er ihm vor der Sonne stünde. Wenn es mir darum zu tun ist, *ganze* Menschen hinzustellen, so muss ich auch ihre Vollkommenheiten mitnehmen, die auch dem Bösesten nie ganz fehlen. Wenn ich vor dem Tiger gewarnt haben will, so darf ich seine schöne blendende Fleckenhaut nicht übergehen, damit man nicht den Tiger beim Tiger vermisse. Auch ist ein Mensch, der ganz Bosheit ist, schlechterdings kein Gegenstand der Kunst, und äußert eine zurückstoßende Kraft, statt dass er die Aufmerksamkeit der Leser fesseln sollte. Man würde umblättern, wenn er redet. Eine edle Seele erträgt so wenig anhaltende moralische Dissonanzen, als das Ohr das Gekritzel eines Messers auf Glas.

Aber eben darum will ich selbst missraten haben, dieses mein Schauspiel auf der Bühne zu wagen. Es gehört beiderseits, beim Dichter und seinem Leser, schon ein gewisser Gehalt von Geisteskraft dazu; bei jenem, dass er das Laster nicht *ziere*, bei diesem, dass er sich nicht von einer schönen Seite bestechen lasse, auch den hässlichen Grund zu schätzen. *Meinerseits* entscheide ein Dritter – aber von meinen Lesern bin ich es *nicht* ganz versichert. Der Pöbel, worunter ich keineswegs die Gassenkehrer allein will verstanden wissen, der Pöbel wurzelt, (unter uns gesagt) weit um, und gibt zum Unglück – den Ton an. Zu kurzsichtig, mein *Ganzes* auszureichen, zu kleingeistisch, mein *Großes* zu begreifen, zu boshaft, mein *Gutes* wissen zu wollen, wird er, fürcht' ich, fast meine Absicht vereiteln, wird vielleicht eine Apologie des Lasters, das ich stürze, darin zu finden meinen, und seine eigene Einfalt den armen Dichter entgelten lassen, dem man gemeiniglich alles, nur nicht Gerechtigkeit widerfahren lässt.

Es ist das ewige Dacapo mit Abdera und Demokrit, und unsre gute Hippokrate müssten ganze Plantagen Nieswurz erschöpfen, wenn sie dem Unwesen durch ein heilsames Dekokt abhelfen wollten. Noch so viele Freunde der Wahrheit mögen zusammenstehen, ihren Mitbürgern auf Kanzel und Schaubühne Schule zu halten, der Pöbel hört nie auf, Pöbel zu sein, und wenn Sonne und Mond sich wandeln, und Himmel und Erde veralten wie ein Kleid. Vielleicht hätt' ich den Schwachherzigen zu frommen, der Natur minder getreu sein sollen; aber wenn jener Käfer, den wir alle kennen, auch den Mist aus den Perlen stört, wenn man Exempel hat, dass Feuer verbrannt, und Wasser ersäuft habe, soll darum Perle – Feuer – und Wasser konfisziert werden?

Ich darf meiner Schrift, zufolge ihrer merkwürdigen Katastrophe mit Recht einen Platz unter den moralischen Büchern versprechen; das Laster nimmt den Ausgang, der seiner würdig ist. Der Verirrte tritt wieder in das Geleise der Gesetze. Die Tugend geht siegend davon. Wer nur so billig gegen mich handelt, mich ganz zu lesen, mich verstehen zu wollen, von dem kann ich erwarten, dass er – nicht den Dichter bewundere, aber den rechtschaffenen Mann in mir hochschätze.

Geschrieben in der Ostermesse. 1781.

Der Herausgeber.

Abdera … erschöpfen → Seite 182

Dacapo (ital.) Wiederholung

Dekokt Absud (durch Abkochen gewonnene Flüssigkeit) aus Heilpflanzen

wenn Sonne und Mond sich wandeln → Seite 183

Himmel und Erde veralten wie ein Kleid → Seite 183

zu frommen zu nützen

Käfer → Seite 183

stört → Seite 183

Exempel Beispiele

konfisziert beschlagnahmt

billig angemessen, gerecht

Ostermesse → Seite 183

Erster Akt

Erste Szene

Franken. Saal im Moorischen Schloss.

Franz. Der alte Moor.

Franz Aber ist Euch auch wohl, Vater? Ihr seht so blass.

seht so blass seht so blass aus

Der alte Moor Ganz wohl, mein Sohn – was hattest du mir zu sagen?

Franz Die Post ist angekommen – ein Brief von unserm Korrespondenten in Leipzig –

Korrespondenten Briefpartner, Gewährsmann

Der alte Moor *begierig.* Nachrichten von meinem Sohne Karl?

Franz Hm! hm! – So ist es. Aber ich fürchte – ich weiß nicht – ob ich – Eurer Gesundheit? – Ist Euch wirklich ganz wohl, mein Vater?

Der alte Moor Wie dem Fisch im Wasser! Von meinem Sohne schreibt er? – Wie kommst du zu dieser Besorgnis? Du hast mich zweimal gefragt.

Besorgnis Sorge (um die Gesundheit des Vaters)

Franz Wenn Ihr krank seid – nur die leiseste Ahndung habt es zu werden, so lasst mich – ich will zu gelegnerer Zeit zu Euch reden. *Halb vor sich.* Diese Zeitung ist nicht für einen zerbrechlichen Körper.

Ahndung Ahnung

Zeitung Nachricht von einem Ereignis

Der alte Moor Gott! Gott! was werd ich hören?

Franz Lasst mich vorerst auf die Seite gehn, und eine Träne des Mitleids vergießen um meinen verlornen Bruder – ich sollte schweigen auf ewig – denn er ist Euer Sohn: ich sollte seine Schande verhüllen auf ewig – denn er ist mein Bruder. – Aber Euch gehorchen ist meine erste traurige Pflicht – darum vergebt mir.

verlornen Bruder Anspielung auf das biblische Gleichnis vom verlorenen Sohn (Lukas 15, 11–32)

Der alte Moor O Karl! Karl! wüsstest du, wie deine Aufführung das Vaterherz foltert! Wie eine einzige frohe

deine Aufführung dein Benehmen

Nachricht von dir meinem Leben zehen Jahre zusetzen würde – mich zum Jüngling machen würde – da mich nun jede, ach! – einen Schritt näher ans Grab rückt!

Franz Ist es das, alter Mann so lebt wohl – wir alle würden noch heute die Haare ausraufen über Eurem Sarge.

Der alte Moor Bleib! – Es ist noch um den kleinen kurzen Schritt zu tun – lass ihm seinen Willen. *Indem er sich niedersetzt.* Die Sünden seiner Väter werden heimgesucht im dritten und vierten Glied – lass ihn's vollenden.

Die Sünden … Glied → Seite 183

Franz *nimmt den Brief aus der Tasche.* Ihr kennt unsern Korrespondenten! Seht! Den Finger meiner rechten Hand wollt ich drum geben, dürft ich sagen, er ist ein Lügner, ein schwarzer giftiger Lügner – – Fasst Euch! Ihr vergebt mir, wenn ich Euch den Brief nicht selbst lesen lasse – Noch dörft Ihr nicht alles hören.

Der alte Moor Alles, alles – mein Sohn, du ersparst mir die Krücke.

du ersparst mir die Krücke Du versetzt mir zeitig den Todesstoß, sodass mir die Beschwerlichkeiten des Alters erspart bleiben.

Verbände Verpflichtete

abnehmen erkennen, schließen

Franz *liest.* »Leipzig vom 1. Mai. – Verbände mich nicht eine unverbrüchliche Zusage dir auch nicht das Geringste zu verhehlen, was ich von den Schicksalen deines Bruders auffangen kann, liebster Freund, nimmermehr würde meine unschuldige Feder an dir zur Tyrannin geworden sein. Ich kann aus hundert Briefen von dir abnehmen, wie Nachrichten dieser Art dein brüderliches Herz durchbohren müssen, mir ist's, als säh ich dich schon um den Nichtswürdigen, den Abscheulichen« – – *Der alte Moor verbirgt sein Gesicht.* Seht Vater! ich lese Euch nur das Glimpflichste – »den Abscheulichen in tausend Tränen ergossen«, – ach, sie flossen – stürzten stromweis von dieser mitleidigen Wange – »mir ist's, als säh ich schon deinen alten, frommen Vater totenbleich« – Jesus Maria! Ihr seid's, eh ihr noch das Mindeste wisset?

Der alte Moor Weiter! Weiter!

Franz »Totenbleich in seinen Stuhl zurücktaumeln, und dem Tage fluchen an dem ihm zum ersten Mal Vater entgegengestammelt ward. Man hat mir nicht alles entdecken mögen, und von dem wenigen das ich weiß erfährst du nur weniges. Dein Bruder scheint nun das Maß seiner Schande gefüllt zu haben; ich wenigstens kenne nichts über dem was er wirklich erreicht hat, wenn nicht sein Genie das meinige hierin übersteigt. Gestern um Mitternacht hatte er den großen Entschluss, nach vierzigtausend Dukaten Schulden« – ein hübsches Taschengeld Vater – »nachdem er zuvor die Tochter eines reichen Bankiers allhier entjungfert, und ihren Galan einen braven Jungen von Stand im Duell auf den Tod verwundet mit sieben andern, die er mit in sein Luderleben gezogen dem Arm der Justiz zu entlaufen« – Vater! Um Gottes willen Vater! wie wird Euch?

Der alte Moor Es ist genug. Lass ab mein Sohn!

Franz Ich schone Eurer – »man hat ihm Steckbriefe nachgeschickt, die Beleidigte schreien laut um Genugtuung, ein Preis ist auf seinen Kopf gesetzt – der Name Moor« – Nein! Meine arme Lippen sollen nimmermehr einen Vater ermorden! *Zerreißt den Brief.* Glaubt es nicht Vater! glaubt ihm keine Silbe!

Der alte Moor *weint bitterlich.* Mein Name! Mein ehrlicher Name!

Franz *fällt ihm um den Hals.* Schändlicher, dreimal schändlicher Karl! Ahndete mir's nicht, da er noch ein Knabe den Mädels so nachschlenderte mit Gassenjungen und elendem Gesindel auf Wiesen und Bergen sich herumhetzte, den Anblick der Kirche, wie ein Missetäter das Gefängnis, floh, und die Pfennige, die er Euch abquälte dem ersten dem besten Bettler in den Hut warf, während dass wir daheim mit frommen Gebeten und heiligen Predigtbüchern

wirklich jetzt, gegenwärtig (schwäbischer Sprachgebrauch)

Dukaten → Seite 183

Galan Verehrer, Liebhaber

braven rechtschaffenen, vortrefflichen

von Stand aus dem Adelsstand

Luderleben sittenloses Leben

dem ersten dem besten dem erstbesten

erbauten sittlich stärkten

Alexander Magnus Alexander der Große (356–323 v. Chr.)

Geschichte des bußfertigen Tobias → Seite 184

uns erbauten? – Ahndete mir's nicht da er die Abenteuer des Julius Cäsar und Alexander Magnus und anderer stockfinsterer Heiden lieber las als die Geschichte des bußfertigen Tobias? – Hundertmal hab ich's Euch geweissagt, denn meine Liebe zu ihm war immer in den Schranken der kindlichen Pflicht, – der Junge wird uns alle noch in Elend und Schande stürzen! – O dass er Moors Namen nicht trüge! dass mein Herz nicht so warm für ihn schlüge! Die gottlose Liebe, die ich nicht vertilgen kann, wird mich noch einmal vor Gottes Richterstuhl anklagen.

Der alte Moor Oh – meine Aussichten! Meine goldenen Träume!

Franz Das weiß ich wohl. Das ist es ja was ich eben sagte. Der feurige Geist, der in dem Buben lodert, sagtet Ihr immer, der ihn für jeden Reiz von Größe und Schönheit so empfindlich macht; diese Offenheit die seine Seele auf dem Auge spiegelt, diese Weichheit des Gefühls, die ihn bei jedem Leiden in weinende Sympathie dahinschmelzt, dieser männliche Mut der ihn auf den Wipfel hundertjähriger Eichen treibet, und über Gräben und Palisaden und reißende Flüsse jagt, dieser kindische Ehrgeiz, dieser unüberwindliche Starrsinn, und alle diese schöne glänzende Tugenden, die im Vatersöhnchen keimten, werden ihn dereinst zu einem warmen Freund eines Freundes, zu einem trefflichen Bürger, zu einem Helden, zu einem *großen großen Manne* machen – seht Ihr's nun Vater! – der feurige Geist hat sich entwickelt, ausgebreitet, herrliche Früchte hat er getragen. Seht diese Offenheit, wie hübsch sie sich zur Frechheit herumgedreht hat, seht diese Weichheit wie zärtlich sie für Koketten girret, wie so empfindsam für die Reize einer Phryne! Seht dieses feurige Genie, wie es das Öl seines Lebens in sechs Jährchen so rein weggebrannt hat, dass er bei lebendigem

kindische kindliche

für Koketten girret gefallsüchtigen oder auch käuflichen Frauen (Dirnen) hinterherschmachtet

Phryne → Seite 184

Leibe umgeht, und da kommen die Leute, und sind so unverschämt und sagen: c'est l'amour qui a fait ça! Ah! seht doch diesen kühnen unternehmenden Kopf, wie er Plane schmiedet und ausführt, vor denen die Heldentaten eines Cartouches und Howards verschwinden! – Und wenn erst diese prächtigen Keime zur vollen Reife erwachsen, – was lässt sich auch von einem so zarten Alter Vollkommenes erwarten? – Vielleicht Vater erlebet Ihr noch die Freude, ihn an der Fronte eines Heeres zu erblicken, das in der heiligen Stille der Wälder residieret, und dem müden Wanderer seine Reise um die Hälfte der Bürde erleichtert – vielleicht könnt Ihr noch, eh Ihr zu Grabe geht, eine Wallfahrt nach seinem Monumente tun, das er sich zwischen Himmel und Erden errichtet – vielleicht, o Vater, Vater, Vater – seht Euch nach einem andern Namen um, sonst deuten Krämer und Gassenjungen mit Fingern auf Euch, die Euren Herrn Sohn auf dem Leipziger Marktplatz im Porträt gesehen haben.

Der alte Moor Und auch du mein Franz auch du? O meine Kinder! Wie sie nach meinem Herzen zielen!

Franz Ihr seht, ich kann auch witzig sein, aber mein Witz ist Skorpionstich. – Und dann der trockne Alltagsmensch, der kalte, hölzerne Franz, und wie die Titelgen alle heißen mögen, die Euch der Kontrast zwischen ihm und mir mocht eingegeben haben, wenn er Euch auf dem Schoße saß oder in die Backen zwickte – der wird einmal zwischen seinen Grenzsteinen sterben, und modern und vergessen werden, wenn der Ruhm dieses Universalkopfs von einem Pole zum andern fliegt – Ha! mit gefaltnen Händen dankt dir o Himmel! der kalte, trockne, hölzerne Franz – dass er nicht ist wie dieser!

Der alte Moor Vergib mir mein Kind; zürne nicht auf einen Vater, der sich in seinen Planen betrogen findet. Der Gott

umgeht … wie ein Gespenst

c'est l'amour qui a fait ça! (frz.) Die Liebe hat das gemacht, hat ihn so weit gebracht!

Cartouches und Howards → Seite 184

Fronte vorderen Linie, Spitze

residieret ironisch für: haust

nach hin zu

Monumente Denkmal (ironisch für: Galgen)

Krämer Händler im kleinen Stil

auf dem Leipziger Marktplatz im Porträt gesehen haben → Seite 184

Und auch du mein Franz auch du? → Seite 184

Grenzsteinen → Seite 184

Universalkopfs → Seite 184

dass er nicht ist wie dieser → Seite 184

Planen Plänen, Hoffnungen

Karln damals übliche Flexion eines Eigennamens (vgl. auch Seite 8)

der mir durch Karln Tränen zusendet, wird sie durch dich mein Franz aus meinen Augen wischen.

Franz Ja Vater aus Euren Augen soll er sie wischen. Euer Franz wird sein Leben dran setzen das Eurige zu verlängern. Euer Leben ist das Orakel, das ich vor allem zu Rate ziehe, über dem was ich tun will, der Spiegel durch den ich alles betrachte – keine Pflicht ist mir so heilig die ich nicht zu brechen bereit bin, wenn's um Euer kostbares Leben zu tun ist. – Ihr glaubt mir das?

Der alte Moor Du hast noch große Pflichten auf dir mein Sohn – Gott segne dich für das was du mir warst und sein wirst!

Franz Nun sagt mir einmal – Wenn Ihr diesen Sohn nicht den Euren nennen müsstet, Ihr wärt ein glücklicher Mann?

Wehmutter Hebamme

Der alte Moor Stille o stille! Da ihn die Wehmutter mir brachte hub ich ihn gen Himmel und rief: Bin ich nicht ein glücklicher Mann?

schlechtesten einfachsten, schlichtesten, rechtschaffensten

Franz Das sagtet Ihr. Nun habt Ihr's gefunden? Ihr beneidet den schlechtesten Eurer Bauren, dass er nicht Vater ist zu diesem – Ihr habt Kummer solang Ihr diesen Sohn habt. Dieser Kummer wird wachsen mit Karln. Dieser Kummer wird Euer Leben untergraben.

Bauren Bauern

Der alte Moor Oh! er hat mich zu einem achtzigjährigen Manne gemacht.

Franz Nun also – wenn Ihr dieses Sohnes Euch entäußertet?

Der alte Moor *auffahrend.* Franz! Franz! was sagst du?

Franz Ist es nicht diese Liebe zu ihm die Euch all den Gram macht. Ohne diese Liebe ist er für Euch nicht da. Ohne diese strafbare diese verdammliche Liebe ist er Euch gestorben – ist er Euch nie geboren. Nicht Fleisch und Blut, das Herz macht uns zu Vätern und Söhnen. Liebt Ihr ihn nicht mehr, so ist diese Abart auch Euer Sohn nicht mehr, und wär er aus Eurem Fleische geschnitten. Er ist Euer Augapfel gewesen bisher, nun aber, ärgert dich dein Auge, sagt die Schrift, so reiß es aus. Es ist besser einäugig gen Himmel, als mit zwei Augen in die Hölle. Es ist besser Kinderlos gen Himmel, als wenn beide Vater und Sohn in die Hölle fahren. So spricht die Gottheit!

ärgert … aus → Seite 185

Der alte Moor Du willst ich soll meinen Sohn verfluchen?

Franz Nicht doch! nicht doch! – Euren Sohn sollt Ihr nicht verfluchen. Was heißt Ihr Euren Sohn? – dem Ihr das Leben gegeben habt, wenn er sich auch alle ersinnliche Mühe gibt das Eurige zu verkürzen?

Der alte Moor Oh das ist allzu wahr! das ist ein Gericht über mich. Der Herr hat's ihm geheißen!

Der Herr hat's ihm geheißen! → Seite 185

Franz Seht Ihr's, wie kindlich Euer Busenkind an Euch handelt. Durch Eure väterliche Teilnehmung erwürgt er Euch, mordet Euch durch Eure Liebe, hat Euer Vaterherz selbst bestochen Euch den Garaus zu machen. Seid Ihr einmal nicht mehr, so ist er Herr Eurer Güter, König seiner Triebe. Der Damm ist weg, und der Strom seiner Lüste kann itzt freier dahinbrausen. Denkt Euch einmal an seine Stelle! Wie oft muss er den Vater unter die Erde wünschen – wie oft den Bruder – die ihm im Lauf seiner Exzesse so unbarmherzig im Weg stehen. Ist das aber Liebe gegen Liebe? Ist das kindliche Dankbarkeit gegen väterliche Milde? Wenn er dem geilen Kitzel eines Augenblicks zehn Jahre Eures Lebens aufopfert? wenn er den Ruhm seiner Väter der sich schon sieben Jahrhunderte unbefleckt erhalten hat, in Einer wollüstigen Minute aufs Spiel setzt? Heißt Ihr das Euren Sohn? Antwortet? heißt Ihr das einen Sohn?

Busenkind Lieblingskind

Teilnehmung Anteilnahme

itzt jetzt

geilen mutwilligen, übermütigen, ausgelassenen

Der alte Moor Ein unzärtliches Kind! ach! aber mein Kind doch! mein Kind doch!

ewiges Studium anhaltendes Bemühen, eifrigstes Bestreben

Vorschub Hilfe und Unterstützung jeglicher Art

Franz Ein allerliebstes köstliches Kind, dessen ewiges Studium ist, keinen Vater zu haben – O dass Ihr's begreifen lerntet! dass Euch die Schuppen fielen vom Auge! aber Eure Nachsicht muss ihn in seinen Liederlichkeiten befestigen; Euer Vorschub ihnen Rechtmäßigkeit geben. Ihr werdet freilich den Fluch von seinem Haupte laden, auf Euch, Vater, auf Euch wird der Fluch der Verdammnis fallen.

Der alte Moor Gerecht! sehr gerecht! – Mein mein ist alle Schuld!

Zärtlichkeit schädliche Nachgiebigkeit des zu weichen Vaters

verkehren umkehren

die Ratschlüsse einer höheren Weisheit den Willen Gottes

zernichtet zuschanden macht (Intensivierung von ›vernichtet‹)

Franz Wie viele Tausende, die voll sich gesoffen haben vom Becher der Wollust, sind durch Leiden gebessert worden. Und ist nicht der körperliche Schmerz, der jedes Übermaß begleitet, ein Fingerzeig des göttlichen Willens. Sollte ihn der Mensch durch seine grausame Zärtlichkeit verkehren? Soll der Vater das ihm anvertraute Pfand auf ewig zu Grund richten? – Bedenkt Vater, wenn Ihr ihn seinem Elend auf einige Zeit preisgeben werdet, wird er nicht entweder umkehren müssen und sich bessern? oder er wird auch in der großen Schule des Elends ein Schurke bleiben, und dann – wehe dem Vater der die Ratschlüsse einer höheren Weisheit durch Verzärtlung zernichtet! – Nun, Vater?

Der alte Moor Ich will ihm schreiben, dass ich meine Hand von ihm wende.

Franz Da tut Ihr recht und klug daran.

Der alte Moor Dass er nimmer vor meine Augen komme.

Franz Das wird eine heilsame Wirkung tun.

Der alte Moor *zärtlich.* Bis er anders worden!

Larve Maske

Franz Schon recht, schon recht – Aber, wenn er nun kommt mit der Larve des Heuchlers, Euer Mitleid erweint, Eure Vergebung sich erschmeichelt, und morgen hingeht und Eurer Schwachheit spottet im Arm seiner

Huren? – Nein Vater! Er wird freiwillig wiederkehren, wenn ihn sein Gewissen rein gesprochen hat.

Der alte Moor So will ich ihm das auf der Stelle schreiben.

Franz Halt! noch ein Wort Vater! Eure Entrüstung, fürchte ich, möchte Euch zu harte Worte in die Feder werfen, die ihm das Herz zerspalten würden – und, dann – glaubt Ihr nicht dass er das schon für Verzeihung nehmen werde, wenn Ihr ihn noch eines eigenhändigen Schreibens wert haltet? Darum wird's besser sein! Ihr überlasst das Schreiben mir.

Der alte Moor Tu das mein Sohn. – Ach! es hätte mir doch das Herz gebrochen! Schreib ihm – –

Franz *schnell.* Dabei bleibt's also?

Der alte Moor Schreib ihm dass ich tausend blutige Tränen, tausend schlaflose Nächte – Aber bring meinen Sohn nicht zur Verzweiflung.

Franz Wollt Ihr Euch nicht zu Bette legen Vater? Es griff Euch hart an.

Der alte Moor Schreib ihm dass die väterliche Brust – Ich sage dir bring meinen Sohn nicht zur Verzweiflung.
Geht traurig ab.

Franz *mit Lachen ihm nachsehend.* Tröste dich Alter, du wirst ihn nimmer an diese Brust drücken, der Weg dazu ist ihm verrammelt, wie der Himmel der Hölle – Er war aus deinen Armen gerissen, ehe du wusstest dass du es wollen könntest – da müsst ich ein erbärmlicher Stümper sein, wenn ich's nicht einmal so weit gebracht hätte einen Sohn vom Herzen des Vaters loszulösen, und wenn er mit ehernen Banden daran geklammert wäre – Ich hab einen magischen Kreis von Flüchen um dich gezogen, den er nicht überspringen soll – Glück zu Franz! Weg ist das Schoßkind – Der Wald ist heller. Ich muss diese

Tröste dich Alter → Seite 185

ehernen erzenen, unzerbrechlich festen

Papiere vollends aufheben, wie leicht könnte jemand meine Handschrift kennen? *Er liest die zerrissenen Briefstücke zusammen.* – Und Gram wird auch den Alten bald fortschaffen, – und ihr muss ich diesen Karl, aus dem Herzen reißen, wenn auch ihr halbes Leben dran hängen bleiben sollte.

Ich habe große Rechte, über die Natur ungehalten zu sein, und bei meiner Ehre! ich will sie geltend machen. – Warum bin ich nicht der Erste aus Mutterleib gekrochen? Warum nicht der Einzige? Warum musste sie mir diese Bürde von Hässlichkeit aufladen? gerade mir? Nicht anders als ob sie bei meiner Geburt einen Rest gesetzt hätte? Warum gerade mir die Lappländersnase? Gerade mir dieses Mohrenmaul? Diese Hottentottenaugen? Wirklich ich glaube sie hat von allen Menschensorten das Scheußliche auf einen Haufen geworfen, und mich daraus gebacken. Mord und Tod! Wer hat ihr die Vollmacht gegeben jenem dieses zu verleihen, und mir vorzuenthalten? Könnte ihr jemand darum hofieren, eh er entstund? Oder sie beleidigen, eh er selbst wurde? Warum ging sie so parteilich zu Werke?

Nein! Nein! Ich tu ihr Unrecht. Gab sie uns doch Erfindungsgeist mit, setzte uns nackt und armselig ans Ufer dieses großen Ozeans W e l t – Schwimme, wer schwimmen kann, und wer zu plump ist geh unter! Sie gab mir nichts mit; wozu ich mich machen will, das ist nun meine Sache. Jeder hat gleiches Recht zum Größten und Kleinsten, Anspruch wird an Anspruch, Trieb an Trieb, und Kraft an Kraft zernichtet. Das Recht wohnet beim Überwältiger, und die Schranken unserer Kraft sind unsere Gesetze.

Wohl gibt es gewisse gemeinschaftliche Pakta, die man geschlossen hat, die Pulse des Weltzirkels zu treiben.

einen Rest gesetzt hätte (schwäbisch) einen Fehlbetrag in der Kasse gehabt hätte, ohne alle Mittel gewesen wäre

Lappländersnase Lappland ist eine Region im äußersten Norden Europas, gleichsam jenseits der Zivilisation.

Könnte ihr jemand darum hofieren Könnte sich jemand bei ihr (der Natur) erfolgreich einschmeicheln

Pakta Verträge

die Pulse des Weltzirkels zu treiben die Welt in (ihrem gewöhnlichen) Gang zu halten

Ehrlicher Name! – Wahrhaftig eine reichhaltige Münze mit der sich meisterlich schachern lässt, wer's versteht, sie gut auszugeben. Gewissen, – o ja freilich! ein tüchtiger Lumpenmann, Sperlinge von Kirschbäumen wegzuschröcken! – auch das ein gutgeschriebener Wechselbrief mit dem auch der Bankerottierer zur Not noch hinauslangt.
In der Tat, sehr lobenswürdige Anstalten, die Narren im Respekt und den Pöbel unter dem Pantoffel zu halten, damit die Gescheiten es desto bequemer haben. Ohne Anstand, recht schnakische Anstalten! Kommen mir für wie die Hecken die meine Bauren gar schlau um ihre Felder herumführen, dass ja kein Hase drübersetzt, ja beileibe kein Hase! – Aber der gnädige Herr gibt seinem Rappen den Sporn, und galoppiert weich über der weiland Ernte.
Armer Hase! Es ist doch eine jämmerliche Rolle, der Hase sein zu müssen auf dieser Welt – Aber der gnädige Herr braucht Hasen!
Also frisch drüber hinweg! Wer nichts fürchtet ist nicht weniger mächtig als der, den alles fürchtet. Es ist itzo die Mode, Schnallen an den Beinkleidern zu tragen, womit man sie nach Belieben weiter und enger schnürt. Wir wollen uns ein Gewissen nach der neuesten Façon anmessen lassen, um es hübsch weiter aufzuschnallen wie wir zulegen. Was können wir dafür? Geht zum Schneider! Ich habe Langes und Breites von einer sogenannten Blutliebe schwatzen gehört, das einem ordentlichen Hausmann den Kopf heiß machen könnte – Das ist dein Bruder! – das ist verdolmetscht; Er ist aus ebendem Ofen geschossen worden, aus dem du geschossen bist – also sei er dir heilig! – Merkt doch einmal diese verzwickte Konsequenz, diesen possierlichen Schluss von

gutgeschriebener Wechselbrief finanziell gedeckte Zahlungsanweisung

Bankerottierer Bankrotteur, zahlungsunfähige Person

hinauslangt sich erfolgreich aus der Affäre zieht

Pöbel vgl. Seite 10

Ohne Anstand Ohne Umstände, ohne Zweifel

schnakische schnackische, spaßige

für vor

weiland vergangenen, ehemaligen

Wer nichts … alles fürchtet. → Seite 185

Façon (franz.) Mode, Form

zulegen … an Gewicht

Hausmann Hausvater, Familienvater

der Nachbarschaft der Leiber auf die Harmonie der Geister; von ebenderselben Heimat zu ebenderselben Empfindung; von einerlei Kost zu einerlei Neigung. Aber weiter – es ist dein Vater! Er hat dir das Leben gegeben, du bist sein Fleisch, sein Blut – also sei er dir heilig. Wiederum eine schlaue Konsequenz! Ich möchte doch fragen, warum hat er mich gemacht? doch wohl nicht gar aus Liebe zu mir, der erst ein Ich werden sollte? Hat er mich gekannt ehe er mich machte? Oder hat er mich gedacht, wie er mich machte? Oder hat er mich gewünscht, da er mich machte? Wusste er was ich werden würde? das wollt ich ihm nicht raten, sonst möcht ich ihn dafür strafen, dass er mich doch gemacht hat? Kann ich's ihm Dank wissen, dass ich ein Mann wurde? So wenig als ich ihn verklagen könnte, wenn er ein Weib aus mir gemacht hätte. Kann ich eine Liebe erkennen, die sich nicht auf Achtung gegen mein Selbst gründet? Konnte Achtung gegen mein Selbst vorhanden sein, das erst dardurch entstehen sollte, davon es die Voraussetzung sein muss? Wo stickt dann nun das Heilige? Etwa im Aktus selber durch den ich entstund? – Als wenn dieser etwas mehr wäre als viehischer Prozess zur Stillung viehischer Begierden? Oder stickt es vielleicht im Resultat dieses Aktus, der doch nichts ist als eiserne Notwendigkeit, die man so gern wegwünschte, wenn's nicht auf Unkosten von Fleisch und Blut geschehn müsste. Soll ich ihm etwa darum gute Worte geben, dass er mich liebt? das ist eine Eitelkeit von ihm, die Schoßsünde aller Künstler, die sich in ihrem Werk kokettieren, wär es auch noch so hässlich. – Sehet also das ist die ganze Hexerei, die ihr in einen heiligen Nebel verschleiert unsre Furchtsamkeit zu missbrauchen. Soll auch ich mich dadurch gängeln lassen wie einen Knaben?

möcht ich ihn dafür strafen könnte es leicht geschehen, dass er von mir dafür gestraft wird

erkennen anerkennen

stickt steckt

dann denn

Aktus (lat.) hier: Zeugungsakt

Schoßsünde Lieblingssünde

die sich in ihrem Werk kokettieren die sich gefallsüchtig in ihrem Werk selbst bespiegeln

Frisch also! mutig ans Werk! – Ich will alles um mich her ausrotten, was mich einschränkt dass ich nicht Herr bin. Herr muss ich sein, dass ich das mit Gewalt ertrotze, wozu mir die Liebenswürdigkeit gebricht. *Ab.*

Zweite Szene

Schenke an den Grenzen von Sachsen.

Karl von Moor *in ein Buch vertieft.*
Spiegelberg *trinkend am Tisch.*

Karl von Moor *legt das Buch weg.* Mir ekelt vor diesem tintenklecksenden Säkulum, wenn ich in meinem Plutarch lese von großen Menschen.

Spiegelberg *stellt ihm ein Glas hin, und trinkt.* Den Josephus musst du lesen.

Moor Der lohe Lichtfunke Prometheus' ist ausgebrannt, dafür nimmt man itzt die Flamme von Bärlappenmehl – Theaterfeuer, das keine Pfeife Tabak anzündet. Da krabbeln sie nun, wie die Ratten auf der Keule des Herkules, und studieren sich das Mark aus dem Schädel was das für ein Ding sei, das er in seinen Hoden geführt hat? Ein französischer Abbé doziert, Alexander sei ein Hasenfuß gewesen, ein schwindsüchtiger Professor hält sich bei jedem Wort ein Fläschgen Salmiakgeist vor die Nase, und liest ein Kollegium über die Kraft. Kerls, die in Ohnmacht fallen wenn sie einen Buben gemacht haben, kritteln über die Taktik des Hannibals – feuchtohrige Buben fischen Phrases aus der Schlacht bei Cannä, und greinen über die Siege des Scipio, weil sie sie exponieren müssen.

Spiegelberg Das ist ja recht alexandrinisch geflennt.

gebricht fehlt

Säkulum Jahrhundert

Plutarch → Seite 185

Josephus → Seite 185

lohe flammende

Prometheus → Seite 185

Bärlappenmehl → Seite 186

Abbé → Seite 186

Alexander Alexander der Große

schwindsüchtiger an Lungentuberkulose erkrankter

Salmiakgeist → Seite 186

Kollegium → Seite 186

fischen Phrases → Seite 186

Schlacht bei Cannä → Seite 186

greinen weinen, jammern

Siege des Scipio → Seite 186

exponieren (lat.) deuten, auslegen

alexandrinisch geflennt → Seite 186

Moor Schöner Preis für euren Schweiß in der Feldschlacht, dass ihr jetzt in Gymnasien lebet, und eure Unsterblichkeit in einem Bücherriemen mühsam fortgeschleppt wird. Kostbarer Ersatz eures verprassten Blutes, von einem Nürnberger Krämer um Lebkuchen gewickelt – oder, wenn's glücklich geht, von einem französischen Tragödienschreiber auf Stelzen geschraubt, und mit Drahtfäden gezogen zu werden. Hahaha!

Spiegelberg *trinkt.* Lies den Josephus, ich bitte dich drum.

Moor Pfui! Pfui über das schlappe Kastratenjahrhundert, zu nichts nütze, als die Taten der Vorzeit wiederzukäuen, und die Helden des Altertums mit Kommentationen zu schinden, und zu verhunzen mit Trauerspielen. Die Kraft seiner Lenden ist versiegen gegangen, und nun muss Bierhefe den Menschen fortpflanzen helfen.

Spiegelberg Tee, Bruder, Tee!

Moor Da verrammeln sie sich die gesunde Natur mit abgeschmackten Konventionen, haben das Herz nicht ein Glas zu leeren, weil sie Gesundheit dazu trinken müssen – belecken den Schuhputzer, dass er sie vertrete bei Ihro Gnaden, und hudeln den armen Schelm, den sie nicht fürchten. Vergöttern sich um ein Mittagessen, und möchten einander vergiften um ein Unterbett, das ihnen beim Aufstreich überboten wird. – Verdammen den Sadduzäer, der nicht fleißig genug in die Kirche kommt, und berechnen ihren Judenzins am Altare – fallen auf die Knie, damit sie ja ihren Schlamp ausbreiten können – wenden kein Aug von dem Pfarrer, damit sie sehen, wie seine Perücke frisiert ist. – Fallen in Ohnmacht, wenn sie eine Gans bluten sehen, und klatschen in die Hände, wenn ihr Nebenbuhler bankerott von der Börse geht – – So warm ich ihnen die Hand drückte – »Nur noch einen Tag!« – Umsonst! – Ins Loch mit dem Hund! – Bitten!

Bücherriemen … zum Transport der Schulbücher

verprassten vergeudeten

französischen Tragödienschreiber … zu werden → Seite 187

Kastratenjahrhundert entmannte, weibische Jahrhundert

Kommentationen gelehrten Erläuterungen

Bierhefe Hefe zur Gärung des Bieres

Ihro → Seite 187

hudeln (schwäbisch) quälen, plagen, verächtlich behandeln

Unterbett → Seite 187

Aufstreich (schwäbisch) Versteigerung

Sadduzäer → Seite 187

Schlamp (schwäbisch) Schleppe; Lumpen

ins Loch ins (Schuld-) Gefängnis

Schwüre! Tränen. *Auf den Boden stampfend.* Hölle und Teufel!

Spiegelberg Und um so ein paar tausend lausige Dukaten –

Moor Nein ich mag nicht daran denken. Ich soll meinen Leib pressen in eine Schnürbrust, und meinen Willen schnüren in Gesetze. Das Gesetz hat zum Schneckengang verdorben, was Adlerflug geworden wäre. Das Gesetz hat noch keinen großen Mann gebildet, aber die Freiheit brütet Kolosse und Extremitäten aus. Sie verpalisadieren sich ins Bauchfell eines Tyrannen, hofieren der Laune seines Magens und lassen sich klemmen von seinen Winden. – Ah! dass der Geist Hermanns noch in der Asche glimmte! – Stelle mich vor ein Heer Kerls wie ich, und aus Deutschland soll eine Republik werden, gegen die Rom und Sparta Nonnenklöster sein sollen. *Er wirft den Degen auf den Tisch und steht auf.*

Spiegelberg *aufspringend.* Bravo! Bravissimo! du bringst mich eben recht auf das Chapitre. Ich will dir was ins Ohr sagen Moor, das schon lang mit mir umgeht, und du bist der Mann dazu – sauf Bruder sauf – wie wär's wenn wir Juden würden, und das Königreich wieder aufs Tapet brächten?

Moor *lacht aus vollem Halse.* Ah! Nun merk ich – nun merk ich – du willst die Vorhaut aus der Mode bringen, weil der Barbier die deinige schon hat?

Spiegelberg Dass dich Bärenhäuter! Ich bin freilich wunderbarerweis schon voraus beschnitten. Aber sag, ist das nicht ein schlauer und herzhafter Plan? Wir lassen ein Manifest ausgehen in alle vier Enden der Welt und zitieren nach Palästina, was kein Schweinefleisch isst. Da beweis ich nun durch triftige Dokumente, Herodes der Vierfürst sei mein Großahnherr gewesen, und so ferner. Das wird ein Viktoria abgeben, Kerl, wenn sie wieder ins

Schnürbrust → Seite 187

Extremitäten hier: Außerordentliches

verpalisadieren verschanzen

der Geist Hermanns → Seite 187

eine Republik → Seite 188

Chapitre (frz.) Kapitel, Thema

aufs Tapet auf die Tagesordnung, ins Gespräch

Vorhaut → Seite 188

Barbier → Seite 188

Dass dich Bärenhäuter! Dass dich Faulenzer der Teufel hole!

zitieren nach Palästina, was kein Schweinefleisch isst → Seite 188

Herodes der Vierfürst → Seite 188

Viktoria (lat.) Sieg; hier: Jubel, Siegesgeschrei

Trockene kommen und Jerusalem wieder aufbauen dörfen. Itzt frisch mit den Türken aus Asien, weils Eisen noch warm ist, und Zedern gehauen aus dem Libanon, und Schiffe gebaut, und geschachert mit alten Borten und Schnallen das ganze Volk. Mittlerweile –

Moor *nimmt ihn lächelnd bei der Hand.* Kamerad! Mit den Narrenstreichen ist's nun am Ende.

Spiegelberg *stutzig.* Pfui, du wirst doch nicht gar den verlorenen Sohn spielen wollen? Ein Kerl wie du der mit dem Degen mehr auf die Gesichter gekritzelt hat, als drei Substituten in einem Schaltjahr ins Befehlbuch schreiben! Soll ich dir von der großen Hundsleiche vorerzählen? ha! ich muss nur dein eigenes Bild wieder vor dich rufen, das wird Feuer in deine Adern blasen, wenn dich sonst nichts mehr begeistert. Weißt du noch wie die Herren vom Kollegio deiner Dogge das Bein hatten abschießen lassen, und du zur Revanche ließest ein Fasten ausschreiben in der ganzen Stadt. Man schmollte über dein Reskript. Aber du nicht faul, lässest alles Fleisch aufkaufen in ganz L…, dass in acht Stund kein Knoch mehr zu nagen ist in der ganzen Rundung, und die Fische anfangen im Preise zu steigen. Magistrat und Bürgerschaft düsselten Rache. Wir Pursche frisch heraus zu siebzehnhundert, und du an der Spitze, und Metzger, und Schneider und Krämer hinterher, und Wirt und Barbierer und alle Zünfte, und fluchen, Sturm zu laufen wider die Stadt wenn man den Purschen ein Haar krümmen wollte. Da ging's aus, wie's Schießen zu Hornberg, und mussten abziehen mit langer Nase. Du lässest Doktores kommen ein ganzes Konzilium, und botst drei Dukaten wer dem Hund ein Rezept schreiben würde. Wir sorgten die Herren werden zu viel Ehr im Leib haben und Nein sagen und hatten's schon verabredt sie zu forcieren. Aber das war unnötig, die

verlorenen Sohn vgl. Lukas 15,11–32 (vgl. auch Seite 13)

Substituten hier: Gehilfen des Amtsschreibers

Kollegio → Seite 188

schmollte (schwäbisch) lächelte

Reskript Erlass, Bescheid

Magistrat Ratskollegium einer Stadt

düsselten (schwäbisch) murmelten, schworen leise

Pursche Burschen (vertraulich, umgangssprachlich)

Schießen zu Hornberg → Seite 189

Konzilium (lat.) Rat, Ratsversammlung

forcieren zwingen

Herren schlugen sich um die drei Dukaten, und kam's im Abstreich herab auf drei Batzen, in einer Stund sind zwölf Rezepte geschrieben, dass das Tier auch bald drauf verreckte.

Moor Schändliche Kerls!

Spiegelberg Der Leichenpomp wird veranstaltet in aller Pracht, Carmina gab's die schwere Meng um den Hund, und zogen wir aus des Nachts gegen tausend, eine Laterne in der einen Hand, unsre Raufdegen in der andern, und so fort durch die Stadt mit Glockenspiel und Geklimper, bis der Hund beigesetzt war. Drauf gab's ein Fressen, das währt bis an den lichten Morgen, da bedanktest du dich bei den Herren für das herzliche Beileid, und ließest das Fleisch verkaufen ums halbe Geld. Mort de ma vie, da hatten wir dir Respekt, wie eine Garnison in einer eroberten Festung –

Moor Und du schämst dich nicht damit groß zu prahlen? Hast nicht einmal so viel Scham dich dieser Streiche zu schämen?

Spiegelberg Geh, geh. Du bist nicht mehr Moor. Weißt du noch wie tausendmal du die Flasche in der Hand den alten Filzen hast aufgezogen, und gesagt: Er soll nur drauflos schaben und scharren, du wollest dir dafür die Gurgel absaufen. – Weißt du noch? he? weißt du noch? O du heilloser, erbärmlicher Prahlhans! das war noch männlich gesprochen, und edelmännisch, aber –

Moor Verflucht seist du, dass du mich dran erinnerst! Verflucht ich, dass ich es sagte! Aber es war nur im Dampfe des Weins, und mein Herz hörte nicht was meine Zunge prahlte.

Spiegelberg *schüttelt den Kopf.* Nein! nein! nein! das kann nicht sein. Unmöglich Bruder, das kann dein Ernst nicht sein. Sag, Brüderchen, ist es nicht die Not, die dich so

Abstreich Herunterhandeln

Batzen → Seite 189

Leichenpomp → Seite 189

Carmina → Seite 189

Raufdegen → Seite 189

Mort de ma vie (frz.) Tod meines Lebens! (Kraftausdruck)

Garnison Besatzung

Filzen (schwäbisch) Geizhals

schaben (schwäbisch) knausern

scharren Geld zusammenkratzen

stimmt? Komm, lass dir ein Stückchen aus meinen Bubenjahren erzählen. Da hatt ich neben meinem Haus einen Graben, der, wie wenig, seine acht Schuh breit war, wo wir Buben uns in die Wette bemühten hinüberzuspringen. Aber das war umsonst. Pflumpf! lagst du, und ward ein Gezisch und Gelächter über dir, und wurdest mit Schneeballen geschmissen über und über. Neben meinem Haus lag eines Jägers Hund an einer Kette, eine so bissige Bestie, die dir die Mädels wie der Blitz am Rockzipfel hatte, wenn sie sich's versahn, und zu nah dran vorbeistrichen. Das war nun mein Seelengaudium, den Hund überall zu necken wo ich nur konnte, und wollt halb krepieren vor Lachen wenn mich dann das Luder so giftig anstierte, und so gern auf mich losgerannt wär, wenn's nur gekonnt hätte. – Was geschieht? Ein andermal mach ich's ihm auch wieder so, und werf ihn mit einem Stein so derb an die Ripp, dass er vor Wut von der Kette reißt und auf mich dar, und ich wie alle Donnerwetter reißaus und davon – Tausend Schwerenot! Da ist dir just der vermaledeite Graben dazwischen. Was zu tun? Der Hund ist mir hart an den Fersen und wütig, also kurz resolviert – ein Anlauf genommen – drüben bin ich. Dem Sprung hatt ich Leib und Leben zu danken; die Bestie hätte mich zuschanden gerissen.

Moor Aber wozu itzt das?

Spiegelberg Dazu – dass du sehen sollst, wie die Kräfte wachsen in der Not. Darum lass ich mir's auch nicht bange sein, wenn's aufs Äußerste kommt. Der Mut wächst mit der Gefahr; die Kraft erhebt sich im Drang. Das Schicksal muss einen großen Mann aus mir haben wollen, weil's mir so quer durch den Weg streicht.

Moor *ärgerlich.* Ich wüsste nicht wozu wir den Mut noch haben sollten, und noch nicht gehabt hätten.

Stückchen Geschichtchen

wie wenig (schwäbisch) wenigstens

acht Schuh etwa wie ›Fuß‹ (gut 30 cm), also rund 2 Meter 50 (vgl. auch Seite 202)

sich's versahn nicht genügend achtgaben

Seelengaudium (schwäbisch) Herzenslust (von lat. ›gaudium‹: ›Vergnügen‹)

dar zu (schwäbisch)

Tausend Schwerenot! Ausruf des Ärgers oder Unwillens

just eben, genau, gerade

vermaledeite → Seite 189

wütig wütend, wild erregt

resolviert entschlossen

Spiegelberg So? – Und du willst also deine Gaben in dir verwittern lassen? Dein Pfund vergraben? Meinst du, deine Stinkereien in Leipzig machen die Grenzen des menschlichen Witzes aus? Da lass uns erst in die große Welt kommen. Paris und London! – wo man Ohrfeigen einhandelt, wenn man einen mit dem Namen eines ehrlichen Mannes grüßt. Da ist es auch ein Seelenjubilo, wenn man das Handwerk ins Große praktiziert. – Du wirst gaffen! Du wirst Augen machen! Wart, und wie man Handschriften nachmacht, Würfel verdreht, Schlösser aufbricht, und den Koffern das Eingeweid ausschüttet – das sollst du noch von Spiegelberg lernen! Die Kanaille soll man an den nächsten besten Galgen knüpfen, die bei geraden Fingern verhungern will.

Moor *zerstreut.* Wie? Du hast es wohl gar noch weiter gebracht?

Spiegelberg Ich glaube gar, du setzest ein Misstrauen in mich. Wart, lass mich erst warm werden; du sollst Wunder sehen, dein Gehirnchen soll sich im Schädel umdrehen, wenn mein kreißender Witz in die Wochen kommt. – *Steht auf, hitzig.* Wie es sich aufhellt in mir! Große Gedanken dämmern auf in meiner Seele! Riesenplane gären in meinem schöpfrischen Schädel. Verfluchte Schlafsucht! *Sich vorn Kopf schlagend.* Die bisher meine Kräfte in Ketten schlug, meine Aussichten sperrte und spannte; ich erwache, fühle wer ich bin – wer ich werden muss!

Moor Du bist ein Narr. Der Wein bramarbasiert aus deinem Gehirne.

Spiegelberg *hitziger.* Spiegelberg, wird es heißen, kannst du hexen Spiegelberg? Es ist schade dass du kein General worden bist, Spiegelberg, wird der König sagen, du hättest die Östreicher durch ein Knopfloch gejagt. Ja, hör ich die Dokters jammern, es ist unverantwortlich dass der

Dein Pfund vergraben? → Seite 189

mit dem Namen eines ehrlichen Mannes grüßt sich als ehrlicher Mann präsentiert

Seelenjubilo Seelenfreude

ins Große praktiziert im großen Stil und listig betreibt (Adelung)

Kanaille (frz.) Schuft, Pack, Gesindel

nächsten besten nächstbesten

bei geraden Fingern auf ehrliche Weise (vgl. den Ausdruck ›krumme Finger machen‹)

spannte fesselte, hemmte (Adelung)

bramarbasiert schneidet auf, prahlt (von span. ›bramar‹: ›brüllen‹)

die Östreicher … gejagt → Seite 189

Mann nicht die Medizin studiert hat, er hätte ein neues Kropfpulver erfunden. Ach! und dass er das Kamerale nicht zum Fach genommen hat, werden die Sullys in ihren Kabinetten seufzen, er hätte aus Steinen Louisdore hervorgezaubert. Und Spiegelberg wird es heißen in Osten und Westen, und in den Kot mit euch ihr Memmen, ihr Kröten, indes Spiegelberg mit ausgespreiteten Flügeln zum Tempel des Nachruhms emporfliegt.

Moor Glück auf den Weg! Steig du auf Schandsäulen zum Gipfel des Ruhms. Im Schatten meiner väterlichen Haine, in den Armen meiner Amalia lockt mich ein edler Vergnügen. Schon die vorige Woche hab ich meinem Vater um Vergebung geschrieben, hab ihm nicht den kleinsten Umstand verschwiegen, und wo Aufrichtigkeit ist, ist auch Mitleid und Hilfe. Lass uns Abschied nehmen Moritz. Wir sehen uns heut, und nie mehr. Die Post ist angelangt. Die Verzeihung meines Vaters ist schon innerhalb dieser Stadtmauren.

Schweizer, Grimm, Roller, Schufterle, Razmann *treten auf.*

Roller Wisst ihr auch, dass man uns auskundschaftet?

Grimm Dass wir keinen Augenblick sicher sind aufgehoben zu werden?

Moor Mich wundert's nicht. Es gehe wie es will! saht ihr den Schwarz nicht? sagt er euch von keinem Brief, den er an mich hätte?

Roller Schon lang sucht er dich, ich vermute so etwas.

Moor Wo ist er, wo, wo? *Will eilig fort.*

Roller Bleib! wir haben ihn hieher beschieden. Du zitterst? –

Moor Ich zittre nicht. Warum sollt ich auch zittern? Kameraden! dieser Brief – freut euch mit mir! Ich bin der Glücklichste unter der Sonne, warum sollt ich zittern?

Kropfpulver → Seite 189

das Kamerale Kameralistik, Verwaltungswissenschaften

die Sullys → Seite 189

Kabinetten Arbeitszimmern

Louisdore französische Goldmünzen mit dem Porträt des Königs Ludwig XIII. (wörtlich: ›Ludwig aus Gold‹)

ausgespreiteten Verstärkung von: ausgebreiteten

Schandsäulen → Seite 189

Haine lichten kleinen Wälder

Post Postkutsche

Stadtmauren alte Schreibung für ›Stadtmauern‹ (wie ›Bauren‹ für ›Bauern‹)

aufgehoben ausgehoben, überrumpelt und gefangen genommen

Schwarz *tritt auf.*

Moor *fliegt ihm entgegen.* Bruder, Bruder, den Brief! den Brief!

Schwarz *gibt ihm den Brief, den er hastig aufbricht.* Was ist dir? wirst du nicht wie die Wand?

Moor Meines Bruders Hand!

Hand Handschrift

Schwarz Was treibt denn der Spiegelberg?

Grimm Der Kerl ist unsinnig. Er macht Gestus wie beim Sankt-Veits-Tanz.

unsinnig von Sinnen

Gestus (lat.) Gesten

Sankt-Veits-Tanz → Seite 190

Schufterle Sein Verstand geht im Ring herum. Ich glaub er macht Verse.

Razmann Spiegelberg! He Spiegelberg! – Die Bestie hört nicht.

Grimm *schüttelt ihn.* Kerl! träumst du, oder? –

Spiegelberg *der sich die ganze Zeit über mit den Pantomimen eines Projektmachers im Stubeneck abgearbeitet hat, springt wild auf.* La bourse ou la vie! *Und packt Schweizern an der Gurgel, der ihn gelassen an die Wand wirft, – Moor lässt den Brief fallen, und rennt hinaus. Alle fahren auf.*

Projektmachers Schwärmers, Fantasten

La bourse ou la vie! (frz.) Geld oder Leben!

Roller *ihm nach.* Moor! wo 'naus, Moor? was beginnst du?

Grimm Was hat er, was hat er? Er ist bleich wie die Leiche.

Schweizer Das müssen schöne Neuigkeiten sein! Lass doch sehen!

Roller *nimmt den Brief von der Erde, und liest.* »Unglücklicher Bruder!« Der Anfang klingt lustig. »Nur kürzlich muss ich dir melden, dass deine Hoffnung vereitelt ist – du sollst hingehen, lässt dir der Vater sagen, wohin dich deine Schandtaten führen. Auch, sagt er, werdest du dir keine Hoffnung machen, jemals Gnade zu seinen Füßen zu erwimmern, wenn du nicht gewärtig sein wollest, im untersten Gewölb seiner Türme mit Wasser und Brot so

kürzlich kurz, mit wenig Worten

nicht gewärtig darauf gefasst

traktiert in reichlicher Weise versorgt (hier ironisch verwendet)

bis deine Haare … werden → Seite 190

lang traktiert zu werden, bis deine Haare wachsen wie Adlersfedern, und deine Nägel wie Vogelsklauen werden. Das sind seine eigene Worte. Er befiehlt mir den Brief zu schließen. Leb wohl auf ewig! Ich bedaure dich –

Franz von Moor.«

Schweizer Ein zuckersüßes Brüdergen! In der Tat! – Franz heißt die Kanaille?

Spiegelberg *sachte herbeischleichend.* Von Wasser und Brot ist die Rede? Ein schönes Leben! Da hab ich anders für euch gesorgt! Sagt ich's nicht, ich müsst am Ende für euch alle denken?

Schweizer Was sagt der Schafskopf? der Esel will für uns alle denken?

Spiegelberg Hasen, Krüppel, lahme Hunde seid ihr alle, wenn ihr das Herz nicht habt etwas Großes zu wagen?

Roller Nun, das wären wir freilich, du hast recht – aber wird es uns auch aus dieser vermaledeiten Lage reißen, was du wagen wirst? wird es? –

Spiegelberg *mit einem stolzen Gelächter.* Armer Tropf! aus dieser Lage reißen? hahaha! – aus dieser Lage reißen? – und auf mehr raffiniert dein Fingerhut voll Gehirn nicht? und damit trabt deine Mähre zum Stalle? Spiegelberg müsste ein Hundsfott sein, wenn er mit dem nur anfangen wollte. Zu Helden, sag ich dir, zu Freiherrn, zu Fürsten, zu Göttern wird's euch machen!

raffiniert hier: kommt, sinnt

deine Mähre dein schlechter Gaul

Hundsfott grobes Schimpfwort für einen verachteten, feigen Menschen (vgl. auch Seite 205)

Razmann Das ist viel auf einen Hieb, wahrlich! Aber es wird wohl eine halsbrechende Arbeit sein, den Kopf wird's wenigstens kosten.

Spiegelberg Es will nichts als Mut, denn was den Witz betrifft, den nehm ich ganz über mich. Mut, sag ich, Schweizer! Mut, Roller, Grimm, Razmann, Schufterle! Mut! –

Schweizer Mut? Wenn's nur das ist – Mut hab ich genug um barfuß mitten durch die Hölle zu gehn.

Schufterle Mut genug, mich unterm lichten Galgen mit dem leibhaftigen Teufel um einen armen Sünder zu balgen.

Spiegelberg So gefällt mir's! Wenn ihr Mut habt, tret einer auf, und sag: Er habe noch etwas zu verlieren, und nicht alles zu gewinnen! –

Schwarz Wahrhaftig, da gäb's manches zu verlieren, wenn ich das verlieren wollte, was ich noch zu gewinnen habe!

Razmann Ja, zum Teufel! und manches zu gewinnen, wenn ich das gewinnen wollte, was ich nicht verlieren kann.

Schufterle Wenn ich das verlieren müsste, was ich auf Borgs auf dem Leibe trage, so hätt ich allenfalls morgen nichts mehr zu verlieren.

Spiegelberg Also denn! *Er stellt sich mitten unter sie mit beschwörendem Ton.* Wenn noch ein Tropfen deutschen Heldenbluts in euren Adern rinnt – kommt! Wir wollen uns in den böhmischen Wäldern niederlassen, dort eine Räuberbande zusammenziehen und – Was gafft ihr mich an? – ist euer bissgen Mut schon verdampft?

Roller Du bist wohl nicht der erste Gauner, der über den hohen Galgen weggesehen hat – und doch – Was hätten wir sonst noch für eine Wahl übrig?

Spiegelberg Wahl? Was? nichts habt ihr zu wählen! Wollt ihr im Schuldturm stecken, und zusammenschnurren bis man zum Jüngsten Tag posaunt? Wollt ihr euch mit der Schaufel und Haue um einen Bissen trocken Brot abquälen? Wollt ihr an der Leute Fenster mit einem Bänkelsängerlied ein mageres Almosen erpressen? oder wollt ihr zum Kalbsfell schwören – und da ist erst noch die Frage, ob man euren Gesichtern traut – und dort unter der milzsüchtigen Laune eines gebieterischen Korporals das Fegfeuer zum Voraus abverdienen? oder bei klingendem Spiel nach dem Takt der Trommel spazieren gehn, oder

lichten öffentlichen → Seite 190

armen Sünder damals gängige Bezeichnung für einen zum Tode verurteilten Menschen

auf Borgs auf Pump

böhmischen Wäldern → Seite 190

über den hohen Galgen weggesehen hat am Galgen geendet ist

Schuldturm Gefängnis für säumige Schuldner

Haue Hacke

Bänkelsängerlied Lied eines fahrenden Musikanten

zum Kalbsfell schwören Soldat werden → Seite 190

milzsüchtigen Laune → Seite 190

Korporal → Seite 190

bei klingendem Spiel nach dem Takt der Trommel spazieren gehn → Seite 190

im Galliotenparadies das ganze Eisenmagazin Vulkans hinterherschleifen? Seht, das habt ihr zu wählen, da ist es beisammen, was ihr wählen könnt!

Roller So unrecht hat der Spiegelberg eben nicht. Ich hab auch meine Plane schon zusammengemacht, aber sie treffen endlich auf eins. Wie wär's, dacht ich, wenn ihr euch hinsetztet, und ein Taschenbuch oder einen Almanach, oder so was Ähnlichs zusammensudeltet, und um den lieben Groschen rezensiertet, wie's wirklich Mode ist?

Schufterle Zum Henker! ihr ratet nach zu meinen Projekten. Ich dachte bei mir selbst, wenn du ein Pietist würdest, und wöchentlich deine Erbauungsstunden hieltest?

Grimm Getroffen! und wenn das nicht geht, ein Atheist! Wir könnten die vier Evangelisten aufs Maul schlagen, ließen unser Buch durch den Schinder verbrennen, und so ging's reißend ab.

Razmann Oder zögen wir wider die Franzosen zu Felde – ich kenne einen Dokter, der sich ein Haus von purem Quecksilber gebauet hat, wie das Epigramm auf der Haustüre lautet.

Schweizer *steht auf und gibt Spiegelberg die Hand.* Moritz, du bist ein großer Mann! – oder es hat ein blindes Schwein eine Eichel gefunden.

Schwarz Vortreffliche Plane! honette Gewerbe! Wie doch die großen Geister sympathisieren! Itzt fehlte nur noch, dass wir Weiber und Kupplerinnen würden, oder gar unsere Jungferschaft zu Markte trieben.

Spiegelberg Possen, Possen! Und was hindert's, dass ihr nicht das meiste in einer Person sein könnt? Mein Plan wird euch immer am höchsten poussieren, und da habt ihr noch Ruhm und Unsterblichkeit! Seht arme Schlucker! Auch so weit muss man hinausdenken! Auch auf den Nachruhm, das süße Gefühl von Unvergesslichkeit –

im Galliotenparadies … hinterherschleifen → Seite 190

Taschenbuch → Seite 190

Almanach → Seite 191

ratet nach (schwäbisch) erratet beinahe

Pietist → Seite 191

ließen unser Buch durch den Schinder verbrennen → Seite 191

ging's reißend ab würde es sich blendend verkaufen

Quecksilber → Seite 191

Epigramm (griech.) Aufschrift, Inschrift, Sinnspruch

honette (frz.) ehrbare, anständige

Possen alberne Scherze

poussieren (frz.) hier: behagen, schmeicheln

Roller Und obenan in der Liste der ehrlichen Leute! Du bist ein Meisterredner, Spiegelberg, wenn's drauf ankommt, aus einem ehrlichen Mann einen Hollunken zu machen – Aber sag doch einer, wo der Moor bleibt? –

Spiegelberg Ehrlich, sagst du? Meinst du, du seist nachher weniger ehrlich, als du itzt bist? Was heißt du ehrlich? Reichen Filzen ein Drittteil ihrer Sorgen vom Hals schaffen, die ihnen nur den goldnen Schlaf verscheuchen, das stockende Geld in Umlauf bringen, das Gleichgewicht der Güter wiederherstellen, mit einem Wort, das goldne Alter wieder zurückrufen, dem lieben Gott von manchem lästigen Kostgänger helfen, ihm Krieg, Pestilenz, teure Zeit und D o k t e r s ersparen – siehst du, das heiß ich ehrlich sein, das heiß ich ein würdiges Werkzeug in der Hand der Vorsehung abgeben, – und so bei jedem Braten den man isst, den schmeichelhaften Gedanken zu haben; den haben dir deine Finten, dein Löwenmut, deine Nachtwachen erworben – von Groß und Klein respektiert zu werden –

Roller Und endlich gar bei lebendigem Leibe gen Himmel fahren, und trutz Sturm und Wind, trutz dem gefräßigen Magen der alten Urahne Zeit unter Sonn und Mond und allen Fixsternen schweben, wo selbst die unvernünftigen Vögel des Himmels, von edler Begierde herbeigelockt, ihr himmlisches Konzert musizieren, und die Engel mit Schwänzen ihr hochheiliges Synedrium halten? Nicht wahr? – und wenn Monarchen und Potentaten von Motten und Würmern verzehrt werden, die Ehre haben zu dürfen, von Jupiters königlichem Vogel Visiten anzunehmen? – Moritz, Moritz, Moritz! nimm dich in Acht! nimm dich in Acht, vor dem dreibeinigten Tiere!

Spiegelberg Und das schröckt dich, Hasenherz? ist doch schon manches Universalgenie, das die Welt hätte refor-

Hollunken mundartlich für: Halunken

Drittteil veraltet für Drittel

goldne Alter goldene Zeitalter (Zeit paradiesischer Unschuld)

Kostgänger → Seite 191

Pestilenz schwere Seuche

teure Zeit Teuerung, Inflation → Seite 191

Und endlich … schweben → Seite 192

Engel mit Schwänzen → Seite 192

Synedrium der Hohe Rat der Juden in der römischen Zeit

Potentaten Machthaber

Jupiters königlichem Vogel dem Adler, der hier in der Rolle des Aasgeiers erscheint

dreibeinigten Tiere Galgen

Schindanger → Seite 192

da während, wohingegen

Sukzessionsleiter Thronfolge

Oktavseiten Seiten im kleinen Oktavformat

im Winde … am Galgen

Achsel Schulter

Prostitution hier: Ehrlosigkeit, Erniedrigung

auf für

Acheron → Seite 192

Katechismus → Seite 192

Blitz! Ausruf wie ›Potzblitz!‹

Orpheus → Seite 192

Si omnes … Komma. → Seite 192

Aufstreich Überbieten (vgl. S. 29: ›Abstreich‹)

Quacksalber Kurpfuscher, unfähiger Arzt

Jauner Gauner (ältere Form)

den Sternen der Unsterblichkeit

mieren können, auf dem Schindanger verfault, und spricht man nicht von so einem Jahrhunderte, Jahrtausende lang, da mancher König und Kurfürst in der Geschichte überhüpft würde, wenn sein Geschichtschreiber die Lücke in der Sukzessionsleiter nicht scheute und sein Buch dadurch nicht um ein paar Oktavseiten gewönne, die ihm der Verleger mit barem Gelde bezahlt – Und wenn dich der Wanderer so hin und her fliegen sieht im Winde – der muss auch kein Wasser im Hirn gehabt haben, brummt er in den Bart, und seufzt über die elenden Zeiten.

Schweizer *klopft ihn auf die Achsel.* Meisterlich, Spiegelberg! Meisterlich! Was zum Teufel, steht ihr da, und zaudert?

Schwarz Und lass es auch P r o s t i t u t i o n heißen – Was folgt weiter? Kann man nicht auf den Fall immer ein Pülvergen mit sich führen, das einen so im Stillen übern Acheron fördert, wo kein Hahn darnach kräht? Nein, Bruder Moritz! dein Vorschlag ist gut. So lautet auch mein Katechismus.

Schufterle Blitz! Und der meine nicht minder. Spiegelberg, du hast mich geworben!

Razmann Du hast, wie ein anderer Orpheus, die heulende Bestie, mein Gewissen in den Schlaf gesungen. Nimm mich ganz, wie ich da bin.

Grimm Si omnes consentiunt ego non dissentio. Wohlgemerkt ohne Komma. Es ist ein Aufstreich in meinem Kopf; Pietisten – Quacksalber – Rezensenten und Jauner. Wer am meisten bietet, der hat mich. Nimm diese Hand Moritz!

Roller Und auch du Schweizer? *Gibt Spiegelberg die rechte Hand.* Also verpfänd ich meine Seele dem Teufel.

Spiegelberg Und deinen Namen den Sternen! was liegt daran, wohin auch die Seele fährt? Wenn Scharen vorausgesprengter Kuriere unsere Niederfahrt melden, dass sich die Satane festtäglich herausputzen, sich den tausendjährigen Ruß aus den Wimpern stäuben, und Myriaden gehörnter Köpfe aus der rauchenden Mündung ihrer Schwefelkamine hervorwachsen, unsern Einzug zu sehen? Kameraden! *Aufgesprungen.* Frisch auf! Kameraden! was in der Welt wiegt diesen Rausch des Entzückens auf? Kommt Kameraden!

Myriaden (griech.) zehntausend; hier: eine unübersehbare Zahl

Roller Sachte nur! Sachte! wohin? das Tier muss auch seinen Kopf haben, Kinder.

Spiegelberg *giftig.* Was predigt der Zauderer? Stand nicht der Kopf schon, eh noch ein Glied sich regte? folgt Kameraden!

Roller Gemach sag ich. Auch die Freiheit muss ihren Herrn haben. Ohne Oberhaupt ging Rom und Sparta zu Grunde.

Gemach Nur ruhig, langsam

Spiegelberg *geschmeidig.* Ja – haltet – Roller sagt recht. Und das muss ein erleuchteter Kopf sein. Versteht ihr? Ein feiner politischer Kopf muss das sein. Ja! wenn ich mir's denke, was ihr vor einer Stunde waret, was ihr itzt seid, – durch Einen glücklichen Gedanken seid – Ja freilich, freilich, müsst ihr einen Chef haben – Und wer diesen Gedanken entsponnen, sagt, muss das nicht ein erleuchteter politischer Kopf sein?

feiner vorzüglich geschickter

politischer hier: listiger, verschlagener

Roller Wenn sich's hoffen ließe – träumen ließe – Aber ich fürchte er wird es nicht tun.

Spiegelberg Warum nicht? Sag's keck heraus, Freund! – So schwer es ist das kämpfende Schiff gegen die Winde zu lenken, so schwer sie auch drückt die Last der Kronen – Sag's unverzagt, Roller, – Vielleicht wird er's doch tun.

Roller Und leck ist das Ganze wenn er's nicht tut. Ohne den Moor sind wir Leib ohne Seele.

Spiegelberg *unwillig von ihm weg.* Stockfisch!

Stockfisch! Dummkopf!

Moor *tritt herein in wilder Bewegung, und läuft heftig im Zimmer auf und nieder, mit sich selber.* Menschen – Menschen! falsche, heuchlerische Krokodilbrut! Ihre Augen sind Wasser! Ihre Herzen sind Erzt! Küsse auf den Lippen! Schwerter im Busen! Löwen und Leoparden füttern ihre Jungen, Raben tischen ihren Kleinen auf dem Aas, und Er, Er – Bosheit hab ich dulden gelernt, kann dazu lächeln, wenn mein erboster Feind mir mein eigen Herzblut zutrinkt – aber wenn Blutliebe zur Verräterin, wenn Vaterliebe zur Megäre wird: o so fange Feuer männliche Gelassenheit, verwilde zum Tiger sanftmütiges Lamm, und jede Faser recke sich auf zu Grimm und Verderben.

Erzt Erz

tischen ... auf dem Aas tischen ... Aas auf

Megäre → Seite 192

Roller Höre Moor! Was denkst du davon? Ein Räuberleben ist doch auch besser, als bei Wasser und Brot im untersten Gewölbe der Türme?

Moor Warum ist dieser Geist nicht in einem Tiger gefahren, der sein wütendes Gebiss in Menschenfleisch haut? Ist das Vatertreue? Ist das Liebe für Liebe? Ich möchte ein Bär sein, und die Bären des Nordlands wider dies mörderische Geschlecht anhetzen – Reue, und keine Gnade! – Oh ich möchte den Ozean vergiften, dass sie den Tod aus allen Quellen saufen! vertrauen, unüberwindliche Zuversicht, und kein Erbarmen!

Roller So höre doch, Moor, was ich dir sage!

Moor Es ist unglaublich, es ist ein Traum eine Täuschung – So eine rührende Bitte, so eine lebendige Schilderung des Elends und der zerfließenden Reue – die wilde Bestie wär in Mitleid zerschmolzen! Steine hätten Tränen vergossen, und doch – man würde es für ein boshaftes Pasquill aufs Menschengeschlecht halten, wenn ich's aussagen wollte – und doch, doch – oh dass ich durch die ganze Natur das Horn des Aufruhrs blasen könnte, Luft,

Pasquill anonyme Schmäh- oder Spottschrift

Erde und Meer wider das Hyänengezücht ins Treffen zu führen!

Grimm Höre doch, höre! vor Rasen hörst du ja nicht.

Moor Weg, weg von mir! Ist dein Name nicht Mensch? Hat dich das Weib nicht geboren? – Aus meinen Augen du mit dem Menschengesicht! – Ich hab ihn so unaussprechlich geliebt! so liebte kein Sohn, ich hätte tausend Leben für ihn – *Schäumend auf die Erde stampfend.* Ha! – wer mir itzt ein Schwert in die Hand gäb, dieser Otterbrut eine brennende Wunde zu versetzen! wer mir sagte, wo ich das Herz ihres Lebens erzielen, zermalmen, zernichten – Er sei mein Freund, mein Engel, mein Gott – ich will ihn anbeten!

Roller Eben diese Freunde wollen ja wir sein, lass dich doch weisen!

Schwarz Komm mit uns in die böhmischen Wälder! Wir wollen eine Räuberbande sammeln, und du – *Moor stiert ihn an.*

Schweizer Du sollst unser Hauptmann sein! du musst unser Hauptmann sein!

Spiegelberg *wirft sich wild in einen Sessel.* Sklaven und Memmen!

Moor Wer blies dir das Wort ein? Höre, Kerl! *Indem er Schwarzen hart ergreift.* Das hast du nicht aus deiner Menschenseele hervorgeholt! Wer blies dir das Wort ein? Ja, bei dem tausendarmigen Tod! das wollen wir, das müssen wir! der Gedanke verdient Vergötterung – Räuber und Mörder! – So wahr meine Seele lebt, ich bin euer Hauptmann!

Alle *mit lärmendem Geschrei.* Es lebe der Hauptmann!

Spiegelberg *aufspringend, vor sich.* Bis ich ihm hinhelfe!

Moor Siehe, da fällt's wie der Star von meinen Augen! was für ein Tor ich war, dass ich ins Käficht zurückwollte! –

Treffen Gefecht

Rasen rasender Empörung

Otterbrut → Seite 192

So wahr meine Seele lebt → Seite 192

vor sich für sich

ihm hinhelfe! ihn ins Jenseits befördere!

wie der Star von meinen Augen mir wie Schuppen von den Augen

ins Käficht in den Käfig

Mein Geist dürstet nach Taten, mein Atem nach Freiheit, – Mörder, Räuber! – mit diesem Wort war das Gesetz unter meine Füße gerollt – Menschen haben Menschheit vor mir verborgen, da ich an Menschheit appellierte, weg dann von mir Sympathie und menschliche Schonung! – Ich habe keinen Vater mehr, ich habe keine Liebe mehr, und Blut und Tod soll mich vergessen lehren, dass mir jemals etwas teuer war! Kommt, kommt! – Oh ich will mir eine fürchterliche Zerstreuung machen – es bleibt dabei, ich bin euer Hauptmann! und Glück zu dem Meister unter euch, der am wildesten sengt, am grässlichsten mordet, denn ich sage euch, er soll königlich belohnet werden – tretet her um mich ein jeder und schwöret mir Treu und Gehorsam zu bis in den Tod! – schwört mir das bei dieser männlichen Rechte.

Menschheit ihre Menschlichkeit, ihr Mitgefühl

sengt alles in Brand setzt

Alle *geben ihm die Hand.* Wir schwören dir Treu und Gehorsam bis in den Tod!

Moor Nun und bei dieser männlichen Rechte! schwör ich euch hier, treu und standhaft euer Hauptmann zu bleiben bis in den Tod! Den soll dieser Arm gleich zur Leiche machen, der jemals zagt oder zweifelt, oder zurücktritt! Ein Gleiches widerfahre mir von jedem unter euch, wenn ich meinen Schwur verletze! Seid ihr's zufrieden? *Spiegelberg läuft wütend auf und nieder.*

Alle *mit aufgeworfenen Hüten.* Wir sind's zufrieden.

Moor Nun dann, so lasst uns gehn! Fürchtet euch nicht vor Tod und Gefahr, denn über uns waltet ein unbeugsames Fatum! Jeden ereilet endlich sein Tag, es sei auf dem weichen Küssen von Pflaum, oder im rauhen Gewühl des Gefechts, oder auf offenem Galgen und Rad! Eins davon ist unser Schicksal! *Sie gehen ab.*

Spiegelberg *ihnen nachsehend, nach einer Pause.* Dein Register hat ein Loch. Du hast das Gift weggelassen. *Ab.*

Fatum (lat.) Schicksal

Küssen von Pflaum mit Flaum gefüllten Kissen

Rad → Seite 192

Register … ein Loch Verzeichnis … eine Lücke

Dritte Szene

Im Moorischen Schloss. Amaliens Zimmer.

Franz. Amalia.

Franz Du siehst weg, Amalia? verdien ich weniger, als der, den der Vater verflucht hat?

Amalia Weg! – ha des liebevollen barmherzigen Vaters, der seinen Sohn Wölfen und Ungeheuern preisgibt! daheim labt er sich mit süßem köstlichem Wein, und pflegt seiner morschen Glieder in Kissen von Eider, während sein großer herrlicher Sohn darbt – schämt euch, ihr Unmenschen! schämt euch, ihr Drachenseelen, ihr Schande der Menschheit! – seinen einzigen Sohn!

Eider → Seite 193

Franz Ich dächte, er hätt ihrer zween.

zween alte männliche Pluralform von ›zwei‹

Amalia Ja, er verdient solche Söhne zu haben, wie du bist. Auf seinem Todbett wird er umsonst die welken Hände ausstrecken nach seinem Karl, und schaudernd zurückfahren, wenn er die eiskalte Hand seines Franzens fasst – oh es ist süß, es ist köstlich süß, von deinem Vater verflucht zu werden! Sprich Franz, liebe brüderliche Seele! was muss man tun, wenn man von ihm verflucht sein will?

Franz Du schwärmst, meine Liebe, du bist zu bedauren.

schwärmst fantasierst, hegst dunkle und wirre Vorstellungen

Amalia O ich bitte dich – bedauerst du deinen Bruder? – Nein Unmensch, du hassest ihn! du hassest mich doch auch?

Franz Ich liebe dich wie mich selbst, Amalia.

Amalia Wenn du mich liebst, kannst du mir wohl eine Bitte abschlagen?

Franz Keine, keine! wenn sie nicht mehr ist als mein Leben.

Amalia O, wenn das ist! Eine Bitte, die du so leicht, so gern erfüllen wirst, *stolz* – Hasse mich! Ich müsste feuerrot werden vor Scham, wenn ich an Karln denke, und mir eben einfiel, dass du mich nicht hassest. Du versprichst mir's doch? – Itzt geh, und lass mich, ich bin so gern allein!

Franz Allerliebste Träumerin! wie sehr bewundere ich dein sanftes liebevolles Herz. *Ihr auf die Brust klopfend.* Hier hier herrschte Karl wie ein Gott in seinem Tempel, Karl stand vor dir im Wachen, Karl regierte in deinen Träumen, die ganze Schöpfung schien dir nur in den Einzigen zu zerfließen, den Einzigen widerzustrahlen, den Einzigen dir entgegenzutönen.

Amalia *bewegt.* Ja wahrhaftig, ich gesteh es. Euch Barbaren zum Trutz will ich's vor aller Welt gestehen – ich lieb ihn!

Franz Unmenschlich, grausam! Diese Liebe so zu belohnen! Die zu vergessen –

Amalia *auffahrend.* Was, mich vergessen?

Franz Hattest du ihm nicht einen Ring an den Finger gesteckt? einen Diamantring zum Unterpfand deiner Treue! – Freilich nun, wie kann auch ein Jüngling den Reizen einer Metze Widerstand tun? Wer wird's ihm auch verdenken, da ihm sonst nichts mehr übrig war wegzugeben, – und bezahlte sie ihn nicht mit Wucher dafür mit ihren Liebkosungen, ihren Umarmungen?

Metze Dirne, Hure

Amalia *aufgebracht.* Meinen Ring einer Metze?

Franz Pfui, pfui! das ist schändlich. Wohl aber, wenn's nur das wäre! – Ein Ring, so kostbar er auch ist, ist im Grunde bei jedem Juden wiederzuhaben – vielleicht mag ihm die Arbeit daran nicht gefallen haben, vielleicht hat er einen schönern dafür eingehandelt.

die Arbeit daran die künstlerische Formung, etwa der Schliff des Steins

Amalia *heftig.* Aber meinen Ring – ich sage meinen Ring?

Franz Keinen andern, Amalia – ha! solch ein Kleinod, und an meinem Finger – und von Amalia! – von hier sollt ihn der Tod nicht gerissen haben – nicht wahr, Amalia? nicht die Kostbarkeit des Diamants, nicht die Kunst des Gepräges – die Liebe macht seinen Wert aus – Liebstes Kind, du weinest? wehe über den, der diese köstlichen Tropfen aus so himmlischen Augen presst – ach, und wenn du erst alles wüsstest, ihn selbst sähest, ihn unter der Gestalt sähest? –

Kleinod kostbares Schmuckstück

Gepräges charakteristischen Äußeren

Amalia Ungeheuer! wie, unter welcher Gestalt?

Franz Stille, stille, gute Seele, frage mich nicht aus! *Wie vor sich, aber laut.* Wenn es doch wenigstens nur einen Schleier hätte, das garstige Laster, sich dem Auge der Welt zu entstehlen! aber da blickt's schrecklich durch den gelben bleifarbenen Augenring; – da verrät sich's im totenblassen eingefallenen Gesicht, und dreht die Knochen hässlich hervor – da stammelt's in der halben verstümmelten Stimme – da predigt's fürchterlich laut vom zitternden hinschwankenden Gerippe – da durchwühlt es der Knochen innerstes Mark, und bricht die mannhafte Stärke der Jugend – da, da spritzt es den eitrichten fressenden Schaum aus Stirn und Wangen und Mund, und der ganzen Fläche des Leibes zum scheußlichen Aussatz hervor, und nistet abscheulich in den Gruben der viehischen Schande – pfui, pfui! mir eckelt. Nasen, Augen, Ohren schütteln sich – du hast jenen Elenden gesehen, Amalia, der in unserem Siechenhause seinen Geist auskeuchte, die Scham schien ihr scheues Auge vor ihm zuzublinzen – du ruftest Wehe über ihn aus. Ruf dies Bild noch einmal ganz in deine Seele zurück, und Karl steht vor dir! – Seine Küsse sind Pest, seine Lippen vergiften die deinen!

das garstige Laster die Syphilis

eitrichten fressenden eitrigen, sich zerstörerisch ausbreitenden

eckelt ekelt

Siechenhause Krankenhaus

zuzublinzen zuzublinzeln

Amalia *schlägt ihn.* Schamloser Lästerer!

Franz Graut dir vor diesem Karl? Eckelt dir schon von dem matten Gemälde? Geh, gaff ihn selbst an, deinen schönen, englischen göttlichen Karl! Geh, sauge seinen balsamischen Atem ein und lass dich von den Ambrosiadüften begraben, die aus seinem Rachen dampfen! der bloße Hauch seines Mundes wird dich in jenen schwarzen todähnlichen Schwindel hauchen, der den Geruch eines berstenden Aases und den Anblick eines leichenvollen Walplatzes begleitet.

Amalia *wendet ihr Gesicht ab.*

Franz Welches Aufwallen der Liebe! Welche Wollust in der Umarmung – aber ist es nicht ungerecht, einen Menschen um seiner siechen Außenseite willen zu verdammen? Auch im elendesten Aesopischen Krüppel kann eine große liebenswürdige Seele, wie ein Rubin aus dem Schlamme glänzen. *Boshaft lächelnd.* Auch aus blattrichten Lippen kann ja die Liebe –
Freilich, wenn das Laster auch die Festen des Charakters erschüttert, wenn mit der Keuschheit auch die Tugend davonfliegt, wie der Duft aus der welken Rose verdampft – wenn mit dem Körper auch der Geist zum Krüppel verdirbt –

Amalia *froh aufspringend.* Ha! Karl! Nun erkenn ich dich wieder! du bist noch ganz! ganz! alles war Lüge! – weißt du nicht, Bösewicht, dass Karl unmöglich das werden kann? *Franz steht einige Zeit tiefsinnig, dann dreht er sich plötzlich um zu gehn.* Wohin so eilig, fliehst du vor deiner eigenen Schande?

Franz *mit verhülltem Gesicht.* Lass mich, lass mich! – meinen Tränen den Lauf lassen – tyrannischer Vater! den besten deiner Söhne so hinzugeben dem Elend – der rings umgebenden Schande – lass mich, Amalia! ich will ihm zu Füßen fallen, auf den Knien will ich ihn beschwö-

matten Gemälde blassen Abbild der erschreckenden Wirklichkeit

englischen engelhaften

Ambrosiadüften Aroma der Götterspeise in der griechischen Mythologie

Walplatzes Kampfplatzes

Aesopischen Krüppel → Seite 193

blattrichten von Blattern-, also Pockennarben entstellten

Festen Festungen, Befestigungsanlagen

tiefsinnig gedankenversunken

ren, den ausgesprochenen Fluch auf mich, auf mich zu laden – mich zu enterben – mich – mein Blut – mein Leben – alles –

Amalia *fällt ihm um den Hals.* Bruder meines Karls, bester, liebster Franz!

Franz O Amalia! wie lieb ich dich um dieser unerschütterten Treue gegen meinen Bruder – verzeih, dass ich es wagte, deine Liebe auf diese harte Probe zu setzen! – Wie schön hast du meine Wünsche gerechtfertigt! – Mit diesen Tränen, diesen Seufzern, diesem himmlischen Unwillen – auch für mich, für mich – unsere Seelen stimmten so zusammen.

Amalia O nein, das taten sie nie!

Franz Ach sie stimmten so harmonisch zusammen, ich meinte immer, wir müssten Zwillinge sein! und wär der leidige Unterschied von außen nicht, wobei leider freilich ich verlieren muss, wir würden zehnmal verwechselt. Du bist, sagt ich oft zu mir selbst, ja du bist der ganze Karl, sein Echo, sein Ebenbild!

Amalia *schüttelt den Kopf.* Nein, nein, bei jenem keuschen Lichte des Himmels! kein Äderchen von ihm, kein Fünkchen von seinem Gefühle –

Franz So ganz gleich in unsern Neigungen – die Rose war seine liebste Blume – welche Blume war mir über die Rose? Er liebte die Musik unaussprechlich, und ihr seid Zeugen, ihr Sterne! ihr habt mich so oft in der Totenstille der Nacht beim Klaviere belauscht, wenn alles um mich begraben lag in Schatten und Schlummer – und wie kannst du noch zweifeln, Amalia, wenn unsere Liebe in e i n e r Vollkommenheit zusammentraf, und wenn die Liebe die nämliche ist, wie könnten ihre Kinder entarten?

die nämliche die gleiche

Amalia *sieht ihn verwundernd an.*

Franz Es war ein stiller heiterer Abend, der letzte, eh er nach Leipzig abreiste, da er mich mit sich in jene Laube nahm, wo ihr so oft zusammensaßet in Träumen der Liebe – stumm blieben wir lang – zuletzt ergriff er meine Hand und sprach leise mit Tränen: ich verlasse Amalia, ich weiß nicht – mir ahndet's, als hieß es auf ewig – verlass sie nicht, Bruder! – sei ihr Freund – ihr Karl – wenn Karl – nimmer – wiederkehrt – *Er stürzt vor ihr nieder und küsst ihr die Hand mit Heftigkeit.* Nimmer, nimmer, nimmer wird er wiederkehren, und ich hab's ihm zugesagt mit einem heiligen Eide!

ahndet's kommt es vor

Amalia *zurückspringend.* Verräter, wie ich dich ertappe! In ebendieser Laube beschwur er mich, keiner andern Liebe – wenn er sterben sollte – siehst du, wie gottlos, wie abscheulich du – geh aus meinen Augen!

Franz Du kennst mich nicht, Amalia, du kennst mich gar nicht!

Amalia O ich kenne dich, von itzt an kenn ich dich – und du wolltest ihm gleich sein? Vor dir sollt er um mich geweint haben? Vor dir? Ehe hätt er meinen Namen auf den Pranger geschrieben! Geh den Augenblick!

Ehe hätt er meinen Namen auf den Pranger geschrieben! Eher hätte er mich dem öffentlichen Spott preisgegeben!

Franz Du beleidigst mich!

Amalia Geh, sag ich. Du hast mir eine kostbare Stunde gestohlen, sie werde dir an deinem Leben abgezogen.

Franz Du hassest mich.

Amalia Ich verachte dich, geh!

Franz *mit den Füßen stampfend.* Wart! so sollst du vor mir zittern! mich einem Bettler aufopfern? *Zornig ab.*

Amalia Geh Lotterbube – itzt bin ich wieder bei Karln – Bettler, sagt er? so hat die Welt sich umgedreht, Bettler sind Könige, und Könige sind Bettler! – Ich möchte die Lumpen, die er anhat, nicht mit dem Purpur der Gesalb-

Lotterbube »ein liederlicher mit allen Lastern befleckter Mensch« (Adelung)

ten vertauschen – der Blick mit dem er bettelt, das muss ein großer, ein königlicher Blick sein – ein Blick, der die Herrlichkeit, den Pomp, die Triumphe der Großen und Reichen zernichtet! In den Staub mit dir, du prangendes Geschmeide! *Sie reißt sich die Perlen vom Hals.* Seid verdammt, Gold und Silber und Juwelen zu tragen, ihr Großen und Reichen! Seid verdammt, an üppigen Mahlen zu zechen! Verdammt, euren Gliedern wohl zu tun auf weichen Polstern der Wollust! Karl! Karl! so bin ich dein wert – *Ab.*

dein deiner

Zweiter Akt

Erste Szene

Franz von Moor *nachdenkend in seinem Zimmer.*

Es dauert mir zu lange – der Doktor will, er sei im Umkehren – das Leben eines Alten ist doch eine Ewigkeit! – Und nun wär freie, ebene Bahn bis auf diesen ärgerlichen zähen Klumpen Fleisch, der mir, gleich dem unterirdischen Zauberhund in den Geistermärchen, den Weg zu meinen Schätzen verrammelt.
Müssen denn aber meine Entwürfe sich unter das eiserne Joch des Mechanismus beugen? – Soll sich mein hochfliegender Geist an den Schneckengang der Materie ketten lassen? – Ein Licht ausgeblasen, das ohnehin nur mit den letzten Öltropfen noch wuchert – mehr ist's nicht – Und doch möcht ich das nicht gern selbst getan haben um der Leute willen. Ich möchte ihn nicht gern getötet, aber abgelebt. Ich möcht es machen wie der gescheite Arzt, (nur umgekehrt.) – Nicht der Natur durch einen Querstreich den Weg verrannt, sondern sie in ihrem eigenen Gange befördert. Und wir vermögen doch wirklich die Bedingungen des Lebens zu verlängern, warum sollten wir sie nicht auch verkürzen können? Philosophen und Mediziner lehren mich, wie treffend die Stimmungen des Geists mit den Bewegungen der Maschine zusammenlauten. Gichtrische Empfindungen werden jederzeit von einer Dissonanz der mechanischen Schwingungen begleitet – Leidenschaften misshandeln die Lebenskraft – der überladene Geist drückt sein Gehäuse zu Boden – Wie denn nun? – Wer es verstünde, dem Tod diesen ungebahnten Weg in das Schloss des

sei im Umkehren scheine sich zu erholen

wuchert hier: schwach fortglimmt

Gichtrische (schwäbisch) Krampfartige

Dissonanz der mechanischen Schwingungen Störungen in der Blutzirkulation

Lebens zu ebenen? – den Körper vom Geist aus zu verderben – ha! ein Originalwerk! – wer das zustand brächte? – Ein Werk ohnegleichen! – Sinne nach Moor! – das wär eine Kunst die's verdiente dich zum Erfinder zu haben. Hat man doch die Giftmischerei beinahe in den Rang einer ordentlichen Wissenschaft erhoben, und die Natur durch Experimente gezwungen, ihre Schranken anzugeben, dass man nunmehr des Herzens Schläge jahrlang vorausrechnet, und zu dem Pulse spricht, bis hieher, und nicht weiter! * – Wer sollte nicht auch hier seine Flügel versuchen? Und wie ich nun werde zu Werk gehen müssen, diese süße friedliche Eintracht der Seele mit ihrem Leibe zu stören? Welche Gattung von Empfindnissen ich werde wählen müssen? Welche wohl den Flor des Lebens am grimmigsten anfeinden? Zorn – dieser heißhungrige Wolf frisst sich zu schnell satt – Sorge? – dieser Wurm nagt mir zu langsam – Gram? diese Natter schleicht mir zu träge – Furcht? – die Hoffnung lässt sie nicht umgreifen – Was? sind das all die Henker des Menschen? – Ist das Arsenal des Todes so bald erschöpft? – *Tiefsinnend.* Wie? – Nun? – Was? Nein! – Ha! *Auffahrend.* Schreck! – Was kann der Schreck nicht? – Was kann Vernunft, Religion wider dieses Giganten eiskalte Umarmung? – Und doch? – Wenn er auch diesem Sturm stünde? – Wenn er? – O so komme du mir zu Hülfe Jammer, und du Reue, höllische Eumenide, grabende Schlange, die ihren Fraß wiederkäut und ihren eigenen Kot wiederfrisst; ewige Zerstörerinnen und ewige Schöpferinnen eures Giftes,

Originalwerk genialer Streich

Flügel die (Adler-) Schwingen des Genies

Empfindnissen inneren Vorstellungen

den Flor die Blüte

Arsenal Waffenlager

stünde widerstehen würde

Eumenide → Seite 193

---

* Eine Frau in Paris soll es durch ordentlich angestellte Versuche mit Giftpulvern so weit gebracht haben, dass sie den entfernten Todestag mit ziemlicher Zuverlässigkeit vorausbestimmen konnte. Pfui über unsere Ärzte die diese Frau im Prognostizieren beschämt!

Grazien → Seite 193

Füllhorn → Seite 193

geizigen gierigen

Zergliederers sezierenden Arztes

korrosivischen ätzendem, zersetzendem

und du heulende Selbstverklagung die du dein eigen Haus verwüstest, und deine eigene Mutter verwundest – Und kommt auch ihr mir zu Hülfe wohltätige Grazien selbst, sanftlächelnde Vergangenheit, und du mit dem überquellenden Füllhorn blühende Zukunft, haltet ihm in euren Spiegeln die Freuden des Himmels vor, wenn euer fliehender Fuß seinen geizigen Armen entgleitet – So fall ich Streich auf Streich, Sturm auf Sturm dieses zerbrechliche Leben an, bis den Furientrupp zuletzt schließt – die Verzweiflung! Triumph! Triumph! – Der Plan ist fertig – Schwer und Kunstvoll wie keiner – zuverlässig – sicher – denn *spöttisch* des Zergliederers Messer findet ja keine Spuren von Wunde oder korrosivischen Gift. *Entschlossen.* Wohlan denn.

Hermann *tritt auf.*

Deus ex machina! → Seite 193

Junker junger Herr, junger Edelmann

Ich hab Proben davon. → Seite 193

mit Nächstem bei nächster Gelegenheit

Haar auf der Zunge! Du bist ein stolzer, bissiger Mensch!

Ha! Deus ex machina! Hermann!

Hermann Zu Euren Diensten, gnädiger Junker!

Franz *gibt ihm die Hand.* Die du keinem Undankbaren erweisest.

Hermann Ich hab Proben davon.

Franz Du sollst mehr haben mit Nächstem – mit Nächstem, Hermann! – Ich habe dir etwas zu sagen, Hermann.

Hermann Ich höre mit tausend Ohren.

Franz Ich kenne dich, du bist ein entschlossner Kerl – Soldatenherz – Haar auf der Zunge! – Mein Vater hat dich sehr beleidigt, Hermann!

Hermann Der Teufel hole mich, wenn ich's vergesse!

Franz Das ist der Ton eines Manns! Rache geziemt einer männlichen Brust. Du gefällst mir, Hermann. Nimm diesen Beutel, Hermann. Er sollte schwerer sein, wenn ich erst Herr wäre.

Hermann Das ist ja mein ewiger Wunsch, gnädiger Junker, ich dank Euch.

Franz Wirklich, Hermann? wünschest du wirklich, ich wäre Herr? – aber mein Vater hat das Mark eines Löwen, und ich bin der jüngere Sohn.

Hermann Ich wollt, Ihr wärt der ältere Sohn, und Euer Vater hätte das Mark eines schwindsüchtigen Mädgens.

das Mark das Innere

Franz Ha! wie dich der ältere Sohn dann belohnen wollte! wie er dich aus diesem unedlen Staub, der sich so wenig mit deinem Geist und Adel verträgt, ans Licht empor-heben wollte! – Dann solltest du, ganz wie du da bist, mit Gold überzogen werden, und mit vier Pferden durch die Straßen dahinrasseln, wahrhaftig das solltest du! – aber ich vergesse wovon ich dir sagen wollte – hast du das Fräulein von Edelreich schon vergessen, Hermann?

Hermann Wetter Element! was erinnert Ihr mich an das?

Wetter Element! Kraftausdruck

Franz Mein Bruder hat sie dir weggefischt.

Hermann Er soll dafür büßen!

Franz Sie gab dir einen Korb. Ich glaube gar, er warf dich die Treppen hinunter.

Hermann Ich will ihn dafür in die Hölle stoßen.

Franz Er sagte: man raune sich einander ins Ohr, du seist zwischen dem Rindfleisch und Meerrettig gemacht worden, und dein Vater habe dich nie ansehen können, ohne an die Brust zu schlagen und zu seufzen; Gott sei mir Sünder gnädig!

zwischen dem Rindfleisch und Meerrettig gemacht worden grobe Umschreibung für: unehelich gezeugt

Hermann *wild.* Blitz, Donner und Hagel, seid still!

Franz Er riet dir, deinen Adelbrief im Aufstreich zu verkaufen, und deine Strümpfe damit flicken zu lassen.

im Aufstreich zu verkaufen an den Meistbietenden zu veräußern (vgl. auch Seite 38)

Hermann Alle Teufel! ich will ihm die Augen mit den Nägeln auskratzen.

Franz Was? du wirst böse? was kannst du böse auf ihn sein? Was kannst du ihm Böses tun? was kann so eine

Ratze Nebenform von: Ratte

Ratze gegen einen Löwen? Dein Zorn versüßt ihm seinen Triumph nur. Du kannst nichts tun, als deine Zähne zusammenschlagen, und deine Wut an trocknem Brote auslassen.

Hermann *stampft auf den Boden.* Ich will ihn zu Staub zerreiben.

Franz *klopft ihm auf die Achsel.* Pfui Hermann! du bist ein Kavalier. Du musst den Schimpf nicht auf dir sitzen lassen. Du musst das Fräulein nicht fahren lassen, nein das musst du um alle Welt nicht tun, Hermann! Hagel und Wetter! ich würde das Äußerste versuchen, wenn ich an deiner Stelle wäre.

Kavalier hier: Ritter, Edelmann

Hagel und Wetter! Kraftausdruck

Hermann Ich ruhe nicht, bis ich Ihn und Ihn unterm Boden hab.

Ihn und Ihn Wiederholung als Emphase; aus der Bibel bekanntes Stilmittel; gemeint ist Karl.

Franz Nicht so stürmisch, Hermann! komm näher – du sollst Amalia haben!

Hermann Das muss ich, trutz dem Teufel! das muss ich!

Franz Du sollst sie haben, sag ich dir, und das von meiner Hand. Komm näher, sag ich – du weißt vielleicht nicht, dass Karl so gut als enterbt ist?

Hermann *näher kommend.* Unbegreiflich, das erste Wort, das ich höre.

das erste Wort, das ich höre davon habe ich noch kein Wort erfahren!

Franz Sei ruhig, und höre weiter! du sollst ein andermal mehr davon hören – ja, ich sage dir, seit eilf Monaten so gut als verbannt. Aber schon bereut der Alte den voreiligen Schritt, den er doch, *lachend* will ich hoffen, nicht selbst getan hat. Auch liegt ihm die Edelreich täglich hart an mit ihren Vorwürfen und Klagen. Über kurz oder lang wird er ihn in allen vier Enden der Welt aufsuchen lassen, und gute Nacht, Hermann! wenn er ihn findet. Du kannst ihm ganz demütig die Kutsche halten, wenn er mit ihr in die Kirche zur Trauung fährt.

eilf alte Form für: elf

Hermann Ich will ihn am Kruzifix erwürgen!

am Kruzifix erwürgen erwürgen, wenn er betend vor dem Kruzifix (der plastischen Darstellung von Jesus Christus am Kreuz) kniet

Franz Der Vater wird ihm bald die Herrschaft abtreten, und in Ruhe auf seinen Schlössern leben. Itzt hat der stolze Strudelkopf den Zügel in Händen, itzt lacht er seiner Hasser und Neider – und ich, der ich dich zu einem wichtigen großen Manne machen wollte, ich selbst, Hermann, werde tief gebückt vor seiner Türschwelle –

Hermann *in Hitze.* Nein so wahr ich Hermann heiße, das sollt Ihr nicht! wenn noch ein Fünkchen Verstand in diesem Gehirne glostet! das sollt Ihr nicht!

Franz Wirst du es hindern? auch dich, mein lieber Hermann, wird er seine Geißel fühlen lassen, wird dir ins Angesicht speien, wenn du ihm auf der Straße begegnest, und wehe dir dann, wenn du die Achsel zuckst oder das Maul krümmst – siehe, so steht's mit deiner Anwerbung ums Fräulein, mit deinen Aussichten, mit deinen Entwürfen.

Hermann Sagt mir! was soll ich tun?

Franz Höre dann, Hermann! dass du siehst, wie ich mir dein Schicksal zu Herzen nehme als ein redlicher Freund – geh – kleide dich um – mach dich ganz unkenntlich, lass dich beim Alten melden, gib vor, du kämest geraden Wegs aus Böhmen, hättest mit meinem Bruder dem Treffen bei Prag beigewohnt – hättest ihn auf der Walstatt den Geist aufgeben sehen –

Hermann Wird man mir glauben?

Franz Hoho! dafür lass mich sorgen! Nimm dieses Paket. Hier findest du deine Kommission ausführlich. Und Dokumente darzu, die den Zweifel selbst glaubig machen sollen – mach itzt nur, dass du fortkommst, und ungesehen! spring durch die Hintertüre in den Hof, von da über die Gartenmauer – die Katastrophe dieser Tragikomödie überlass mir!

Hermann Und die wird sein: Vivat der neue Herr, Franziskus von Moor!

Strudelkopf (schwäbisch) rastlose Mensch

in Hitze erregt

glostet glimmt

Geißel Peitsche mit mehreren Riemen

Anwerbung ums feierlichen Bewerbung um die Hand des

dem Treffen bei Prag → Seite 193

Walstatt vgl. Seite 46

deine Kommission den dir anvertrauten Auftrag

glaubig gläubig

Vivat (lat.) Er lebe!

zumal (schwäbisch) auf einmal

einiger einziger

musst darfst

Eh Eher

Franz *streichelt ihm die Backen.* Wie schlau du bist? – denn siehst du, auf diese Art erreichen wir alle Zwecke zumal und bald. Amalia gibt ihre Hoffnung auf ihn auf. Der Alte misst sich den Tod seines Sohnes bei, und – er kränkelt – ein schwankendes Gebäude braucht des Erdbebens nicht, um übern Haufen zu fallen – er wird die Nachricht nicht überleben – dann bin ich sein einiger Sohn – Amalia hat ihre Stützen verloren, und ist ein Spiel meines Willens, da kannst du leicht denken – kurz, alles geht nach Wunsch – aber du musst dein Wort nicht zurücknehmen.

Hermann Was sagt Ihr? *Frohlockend.* Eh soll die Kugel in ihren Lauf zurückkehren, und in dem Eingeweid ihres Schützen wüten – rechnet auf mich! Lasst nur mich machen – Adieu!

Franz *ihm nachrufend.* Die Ernte ist dein, lieber Hermann! – Wenn der Ochse den Kornwagen in die Scheune gezogen hat, so muss er mit Heu vorlieb nehmen. Dir eine Stallmagd, und keine Amalia! *Geht ab.*

Zweite Szene

Des alten Moors Schlafzimmer.

Der alte Moor *schlafend in einem Lehnsessel.* **Amalia**.

Amalia *sachte herbeischleichend.* Leise, leise! er schlummert. *Sie stellt sich vor den Schlafenden.* Wie schön, wie ehrwürdig! – ehrwürdig, wie man die Heiligen malt – nein, ich kann dir nicht zürnen! Weißlockigtes Haupt, dir kann ich nicht zürnen! Schlummre sanft, wache froh auf, ich allein will hingehn und leiden.

Der alte Moor *träumend.* Mein Sohn! mein Sohn! mein Sohn!

Amalia *ergreift seine Hand.* Horch, horch! sein Sohn ist in seinen Träumen.

Der alte Moor Bist du da? bist du wirklich? ach! wie siehst du so elend! Sieh mich nicht an mit diesem kummervollen Blick! ich bin elend genug.

siehst siehst … aus (vgl. auch Seite 13)

Amalia *weckt ihn schnell.* Seht auf, lieber Greis! Ihr träumtet nur. Fasst Euch!

Der alte Moor *halb wach.* Er war nicht da? drückt ich nicht seine Hände? Garstiger Franz! willst du ihn auch meinen Träumen entreißen?

Amalia Merkst du's, Amalia?

Der alte Moor *ermuntert sich.* Wo ist er? wo? wo bin ich? du da, Amalia?

ermuntert sich kommt vollends zu sich, wird munterer

Amalia Wie ist Euch? Ihr schlieft einen erquickenden Schlummer.

Der alte Moor Mir träumte von meinem Sohn. Warum hab ich nicht fortgeträumt? vielleicht hätt ich Verzeihung erhalten aus seinem Munde.

Amalia Engel grollen nicht – er verzeiht Euch. *Fasst seine Hand mit Wehmut.* Vater meines Karls! ich verzeih Euch.

Der alte Moor Nein meine Tochter! diese Totenfarbe deines Angesichts verdammet den Vater. Armes Mädgen! Ich brachte dich um die Freuden deiner Jugend – o fluche mir nicht!

Amalia *küsst seine Hand mit Zärtlichkeit.* Euch?

Der alte Moor Kennst du dieses Bild, meine Tochter?

Amalia Karls! –

Der alte Moor So sah er, als er ins sechszehente Jahr ging. Itzt ist er anders – Oh es wütet in meinem Innern – diese Milde ist Unwillen, dieses Lächeln Verzweiflung – Nicht wahr, Amalia? Es war an seinem Geburtstage in der Jasminlaube, als du ihn maltest? – Oh meine Tochter! Eure Liebe machte mich so glücklich.

Jasminlaube überdachter, mit dem stark duftenden Zierstrauch Jasmin überwachsener Sitzplatz im Garten

Amalia *immer das Aug auf das Bild geheftet.* Nein, nein! er ist's nicht. Bei Gott! das ist Karl nicht – Hier, hier. *Auf Herz und Stirne zeigend.* So ganz, so anders. Die träge Farbe reicht nicht den himmlischen Geist nachzuspiegeln, der in seinem feurigen Auge herrschte. Weg damit! dies ist so menschlich! Ich war eine Stümperin.

Der alte Moor Dieser huldreiche erwärmende Blick – wär er vor meinem Bette gestanden, ich hätte gelebt mitten im Tode! Nie, nie wär ich gestorben!

Amalia Nie, nie wärt Ihr gestorben! Es wär ein Sprung gewesen, wie man von einem Gedanken auf einen andern und schönern hüpft – dieser Blick hätt Euch übers Grab hinübergeleuchtet. Dieser Blick hätt Euch über die Sterne getragen!

Der alte Moor Es ist schwer, es ist traurig! Ich sterbe, und mein Sohn Karl ist nicht hier – ich werde zu Grabe getragen, und er weint nicht an meinem Grabe – wie süß ist's, eingewiegt zu werden in den Schlaf des Todes von dem Gebet eines Sohns – das ist Wiegengesang.

Amalia *schwärmend.* Ja süß, himmlisch süß ist's, eingewiegt zu werden in den Schlaf des Todes von dem Gesang des Geliebten – vielleicht träumt man auch im Grabe noch fort – ein langer, ewiger unendlicher Traum, von Karln bis man die Glocke der Auferstehung läutet – *aufspringend, entzückt* und von itzt an in seinen Armen auf ewig. *Pause. Sie geht ans Klavier, und spielt.*

Willst dich, Hektor, ewig mir entreißen,
Wo des Aeaciden mordend Eisen
Dem Patroklus schröcklich Opfer bringt?
Wer wird künftig deinen Kleinen lehren
Speere werfen und die Götter ehren,
Wenn hinunter dich der Xanthus schlingt?

Willst dich … im Lethe nicht! → Seite 193

Hektor ältester Sohn des Priamos, des Königs von Troja

des Aeaciden des griechischen Kriegshelden Achilleus

Patroklus von Hektor in der Schlacht getöteter Freund und Waffengefährte des Achilleus

Xanthus Fluss zwischen Troja und dem griechischen Heerlager

Der alte Moor Ein schönes Lied, meine Tochter. Das musst du mir vorspielen, eh ich sterbe.

Amalia Es ist der Abschied Andromachas und Hektors – Karl und ich haben's oft zusammen zu der Laute gesungen. *Spielt fort.*

Teures Weib, geh, hol die Todeslanze,
Lass mich fort zum wilden Kriegestanze,
Meine Schultern tragen Ilium;
Über Astyanax unsre Götter!
Hektor fällt, ein Vaterlandserretter,
Und wir sehn uns wieder in Elysium.

Ilium lateinischer Name für Troja

Astyanax Sohn Hektors und Andromaches

Elysium Ort der Seligen in der griechischen Mythologie

Daniel.

Daniel Es wartet draußen ein Mann auf Euch. Er bittet vorgelassen zu werden, er hab Euch eine wichtige Zeitung.

Zeitung Nachricht (vgl. Seite 13)

Der alte Moor Mir ist auf der Welt nur etwas wichtig, du weißt's Amalia – ist's ein Unglücklicher, der meiner Hülfe bedarf? Er soll nicht mit Seufzen von hinnen gehn.

Amalia Ist's ein Bettler, er soll eilig heraufkommen.

Daniel ab.

Der alte Moor Amalia, Amalia! schone meiner!

Amalia *spielt fort.*

Nimmer lausch ich deiner Waffen Schalle,
Einsam liegt dein Eisen in der Halle,
Priams großer Heldenstamm verdirbt!
Du wirst hingehn, wo kein Tag mehr scheinet,
Der Cocytus durch die Wüsten weinet,
Deine Liebe in dem Lethe stirbt.

Priams des Priamos

Cocytus → Seite 193

Lethe → Seite 194

All mein Sehnen, all mein Denken
Soll der schwarze Lethefluss ertränken,
Aber meine Liebe nicht!

Horch! der Wilde rast schon an den Mauren –
Gürte mir das Schwert um, lass das Trauren,
Hektors Liebe stirbt im Lethe nicht!

verkappt maskiert, verkleidet (unter einer Kappe verborgen)

Franz. Hermann *verkappt.* **Daniel.**

Franz Hier ist der Mann. Schröckliche Botschaften, sagt er, warten auf Euch. Könnt Ihr sie hören?

mein meiner (mich)

Der alte Moor Ich kenne nur eine. Tritt her mein Freund, und schone mein nicht! Reicht ihm einen Becher Wein.

Hermann *mit veränderter Stimme.* Gnädiger Herr! lasst es einen armen Mann nicht entgelten, wenn er wider Willen Euer Herz durchbohrt. Ich bin ein Fremdling in diesem Lande, aber Euch kenn ich sehr gut, Ihr seid der Vater Karls von Moor.

Der alte Moor Woher weißt du das

Hermann Ich kannte Euren Sohn –

Fünf Monate drauf brach der leidige Krieg zwischen Preußen und Österreich wieder aus Gemeint ist der Siebenjährige Krieg (1756–1763).

Friederichs Friedrichs II. von Preußen (1712–1786)

zum großen Schwerin zu dem preußischen Feldherrn Kurt Chistoph Graf von Schwerin (1684–1757), der in der Schlacht bei Prag fiel

Amalia *auffahrend.* Er lebt? lebt? Du kennst ihn? wo ist er, wo, wo? *Will hinwegrennen.*

Der alte Moor Du weißt von meinem Sohn?

Hermann Er studierte in Leipzig. Von da zog er, ich weiß nicht wie weit, herum. Er durchschwärmte Deutschland in die Runde, und, wie er mir sagte, mit unbedecktem Haupt, barfuß, und erbettelte sein Brot vor den Türen. Fünf Monate drauf brach der leidige Krieg zwischen Preußen und Österreich wieder aus, und da er auf der Welt nichts mehr zu hoffen hatte, zog ihn der Hall von Friederichs siegreicher Trommel nach Böhmen. Erlaubt mir, sagte er zum großen Schwerin, dass ich den Tod sterbe auf dem Bette der Helden, ich hab keinen Vater mehr! –

Der alte Moor Sieh mich nicht an, Amalia!

Hermann Man gab ihm eine Fahne. Er flog den preußischen Siegesflug mit. Wir kamen zusammen unter ein Zelt zu liegen. Er sprach viel von seinem alten Vater und von bessern vergangenen Tagen – und von vereitelten Hoffnungen – uns standen die Tränen in den Augen.

Der alte Moor *verhüllt sein Haupt in das Küssen.* Stille, o stille!

Hermann Acht Tage drauf war das heiße Treffen bei Prag – ich darf Euch sagen, Euer Sohn hat sich gehalten wie ein wackerer Kriegsmann. Er tat Wunder vor den Augen der Armee. Fünf Regimenter mussten neben ihm wechseln, er stand. Feuerkugeln fielen rechts und links, Euer Sohn stand. Eine Kugel zerschmetterte ihm die rechte Hand, Euer Sohn nahm die Fahne in die Linke, und stand –

Regimenter → Seite 194

wechseln abwechselnd ins Feuer geführt werden

Amalia *in Entzückung.* Hektor, Hektor! hört Ihr's? er stand –

Feuerkugeln wohl: Kanonenkugeln

Hermann Ich traf ihn am Abend der Schlacht niedergesunken unter Kugelgepfeife, mit der Linken hielt er das stürzende Blut, die Rechte hatte er in die Erde gegraben. Bruder! rief er mir entgegen, es lief ein Gemurmel durch die Glieder: der General sei vor einer Stunde gefallen – er ist gefallen, sagt ich, und du? – Nun, wer ein braver Soldat ist, rief er, und ließ die linke Hand los, der folge seinem General wie ich! Bald darauf hauchte er seine große Seele dem Helden zu.

die Glieder die Schlachtreihen

braver tapferer, aber auch: redlicher

Franz *wild auf Hermann losgehend.* Dass der Tod deine verfluchte Zunge versiegle! Bist du hieher kommen unserem Vater den Todesstoß zu geben? – Vater! Amalia! Vater!

Hermann Es war der letzte Wille meines sterbenden Kameraden. Nimm dies Schwert, röchelte er, du wirst's meinem alten Vater überliefern, das Blut seines Sohnes klebt daran, er ist gerochen, er mag sich weiden. Sag ihm sein Fluch hätte mich gejagt in Kampf und Tod, ich sei gefallen in Verzweiflung! Sein letzter Seufzer war Amalia.

gerochen gerächt

sich weiden sich voller Genugtuung an dem Anblick erfreuen

Amalia *wie aus einem Todesschlummer aufgejagt.* Sein letzter Seufzer, Amalia!

Der alte Moor *grässlich schreiend, sich die Haare ausraufend.* Mein Fluch ihn gejagt in den Tod! gefallen in Verzweiflung!

Franz *umherirrend im Zimmer.* Oh! was habt Ihr gemacht, Vater? Mein Karl, mein Bruder!

aus dem Busen zog unter der Kleidung, die seine Brust bedeckte, hervorzog

Hermann Hier ist das Schwert, und hier ist auch ein Porträt, das er zu gleicher Zeit aus dem Busen zog! Es gleicht diesem Fräulein auf ein Haar. Dies soll meinem Bruder Franz, sagte er, – ich weiß nicht was er damit sagen wollte.

Franz *wie erstaunt.* Mir? Amalias Porträt? Mir, Karl, Amalia? Mir?

Feiler Käuflicher, gewissenloser

Amalia *heftig auf Hermann losgehend.* Feiler, bestochener Betrüger! *Fasst ihn hart an.*

Hermann Das bin ich nicht, gnädiges Fräulein. Sehet selbst, ob's nicht Euer Bild ist – Ihr mögt's ihm wohl selbst gegeben haben.

Franz Bei Gott! Amalia, das deine! Es ist wahrlich das deine!

Amalia *gibt ihm das Bild zurück.* Mein, mein! O Himmel und Erde!

zerfleischend zerkratzend

Der alte Moor *schreiend, sein Gesicht zerfleischend.* Wehe, wehe! mein Fluch ihn gejagt in den Tod! gefallen in Verzweiflung!

Panier Heerfahne, Banner (von frz. ›bannière‹)

Franz Und er gedachte meiner in der letzten schweren Stunde des Scheidens, meiner! Englische Seele – da schon das schwarze Panier des Todes über ihm rauschte – meiner! –

Der alte Moor *lallend.* Mein Fluch ihn gejagt, in den Tod, gefallen mein Sohn in Verzweiflung! –

Hermann Den Jammer steh ich nicht aus. Lebt wohl, alter Herr! *Leise zu Franz.* Warum habt Ihr auch das gemacht, Junker? *Geht schnell ab.*

Amalia *aufspringend, ihm nach.* Bleib, bleib! Was waren seine letzten Worte?

Hermann *zurückrufend.* Sein letzter Seufzer war Amalia! *Ab.*

Amalia Sein letzter Seufzer war Amalia! – Nein, du bist kein Betrüger! So ist es wahr – wahr – er ist tot! – tot! – *Hin und her taumelnd, bis sie umsinkt.* tot – Karl ist tot –

Franz Was seh ich? Was steht da auf dem Schwert? geschrieben mit Blut – Amalia!

Amalia Von ihm?

Franz Seh ich recht, oder träum ich? Siehe da mit blutiger Schrift: Franz, verlass meine Amalia nicht! Sieh doch, sieh doch! und auf der andern Seite: Amalia! deinen Eid zerbrach der allgewaltige Tod. – Siehst du nun, siehst du nun? Er schrieb's mit erstarrender Hand, schrieb's mit dem warmen Blut seines Herzens, schrieb's an der Ewigkeit feierlichem Rande! sein fliehender Geist verzog, Franz und Amalia noch zusammenzuknüpfen.

verzog verweilte, blieb vorläufig da

Amalia Heiliger Gott! es ist seine Hand. – Er hat mich nie geliebt! *Schnell ab.*

Franz *auf den Boden stampfend.* Verzweifelt! meine ganze Kunst erliegt an dem Starrkopf.

Der alte Moor Wehe, wehe! Verlass mich nicht, meine Tochter! – Franz, Franz! gib mir meinen Sohn wieder!

Franz Wer war's, der ihm den Fluch gab? Wer war's, der seinen Sohn jagte in Kampf und Tod und Verzweiflung? – oh! er war ein Engel! ein Kleinod des Himmels. Fluch über seine Henker! Fluch, Fluch über Euch selber! –

Der alte Moor *schlägt mit geballter Faust wider Brust und Stirn.* Er war ein Engel, war Kleinod des Himmels! Fluch, Fluch, Verderben, Fluch über mich selber! Ich bin der Vater, der seinen großen Sohn erschlug. Mich liebt' er bis in

mich zu rächen umstrittene Stelle, die wohl am ehesten so zu verstehen ist: um sich an mir für die Grausamkeit des väterlichen Fluches zu rächen

den Tod! mich zu rächen, rannte er in Kampf und Tod! Ungeheuer, Ungeheuer! *Wütet wider sich selber.*

Franz Er ist dahin, was helfen späte Klagen? *Höhnisch lachend.* Es ist leichter morden, als lebendig machen. Ihr werdet ihn nimmer aus seinem Grabe zurückholen.

Der alte Moor Nimmer, nimmer, nimmer aus dem Grabe zurückholen! Hin, verloren auf ewig! – Und du hast mir den Fluch aus dem Herzen geschwätzt, du – du – Meinen Sohn mir wieder!

Franz Reizt meinen Grimm nicht. Ich verlass Euch im Tode! –

Der alte Moor Scheusal! Scheusal! schaff mir meinen Sohn wieder! *Fährt aus dem Sessel, will Franzen an der Gurgel fassen, der ihn zurückschleudert.*

Franz Kraftlose Knochen! ihr wagt es – sterbt! verzweifelt! *Ab.*

Der alte Moor Tausend Flüche donnern dir nach! Du hast mir meinen Sohn aus den Armen gestohlen. *Voll Verzweiflung hin und her geworfen im Sessel.* Wehe, wehe! Verzweifeln, aber nicht sterben! – Sie fliehen, verlassen mich im Tode – meine gute Engel fliehen von mir, weichen alle die Heilige vom eisgrauen Mörder – Wehe! Wehe! will mir keiner das Haupt halten, will keiner die ringende Seele entbinden? Keine Söhne! keine Töchter! keine Freunde! – Menschen nur – will keiner, allein – verlassen – Wehe! Wehe! – Verzweifeln aber nicht sterben!

eisgrauen weißhaarigen, betagten

die ringende Seele entbinden mir helfen, im Tod meinen Seelenfrieden zu finden

Amalia *mit verweinten Augen.*

Der alte Moor Amalia! Bote des Himmels! Kommst du, meine Seele zu lösen?

lösen erlösen

Amalia *mit sanfterem Ton.* Ihr habt einen herrlichen Sohn verloren.

Der alte Moor E r m o r d e t willst du sagen. Mit diesem Zeugnis belastet tret ich vor den Richterstuhl Gottes.

Amalia Nicht also, jammervoller Greis! der himmlische Vater rückt' ihn zu sich. Wir wären zu glücklich gewesen auf dieser Welt. – Droben, droben über den Sonnen – Wir sehn ihn wieder.

also so

Der alte Moor Wiedersehen, wiedersehen! Oh es wird mir durch die Seele schneiden ein Schwert – Wenn ich ein Heiliger ihn unter den Heiligen finde – mitten im Himmel werden durch mich schauern Schauer der Hölle! Im Anschauen des Unendlichen mich zermalmen die Erinnerung: Ich hab meinen Sohn ermordet!

es wird mir … schneiden ein Schwert → Seite 194

ein Heiliger Apposition zu: ich

Amalia Oh er wird Euch die Schmerzerinnerung aus der Seele lächeln, seid doch heiter, lieber Vater! ich bin's so ganz. Hat er nicht schon den himmlischen Hörern den Namen Amalia vorgesungen auf der seraphischen Harfe, und die himmlischen Hörer lispelten ihm leise nach? Sein letzter Seufzer war ja, Amalia! wird nicht sein erster Jubel, Amalia! sein?

seraphischen → Seite 194

lispelten flüsterten

Der alte Moor Himmlischer Trost quillt von deinen Lippen! Er wird mir lächeln, sagst du? Vergeben? du musst bei mir bleiben, Geliebte meines Karls, wenn ich sterbe.

Amalia Sterben ist Flug in seine Arme. Wohl Euch! Ihr seid zu beneiden. Warum sind diese Gebeine nicht mürb? Warum diese Haare nicht grau? Wehe über die Kräfte der Jugend! Willkommen, du markloses Alter! näher gelegen dem Himmel und meinem Karl.

markloses kraftloses

Franz *tritt auf.*

Der alte Moor Tritt her, mein Sohn! Vergib mir, wenn ich vorhin zu hart gegen dich war! ich vergebe dir alles. Ich möchte so gern im Frieden den Geist aufgeben.

Franz Habt Ihr genug um Euren Sohn geweint? soviel ich sehe, habt Ihr nur einen.

Der alte Moor Jakob hatte der Söhne zwölf, aber um seinen Joseph hat er blutige Tränen geweint.

Franz Hum!

Der alte Moor Geh, nimm die Bibel, meine Tochter, und lies mir die Geschichte Jakobs und Josephs! Sie hat mich immer so gerührt, und damals bin ich noch nicht Jakob gewesen.

die Geschichte Jakobs und Josephs vgl. 1. Mose 37, insbesondere 37, 31–35

Amalia Welches soll ich Euch lesen? *Nimmt die Bibel und blättert.*

Der alte Moor Lies mir den Jammer des Verlassenen, als er ihn nimmer unter seinen Kindern fand – und vergebens sein harrte im Kreis seiner eilfe – und sein Klagelied, als er vernahm; sein Joseph sei ihm genommen auf ewig –

sein seiner

Amalia *liest.* »Da nahmen sie Josephs Rock, und schlachteten einen Ziegenbock, und tauchten den Rock in das Blut, und schickten den bunten Rock hin, und ließen ihn ihrem Vater bringen, und sagen: Diesen haben wir funden, siehe, ob's deines Sohnes Rock sei, oder nicht?« *Franz geht plötzlich hinweg.* »Er kannte ihn aber und sprach: Es ist meines Sohnes Rock, ein böses Tier hat ihn gefressen, ein reißend Tier hat Joseph zerrissen!« –

kannte erkannte

Der alte Moor *fällt aufs Kissen zurück.* Ein reißend Tier hat Joseph zerrissen!

Amalia *liest weiter.* »Und Jakob zerriss seine Kleider, und legte einen Sack um seine Lenden, und trug Leide um seinen Sohn lange Zeit, und all sein Söhne und Töchter traten auf, dass sie ihn trösteten, aber er wollte sich nicht trösten lassen und sprach: Ich werde mit Leid hinunterfahren –«

Der alte Moor Hör auf, hör auf! Mir wird sehr übel.

Amalia *hinzuspringend, lässt das Buch fallen.* Hilf Himmel! Was ist das?

Der alte Moor Das ist der Tod! – Schwarz – schwimmt – vor meinen – Augen – ich bitt dich – ruf dem Pastor – dass er mir – das Abendmahl reiche – Wo ist – mein Sohn Franz?

Amalia Er ist geflohen! Gott erbarme sich unser!

Der alte Moor Geflohen – geflohen von des Sterbenden Bett? – – Und das all – all – von zwei Kindern voll Hoffnung – du hast sie – gegeben – hast sie – genommen – – dein Name sei – –

Amalia *mit einem plötzlichen Schrei.* Tot! alles tot! *Ab in Verzweiflung.*

Franz *hüpft frohlockend herein.*

Franz T o t ! schreien sie, t o t ! Itzt bin ich H e r r. Im ganzen Schlosse zettert es, t o t ! – Wie aber s c h l ä f t er vielleicht nur? – freilich, ach freilich! das ist nun freilich ein Schlaf, wo es ewig niemals, Guten Morgen, heißt – Schlaf und Tod sind nur Zwillinge. Wir wollen einmal die Namen wechseln! Wackerer, willkommener Schlaf! Wir wollen dich Tod heißen! *Er drückt ihm die Augen zu.* Wer wird nun kommen, und es wagen, mich vor Gericht zu fordern? oder mir ins Angesicht zu sagen: du bist ein S c h u r k e ! Weg dann mit dieser lästigen Larve von Sanftmut und Tugend! Nun sollt ihr den nackten Franz sehen, und euch entsetzen! Mein Vater überzuckerte seine Forderungen, schuf sein Gebiet zu einem Familienzirkel um, saß liebreich lächelnd am Tor, und grüßte sie Brüder und Kinder. – Meine Augbraunen sollen über euch herhangen wie Gewitterwolken, mein herrischer Name schweben wie ein drohender Komet über diesen Gebirgen, meine Stirne

zettert zetert, klagt

nackten wahren (vgl. auch Seite 7 unten)

Augbraunen Augenbrauen

soll euer Wetterglas sein! Er streichelte und koste den Nacken, der gegen ihn störrig zurückschlug. Streicheln und Kosen ist meine Sache nicht. Ich will euch die zackichte Sporen ins Fleisch hauen, und die scharfe Geißel versuchen. – In meinem Gebiet soll's so weit kommen, dass Kartoffeln und dünn Bier ein Traktament für Festtage werden, und wehe dem, der mir mit vollen feurigen Backen unter die Augen tritt! Blässe der Armut und sklavischen Furcht sind meine Leibfarbe: in diese Liverei will ich euch kleiden! *Er geht ab.*

Dritte Szene

Die böhmischen Wälder.

Spiegelberg. Razmann. Räuberhaufen.

Razmann Bist da? bist's wirklich? So lass dich doch zu Brei zusammendrucken, lieber Herzensbruder Moritz! Willkommen in den böhmischen Wäldern! Bist ja groß worden und stark. Stern-Kreuz-Bataillon! Bringst ja Rekruten mit einen ganzen Trieb, du trefflicher Werber!

Spiegelberg Gelt Bruder? Gelt? Und das ganze Kerl darzu! – du glaubst nicht, Gottes sichtbarer Segen ist bei mir, war dir ein armer hungriger Tropf, hatte nichts als diesen Stab, da ich über den Jordan ging, und itzt sind unserer achtundsiebenzig, meistens ruinierte Krämer, rejizierte Magister und Schreiber aus den schwäbischen Provinzen, das ist dir ein Korps Kerles, Bruder, deliziöse Bursche, sag ich dir, wo als einer dem andern die Knöpfe von den Hosen stiehlt, und mit geladener Flinte neben ihm sicher ist – und haben voll auf, und stehen dir in einem Renommee

Wetterglas Barometer

koste liebkoste

Traktament Bewirtung

Leibfarbe Lieblingsfarbe

Liverei Livree: Dieneruniform

Stern-Kreuz-Bataillon! Kraftausdruck

Rekruten künftige Soldaten

Trieb Viehherde; Schar

hatte nichts … Jordan ging → Seite 194

rejizierte Magister fortgejagte Lehrer

Korps Kerles Truppenverband von richtigen Kerlen

deliziöse hübsche, köstliche

als (schwäbisch) immer

voll auf reichlich (Pulver auf der Gewehrpfanne)

Renommee (frz.) Ansehen, Ruf

vierzig Meilen weit, das nicht zu begreifen ist. Da ist dir keine Zeitung, wo du nicht ein Artikelchen von dem Schlaukopf Spiegelberg wirst getroffen haben, ich halte sie mir auch pur deswegen – vom Kopf bis zun Füßen haben sie mich dir hingestellt, du meinst du sähst mich, – sogar meine Rockknöpfe haben sie nicht vergessen. Aber wir führen sie erbärmlich am Narrenseil herum. Ich geh letzthin in die Druckerei, geb vor, ich hätte den berüchtigten Spiegelberg gesehn, und diktier einem Skritzler, der dort saß, das leibhafte Bild von einem dortigen Wurmdoktor in die Feder, das Ding kommt um, der Kerl wird eingezogen, par force inquiriert, und in der Angst und in der Dummheit gesteht er dir, hol mich der Teufel! gesteht dir, er sei der Spiegelberg – Donner und Wetter! ich war eben auf dem Sprung, mich beim Magistrat anzugeben, dass die Kanaille mir meinen Namen so verhunzen soll – wie ich sage, drei Monat drauf hangt er. Ich musste nachher eine derbe Prise Tobak in die Nase reiben, als ich am Galgen vorbeispazierte, und den Pseudo-Spiegelberg in seiner Glorie da paradieren sah – und unterdessen dass Spiegelberg hangt, schleicht sich Spiegelberg ganz sachte aus den Schlingen, und deutet der superklugen Gerechtigkeit hinterrucks Eselsohren, dass 's zum Erbarmen ist.

Razmann *lacht.* Du bist eben noch immer der Alte.

Spiegelberg Das bin ich, wie du siehst, an Leib und Seel. Narr! einen Spaß muss ich dir doch erzählen, den ich neulich im Cäcilienkloster angerichtet habe. Ich treffe das Kloster auf meiner Wanderschaft so gegen die Dämmerung, und da ich eben den Tag noch keine Patrone verschossen hatte, du weißt, ich hasse das diem perdidi auf den Tod, so musste die Nacht noch durch einen Streich verherrlicht werden, und sollt's dem Teufel um

vierzig Meilen 300 Kilometer → Seite 194

pur bloß, einfach nur

Skritzler verächtlich für: Schreiber (vgl. ital. ›scrittore‹)

Wurmdoktor → Seite 194

das Ding kommt um der fingierte Steckbrief kommt vielen zu Gesicht

eingezogen verhaftet

par force inquiriert unter Androhung von Folter verhört

mich beim Magistrat anzugeben die Behörden über meine wahre Identität aufzuklären

Pseudo- vgl. griech. ›pseudos‹: ›falsch‹

in seiner Glorie da paradieren → Seite 194

deutet … Eselsohren → Seite 194

diem perdidi → Seite 194

ein Ohr gelten! Wir halten uns ruhig bis in die späte Nacht. Es wird mausstill. Die Lichter gehen aus. Wir denken die Nonnen könnten itzt in den Federn sein. Nun nehm ich meinen Kameraden Grimm mit mir, heiß die andern warten vorm Tor, bis sie mein Pfeifchen hören würden, – versichere mich des Klosterwächters, nehm ihm die Schlüssel ab, schleich mich hinein, wo die Mägde schliefen, praktizier ihnen die Kleider weg, und heraus mit dem Pack zum Tor. Wir gehn weiter von Zelle zu Zelle, nehmen einer Schwester nach der andern die Kleider, endlich auch der Äbtissin. – Itzt pfeif ich, und meine Kerls draußen fangen an zu stürmen und zu hasselieren als käm der Jüngste Tag, und hinein mit bestialischem Gepolter in die Zellen der Schwestern! – hahaha! – da hättest du die Hatz sehen sollen, wie die armen Tiergen in der Finstere nach ihren Röcken tappten, und sich jämmerlich gebärdeten, wie sie zum Teufel waren, und wir indes wie alle Donnerwetter zugesetzt, und wie sie sich vor Schreck und Bestürzung in Bettlacken wickelten, oder unter dem Ofen zusammenkrochen wie Katzen, andere in der Angst ihres Herzens die Stube so besprenzten, dass du hättest das Schwimmen drin lernen können, und das erbärmliche Gezetter und Lamento, und endlich gar die alte Schnurre, die Äbtissin, angezogen wie Eva vor dem Fall – du weißt, Bruder, dass mir auf diesem weiten Erdenrund kein Geschöpf so zuwider ist, als eine Spinne und ein altes Weib, und nun denk dir einmal die schwarzbraune, runzlichte, zottigte Vettel vor mir herumtanzen, und mich bei ihrer jungfräulichen Sittsamkeit beschwören – alle Teufel! ich hatte schon den Ellbogen angesetzt ihr die übrig gebliebenen wenigen Edlen vollends in den Mastdarm zu stoßen – kurz resolviert! entweder heraus mit dem Silbergeschirr mit dem Klosterschatz und allen den blanken Tä-

versichere mich des Klosterwächters bringe den Klosterwächter in meine Gewalt

praktizier ihnen nehme ihnen verschmitzt

Pack Bündel

zu stürmen mit Gewalt an die Tür zu pochen

zu hasselieren Lärm und Chaos zu veranstalten

Finstere (schwäbisch) Finsternis

zugesetzt ihnen zusetzten, sie nötigen

besprenzten besprengten (urinierten)

Gezetter und Lamento Gezeter und Wehklagen

Schnurre verächtlich für: alte Frau

Eva vor dem Fall … Sündenfall (also nackt)

Vettel altes Weib

wenigen Edlen → Seite 194

Mastdarm → Seite 194

resolviert entschlossen

lerchen, oder – meine Kerls verstanden mich schon – ich sage dir, ich hab aus dem Kloster mehr dann tausend Taler Werts geschleift, und den Spaß obendrein, und meine Kerls haben ihnen ein Andenken hinterlassen, sie werden ihre neun Monate dran zu schleppen haben.

Razmann *auf den Boden stampfend.* Dass mich der Donner da weg hatte.

Spiegelberg Siehst du? Sag du mehr, ob das kein Luderleben ist? und dabei bleibt man frisch und stark, und das Korpus ist noch beisammen, und schwillt dir stündlich wie ein Prälatsbauch – ich weiß nicht, ich muss was Magnetisches an mir haben, das dir alles Lumpengesindel auf Gottes Erdboden anzieht wie Stahl und Eisen.

Razmann Schöner Magnet du! Aber so möcht ich Henkers doch wissen, was für Hexereien du brauchst –

Spiegelberg Hexereien? Braucht keiner Hexereien – Kopf musst du haben! Ein gewisses praktisches Judizium, das man freilich nicht in der Gerste frisst – denn siehst du, ich pfleg immer zu sagen: einen honetten Mann kann man aus jedem Weidenstotzen formen, aber zu einem Spitzbuben will's Grütz – auch gehört darzu ein eigenes Nationalgenie, ein gewisses, dass ich so sage, Spitzbubenklima, und da rat ich dir, reis du ins Graubünder Land, das ist das Athen der heutigen Gauner.

Razmann Bruder! man hat mir überhaupt das ganze Italien gerühmt.

Spiegelberg Ja ja! man muss niemand sein Recht vorenthalten, Italien weist auch seine Männer auf, und wenn Deutschland so fortmacht, wie es bereits auf dem Weg ist, und die Bibel vollends hinausvotiert, wie es die glänzendsten Aspekten hat, so kann mit der Zeit auch noch aus Deutschland was Gutes kommen, – überhaupt aber, muss ich dir sagen, macht das Klima nicht sonderlich

dann denn, als

Luderleben schwelgerisches, liederliches Leben

Korpus (lat.) Körper, Leib

Prälatsbauch → Seite 195

Henkers beim Henker

brauchst gebrauchst, anwendest

praktisches Judizium praktischer Verstand

das man freilich nicht in der Gerste frisst → Seite 195

honetten ehrlichen, ehrenwerten

Weidenstotzen → Seite 195

ins Graubünder Land, das ist das Athen der heutigen Gauner → Seite 195

hinausvotiert abschafft, verbietet

Aspekten Aussichten

viel, das Genie kommt überall fort, und das Übrige, Bruder – ein Holzapfel weißt du wohl wird im Paradiesgärtlein selber ewig keine Ananas – aber dass ich dir weiter sage, – wo bin ich stehengeblieben?

Razmann Bei den Kunstgriffen!

Spiegelberg Ja recht, bei den Kunstgriffen. So ist dein Erstes, wenn du in die Stadt kommst, du ziehst bei den Bettelvögten, Stadtpatrollanten und Zuchtknechten Kundschaft ein, wer so am fleißigsten bei ihnen einspreche, die Ehre gebe, und diese Kunden suchst du auf – ferner nistest du dich in die Kaffeehäuser, Bordelle, Wirtshäuser ein, spähst, sondierst, wer am meisten über die wohlfeile Zeit, die fünf Prozent, über die einreißende Pest der Polizeiverbesserungen schreit, wer am meisten über die Regierung schimpft, oder wider die Physiognomik eifert und dergleichen. Bruder! das ist die rechte Höhe! die Ehrlichkeit wackelt wie ein hohler Zahn, du darfst nur den Pelikan ansetzen – oder besser und kürzer: du gehst und wirfst einen vollen Beutel auf die offene Straße, versteckst dich irgendwo, und merkst dir wohl, wer ihn aufhebt – eine Weile drauf jagst du hinterher, suchst, schreist, und fragst nur so im Vorbeigehen, haben der Herr nicht etwa einen Geldbeutel gefunden? Sagt er, ja? – nun so hat's der Teufel gesehen; leugnet er's aber? der Herr verzeihen – ich wüsste mich nicht zu entsinnen, – ich bedaure, *aufspringend* Bruder! Triumph Bruder! Lösch deine Laterne aus, schlauer Diogenes! – du hast deinen Mann gefunden.

Razmann Du bist ein ausgelernter Praktikus.

Spiegelberg Mein Gott! als ob ich noch jemals dran gezweifelt hätte – Nun du deinen Mann in dem Hamen hast, musst du's auch fein schlau angreifen, dass du ihn hebst! – Siehst du, mein Sohn? das hab ich so gemacht: – Sobald ich einmal die Fährte hatte, hängt ich mich mei-

Bettelvögten, Stadtpatrollanten und Zuchtknechten → Seite 195

einspreche zu Besuch komme

wohlfeile Zeit billige, gute Zeit

die fünf Prozent die hohen Schuldzinsen

die einreißende Pest der Polizeiverbesserungen die ständigen Maßnahmen zur Verbesserung der öffentlichen Ordnung und Sicherheit

Physiognomik → Seite 196

darfst musst

den Pelikan ansetzen → Seite 196

so hat's der Teufel gesehen → Seite 196

Diogenes → Seite 196

ausgelernter Praktikus → Seite 196

Hamen → Seite 196

hebst (schwäbisch) hältst

nem Kandidaten an wie eine Klette, saufte Brüderschaft mit ihm, und notabene! zechfrei musst du ihn halten! da geht freilich ein Schönes drauf, aber das achtest du nicht – – du gehst weiter, du führst ihn in Spielkompanien und bei liederlichen Menschern ein, verwickelst ihn in Schlägereien, und schelmische Streiche, bis er an Saft und Kraft und Geld und Gewissen, und gutem Namen bankrut wird, denn incidenter muss ich dir sagen, du richtest nichts aus, wenn du nicht Leib und Seele verderbst – Glaube mir Bruder! das hab ich aus meiner starken Praxi wohl fünfzigmal abstrahiert, wenn der ehrliche Mann einmal aus dem Nest gejagt ist, so ist der Teufel Meister – Der Schritt ist dann so leicht – o so leicht, als der Sprung von einer Hure zu einer Betschwester. – Horch doch! was für ein Knall war das?

Razmann Es war gedonnert, nur fortgemacht!

Spiegelberg Noch ein kürzerer besserer Weg ist der, du plünderst deinem Mann Haus und Hof ab, bis ihm kein Hemd mehr am Leibe hebt, alsdann kommt er dir von selber – lern mich die Pfiffe nicht Bruder – frag einmal das Kupfergesicht dort – Schwerenot! den hab ich schön ins Garn gekriegt – ich hielt ihm vierzig Dukaten hin, die sollt er haben, wenn er mir seines Herrn Schlüssel in Wachs drücken wollte – denk einmal! die dumme Bestie tut's, bringt mir, hol mich der Teufel! die Schlüssel, und will itzt das Geld haben – Monsieur, sagt ich, weiß Er auch, dass ich itzt diese Schlüssel geradeswegs zum Polizei-Lieutenant trage, und Ihm ein Logis am lichten Galgen miete? – Tausendsackerment! da hättest du den Kerl sehen sollen die Augen aufreißen, und anfangen zu zappeln wie ein nasser Budel – – »Ums Himmels willen, hab der Herr doch Einsicht! ich will – will –« was will Er? Will Er itzt gleich den Zopf hinaufschlagen und mit mir

notabene! zechfrei … Schönes drauf Wohlgemerkt! du musst seine Zeche übernehmen, auch wenn dich das einiges kostet

Menschern moralisch verkommenen Frauen

schelmische schurkische

bankrut bankrott

incidenter (spätlat.) nebenbei

Praxi Erfahrung

abstrahiert gefolgert, gelernt

Pfiffe Kniffe, Tricks

Kupfergesicht → Seite 196

Garn Netz

Logis Unterkunft

Tausendsackerment! → Seite 197

Budel Pudel

den Zopf hinaufschlagen → Seite 197

zum Teufel gehn? – »o von Herzen gern, mit Freuden« – hahaha! guter Schlucker, mit Speck fangt man Mäuse – lach ihn doch aus Razmann! hahaha!

Razmann Ja, ja, ich muss gestehen. Ich will mir diese Lektion mit goldnen Ziffern auf meine Hirntafel schreiben. Der Satan mag seine Leute kennen, dass er dich zu seinem Mäckler gemacht hat.

Mäckler → Seite 197

Spiegelberg Gelt, Bruder? und ich denke, wenn ich ihm zehen stelle, lässt er mich frei ausgehen – gibt ja jeder Verleger seinem Sammler das zehente Exemplar gratis, warum soll der Teufel so jüdisch zu Werk gehn? – Razmann! ich rieche Pulver –

Sammler Agent, Vertreter

das zehente Exemplar gratis (gleichsam als Provision)

Razmann Sapperment! ich riech's auch schon lang. – Gib Acht, es wird in der Näh was gesetzt haben! – Ja ja! wie ich dir sage, Moritz – du wirst dem Hauptmann mit deinen Rekruten willkommen sein – er hat auch schon brave Kerl angelockt.

Sapperment! Abwandlung von Sackerment (vgl. Seite 197)

Spiegelberg Aber die meinen! die meinen – Pah –

Razmann Nun ja! sie mögen hübsche Fingerchen haben – aber ich sage dir, der Ruf unsers Hauptmanns hat auch schon ehrliche Kerl in Versuchung geführt.

Spiegelberg Ich will nicht hoffen.

Razmann Sans Spaß! und sie schämen sich nicht unter ihm zu dienen. Er mordet nicht um des Raubes willen wie wir – nach dem Geld schien er nicht mehr zu fragen, sobald er's vollauf haben konnte, und selbst sein Drittteil an der Beute, das ihn von Rechts wegen trifft, verschenkt er an Waisenkinder, oder lässt damit arme Jungen von Hoffnung studieren. Aber soll er dir einen Landjunker schröpfen, der seine Bauren wie das Vieh abschindet, oder einen Schurken mit goldnen Borten unter den Hammer kriegen, der die Gesetze falschmünzt, und das Auge der Gerechtigkeit übersilbert, oder sonst ein Herrchen von dem Gelichter –

Sans Spaß! (frz.) Ohne Spaß!, Ganz im Ernst!

arme Jungen von Hoffnung vielversprechende Söhne armer Eltern

mit goldnen Borten mit reich verzierter Kleidung

übersilbert versilbert

Gelichter Gesindel

Kerl! da ist er dir in seinem Element, und haust teufelmäßig, als wenn jede Faser an ihm eine Furie wäre.

Spiegelberg Hum! hum!

Razmann Neulich erfuhren wir im Wirtshaus, dass ein reicher Graf von Regensburg durchkommen würde, der einen Prozess von einer Million durch die Pfiffe seines Advokaten durchgesetzt hätte, er saß eben am Tisch und brettelte, – wie viel sind unserer? frug er mich, indem er hastig aufstand, ich sah ihn die Unterlippe zwischen die Zähne klemmen, welches er nur tut, wenn er am grimmigsten ist – nicht mehr als fünf! sagt ich – es ist genug! sagt er, warf der Wirtin das Geld auf den Tisch, ließ den Wein, den er sich hatte reichen lassen unberührt stehen – wir machten uns auf den Weg. Die ganze Zeit über sprach er kein Wort, lief abseitwärts und allein, nur dass er uns von Zeit zu Zeit fragte, ob wir noch nichts gewahr worden wären, und uns befahl das Ohr an die Erde zu legen. Endlich so kommt der Graf hergefahren, der Wagen schwer bepackt, der Advokat saß bei ihm drin, voraus ein Reuter, nebenher ritten zwei Knechte – da hättest du den Mann sehen sollen, wie er, zwei Terzerolen in der Hand, vor uns her auf den Wagen zusprang! und die Stimme, mit der er rief: Halt! – der Kutscher, der nicht Halt machen wollte, musste vom Bock herabtanzen, der Graf schoss aus dem Wagen in den Wind, die Reuter flohen – dein Geld, Kanaille! rief er donnernd – er lag wie ein Stier unter dem Beil – und bist du der Schelm, der die Gerechtigkeit zur feilen Hure macht? der Advokat zitterte, dass ihm die Zähne klapperten, – der Dolch stak in seinem Bauch wie ein Pfahl in dem Weinberg – ich habe das Meine getan! rief er, und wandte sich stolz von uns weg, das Plündern ist eure Sache. Und somit verschwand er in den Wald –

Furie Rachegöttin (in der römischen Mythologie)

Advokaten Anwalts

brettelte (schwäbisch) spielte ein Brettspiel

Reuter Reiter

Terzerolen kleine Pistolen

Spiegelberg Hum, hum! Bruder, was ich dir vorhin erzählt habe, bleibt unter uns, er braucht's nicht zu wissen. Verstehst du?

Razmann Recht, recht! ich versteh.

Grillen Anwandlungen, seltsamen Einfälle, trüben Gedanken

Spiegelberg Du kennst ihn ja? Er hat so seine Grillen. Du verstehst mich.

Razmann Ich versteh, ich versteh.

Schwarz *in vollem Lauf.*

Passagiers Reisende

Razmann Wer da? was gibt's da? Passagiers im Wald?

Schwarz Hurtig, hurtig! wo sind die andern? – tausendsackerment! ihr steht da, und plaudert! Wisst ihr denn nicht – wisst ihr denn gar nicht? – und Roller –

dann denn

Razmann Was dann, was dann?

Schwarz Roller ist gehangen, noch vier andere mit, –

wenn wann

Razmann Roller? Schwerenot! seit wenn – woher weißt du's?

Rechtstäge (schwäbisch) Gerichtstage

auf der Tortur examiniert unter Anwendung von Folter verhört

Extrapost per Eilbeförderung → Seite 197

Schwarz Schon über drei Wochen sitzt er, und wir erfahren nichts, schon drei Rechtstäge sind über ihn gehalten worden, und wir hören nichts, man hat ihn auf der Tortur examiniert, wo der Hauptmann sei? – der wackere Bursche hat nichts bekannt, gestern ist ihm der Prozess gemacht worden, diesen Morgen ist er dem Teufel Extrapost zugefahren.

Razmann Vermaledeit! weiß es der Hauptmann?

Kapuzinerskutte → Seite 197

die Leber → Seite 197

Schwarz Erst gestern erfährt er's. Er schäumt wie ein Eber. Du weißt's, er hat immer am meisten gehalten auf Roller, und nun die T o r t u r e r s t – Strick und Leiter sind schon an den Turm gebracht worden, es half nichts, er selbst hat sich schon in Kapuzinerskutte zu ihm geschlichen, und die Person mit ihm wechseln wollen, Roller schlug's hartnäckig ab, itzt hat er einen Eid geschworen, dass es uns eiskalt über die Leber lief, er wolle ihm eine Todesfackel anzünden, wie sie noch keinem König geleuchtet hat, die ihnen den Buckel braun und blau brennen soll. Mir ist bang für die Stadt. Er hat schon lang eine Pike auf sie, weil sie so schändlich bigott ist, und du weißt, wenn er sagt: ich will's tun! so ist's so viel, als wenn's unser einer getan hat.

Razmann Das ist wahr! ich kenne den Hauptmann. Wenn er dem Teufel sein Wort drauf gegeben hätte in die Hölle zu fahren, er würde nie beten, wenn er mit einem halben Vaterunser selig werden könnte! – Aber ach! der arme Roller! der arme Roller! –

Spiegelberg Memento mori! Aber das regt mich nicht an. *Trillert ein Liedchen.*

Geh ich vorbei am Rabensteine,
So blinz ich nur das rechte Auge zu,
Und denk, du hängst mir wohl alleine,
Wer ist ein Narr, ich oder du?

Razmann *aufspringend.* Horch! ein Schuss. *Schießen und Lärmen.*

Spiegelberg Noch einer!

Razmann Wieder einer! der Hauptmann! *Hinter der Szene gesungen.*

Die Nürenberger henken keinen.
Sie hätten ihn denn vor.

Dacapo.

Schweizer Roller. *Hinter der Szene.* Holla ho! Holla ho!

Razmann Roller! Roller! Holen mich zehn Teufel!

Schweizer Roller. *Hinter der Szene.* Razmann! Schwarz! Spiegelberg! Razmann!

Razmann Roller! Schweizer! Blitz, Donner, Hagel und Wetter! *Fliegen ihm entgegen.*

eine Pike einen Groll (von frz. ›la pique‹: ›Streit, Zank‹)

bigott frömmelnd

Memento mori! (lat.) Denke daran, dass du sterben musst!

Rabensteine → Seite 197

blinz … zu schaue ich mit halb geschlossenem rechten Auge zu

Sie hätten ihn denn vor. Es sei denn, sie hätten ihn bereits.

Dacapo (ital.) noch einmal von Anfang an (vgl. Seite 11)

Räuber Moor *zu Pferd.* **Schweizer, Roller, Grimm, Schufterle, Räubertrupp** *mit Kot und Staub bedeckt, treten auf.*

Räuber Moor *vom Pferd springend.* Freiheit! Freiheit! – – du bist im Trocknen, Roller! – Führ meinen Rappen ab, Schweizer, und wasch ihn mit Wein. *Wirft sich auf die Erde.* Das hat gegolten!

Razmann *zu Roller.* Nun bei der Feueresse des Plutos! bist du vom Rad auferstanden?

Schwarz Bist du sein Geist? oder bin ich ein Narr? oder bist du's wirklich?

Roller *in Atem.* Ich bin's. Leibhaftig. Ganz. Wo glaubst du, dass ich herkomme?

Schwarz Da frag die Hexe! der Stab war schon über dich gebrochen!

Roller Das war er freilich, und noch mehr. Ich komme recta vom Galgen her. Lass mich nur erst zu Atem kommen. Der Schweizer wird dir erzählen. Gebt mir ein Glas Branntenwein! – du auch wieder da, Moritz? Ich dachte dich woanders wiederzusehen – gebt mir doch ein Glas Branntenwein! meine Knochen fallen auseinander – o mein Hauptmann! wo ist mein Hauptmann!

Schwarz Gleich, gleich! – so sag doch, so schwätz doch! wie bist du davongekommen? wie haben wir dich wieder? der Kopf geht mir um. Vom Galgen her, sagst du?

Roller *stürzt eine Flasche Branntenwein hinunter.* Ah, das schmeckt, das brennt ein! – geradeswegs vom Galgen her! sag ich. Ihr steht da, und gafft, und könnt's nicht träumen – ich war auch nur drei Schritte von der Sackermentsleiter, auf der ich in den Schoß Abrahams steigen sollte – so nah, so nah – war dir schon mit Haut und Haar auf die Anatomie verhandelt! hättest mein Leben

im Trocknen in Sicherheit

hat gegolten war ernst, ging hart auf hart

Feueresse des Plutos Schlot bzw. Schornstein des Pluto oder Hades, des Herrschers der Unterwelt in der griechischen Mythologie

bist du vom Rad auferstanden? hast du das Gerädertwerden überlebt?

in außer

der Stab war … gebrochen! → Seite 198

recta (lat.) direkt, geradewegs

schwätz (schwäbisch) rede

der Kopf geht mir um mir ist ganz schwindlig

Schoß Abrahams → Seite 198

auf die Anatomie verhandelt → Seite 198

um 'n Prise Schnupftabak haben können, dem Hauptmann dank ich Luft, Freiheit und Leben.

Schweizer Es war ein Spaß, der sich hören lässt. Wir hatten den Tag vorher durch unsre Spionen Wind gekriegt, der Roller liege tüchtig im Salz, und wenn der Himmel nicht beizeit noch einfallen wollte, so werde er morgen am Tag – das war als heut – den Weg alles Fleisches gehen müssen – Auf! sagt der Hauptmann, was wiegt ein Freund nicht. – Wir retten ihn, oder retten ihn nicht, so wollen wir ihm wenigstens doch eine Todesfackel anzünden, wie sie noch keinem König geleuchtet hat, die ihnen den Buckel braun und blau brennen soll. Die ganze Bande wird aufgeboten. Wir schicken einen Expressen an ihn, der's ihm in einem Zettelgen beibrachte, das er ihm in die Suppe warf.

Roller Ich verzweifelte an dem Erfolg.

Schweizer Wir passten die Zeit ab, bis die Passagen leer waren. Die ganze Stadt zog dem Spektakel nach, Reuter und Fußgänger durcheinander und Wagen, der Lärm und der Galgenpsalm johlten weit. Itzt, sagt der Hauptmann, brennt an, brennt an! Die Kerl flogen wie Pfeile, steckten die Stadt an dreiunddreißig Ecken zumal in Brand, werfen feurige Lunten in die Nähe des Pulverturms in Kirchen und Scheunen – Mordbleu es war keine Viertelstunde vergangen, der Nordostwind, der auch seinen Zahn auf die Stadt haben muss, kam uns trefflich zustatten, und half die Flamme bis hinauf in die obersten Giebel jagen. Wir indes Gasse auf Gasse nieder, wie Furien – Feuerjo! Feurjo! durch die ganze Stadt – Geheul, – Geschrei – Gepolter – fangen an die Brandglocken zu brummen, knallt der Pulverturm in die Luft, als wär die Erde mitten entzweigeborsten, und der Himmel zerplatzt, und die Hölle zehntausend Klafter tiefer versunken.

liege tüchtig im Salz schwebe in großer Gefahr

Expressen Eilboten

Passagen Straßen, Durchgänge

Galgenpsalm → Seite 198

zumal (schwäbisch) zugleich

Pulverturms festungsartiger Turm mit den Schießpulvervorräten der Stadt

Mordbleu → Seite 198

seinen Zahn seine Wut

Feuerjo! Feurio!: alter Warnruf bei Bränden

Brandglocken Alarmgeläut der Kirchenglocken bei Bränden

Klafter → Seite 198

Roller Und itzt sah mein Gefolge zurück – da lag die Stadt wie Gomorrha und Sodom, der ganze Horizont war Feuer, Schwefel und Rauch, vierzig Gebürge brüllen den infernalischen Schwank in die Rund herum nach, ein panischer Schreck schmeißt alle zu Boden – itzt nutz ich den Zeitpunkt, und risch, wie der Wind! – ich war losgebunden, so nah war's dabei – da meine Begleiter versteinert wie Lots Weib zurückschaun, Reißaus! zerrissen die Haufen! davon! Sechzig Schritte weg werf ich die Kleider ab, stürze mich in den Fluss, schwimm unterm Wasser fort, bis ich glaubte ihnen aus dem Gesichte zu sein. Mein Hauptmann schon parat mit Pferden und Kleidern – so bin ich entkommen. Moor! Moor! möchtest du bald auch in den Pfeffer geraten, dass ich dir Gleiches mit Gleichem vergelten kann!

wie Gomorrha und Sodom → Seite 198
Schwank (schwäbisch) Klang, Schlag
risch mundartlich für ›rasch‹
in den Pfeffer in Unannehmlichkeiten

Razmann Ein bestialischer Wunsch, für den man dich hängen sollte – aber es war ein Streich zum Zerplatzen.

zum Zerplatzen zum Totlachen

Roller Es war Hülfe in der Not, ihr könnt's nicht schätzen. Ihr hättet sollen – den Strick um den Hals – mit lebendigem Leib zu Grabe marschieren wie ich, und die sackermentalischen Anstalten und Schinderszeremonien, und mit jedem Schritt, den der scheue Fuß vorwärts wankte, näher und fürchterlich näher die verfluchte Maschine, wo ich einlogiert werden sollte, im Glanz der schröcklichen Morgensonne steigend, und die laurenden Schindersknechte, und die grässliche Musik – noch raunt sie in meinen Ohren – und das Gekrächz hungriger Raben, die an meinem halbfaulen Antezessor zu dreißigen hingen, und das alles, alles – und obendrein noch der Vorschmack der Seligkeit, die mir blühete! – Bruder, Bruder! und auf einmal die Losung zur Freiheit – Es war ein Knall, als ob dem Himmelfass ein Reif gesprungen wäre – hört Kanaillen! ich sag euch, wenn man aus dem glü-

laurenden lauernden
Antezessor (lat.) Vorgänger
Vorschmack Vorgeschmack
der Seligkeit, die mir blühete! der Hölle
Himmelfass → Seite 198

henden Ofen ins Eiswasser springt, kann man den Abfall nicht so stark fühlen als ich, da ich am andern Ufer war.

Spiegelberg *lacht.* Armer Schlucker! nun ist's ja verschwitzt. *Trinkt ihm zu.* Zur glücklichen Wiedergeburt!

Roller *wirft sein Glas weg.* Nein, bei allen Schätzen des Mammons! ich möchte das nicht zum zweiten Mal erleben. Sterben ist etwas mehr als Harlekinssprung, und Todesangst ist ärger als Sterben.

Spiegelberg Und der hüpfende Pulverturn – merkst du's itzt, Razmann? – drum stank auch die Luft so nach Schwefel, stundenweit, als würde die ganze Garderobe des Molochs unter dem Firmament ausgelüftet – es war ein Meisterstreich, Hauptmann! ich beneide dich drum.

Schweizer Macht sich die Stadt eine Freude daraus, meinen Kameraden wie ein verhetztes Schwein abtun zu sehen, was, zum Henker! sollen wir uns ein Gewissen daraus machen, unserem Kameraden zulieb die Stadt draufgehen zu lassen? Und nebenher hatten unsere Kerls noch das gefundene Fressen, über den alten Kaiser zu plündern. – Sagt einmal! was habt ihr weggekapert.

Einer von der Bande Ich hab mich während des Durcheinanders in die Stephanskirche geschlichen und die Borten vom Altartuch abgetrennt, der liebe Gott da, sagt ich, ist ein reicher Mann, und kann ja Goldfäden aus einem Batzenstrick machen.

Schweizer Du hast wohl getan – was soll auch der Plunder in einer Kirche? Sie tragen's dem Schöpfer zu, der über den Trödelkram lachet, und seine Geschöpfe dörfen verhungern. – Und du Spangeler – wo hast du dein Netz ausgeworfen?

Ein Zweiter Ich und Bügel haben einen Kaufladen geplündert und bringen Zeug für unser funfzig mit.

Abfall Kontrast

verschwitzt vorüber, ausgestanden

Mammons verächtlich für: Reichtums

Pulverturn ›Turn‹ ist eine damals gängige Nebenform von ›Turm‹.

Molochs → Seite 198

Firmament Himmelsgewölbe

über den alten Kaiser zu plündern → Seite 198

Batzenstrick → Seite 199

Zeug Stoff für Kleidungsstücke

Sackuhren Taschenuhren

weggebichst geschickt entwendet

eins angerichtet etwas eingebrockt

Ein Dritter Zwei goldne Sackuhren habe ich weggebichst, und ein Dutzend silberne Löffel darzu.

Schweizer Gut, gut. Und wir haben ihnen eins angerichtet, dran sie vierzehn Tage werden zu löschen haben. Wenn sie dem Feuer wehren wollen, so müssen sie die Stadt durch Wasser ruinieren – Weißt du nicht, Schufterle, wie viel es Tote gesetzt hat?

Schufterle Dreiundachtzig sagt man. Der Turm allein hat ihrer sechszig zu Staub zerschmettert.

Räuber Moor *sehr ernst.* Roller, du bist teuer bezahlt.

Lacken vergolden Laken nässen

eingeschnurrte verschrumpelte

der Komödie dem Schauspiel (der Hinrichtung)

Bodensatz jämmerliche Rest

Schufterle Pah! pah! was heißt aber das? – ja, wenn's Männer gewesen wären – aber da waren's Wickelkinder, die ihre Lacken vergolden, eingeschnurrte Müttergen, die ihnen die Mücken wehrten, ausgedörrte Ofenhocker, die keine Türe mehr finden konnten – Patienten, die nach dem Doktor winselten, der in seinem gravitätischen Trab der Hatz nachgezogen war – Was leichte Beine hatte, war ausgeflogen der Komödie nach, und nur der Bodensatz der Stadt blieb zurück, die Häuser zu hüten.

Moor Oh der armen Gewürme! Kranke, sagst du, Greise und Kinder? –

Kindbetterinnen → Seite 199

zu abortieren eine Fehlgeburt zu erleiden (von lat. ›abortire‹: ›zu früh gebären‹)

die besorgten … zu brennen → Seite 199

in die Mache gegeben zur Reparatur gebracht

Schufterle Ja zum Teufel! und Kindbetterinnen darzu, und hochschwangere Weiber, die befürchteten, unterm lichten Galgen zu abortieren, junge Frauen, die besorgten sich an den Schindersstückchen zu versehen, und ihrem Kind in Mutterleib den Galgen auf den Buckel zu brennen – Arme Poeten, die keinen Schuh anzuziehen hatten, weil sie ihr einziges Paar in die Mache gegeben, und was das Hundsgesindel mehr ist, es lohnt sich der Mühe nicht, dass man davon redt. Wie ich von ungefähr so an einer Baracke vorbeigehe hör ich drinnen ein Gezetter, ich guck hinein, und wie ich's beim Licht besehe, was war's? Ein Kind war's noch frisch und gesund, das lag auf dem Boden unterm Tisch, und der Tisch wollte eben angehen, – Armes Tiergen! sagt ich, du verfrierst ja hier, und warf's in die Flamme –

Moor Wirklich, Schufterle? – Und diese Flamme brenne in deinem Busen, bis die Ewigkeit grau wird! – Fort Ungeheuer! Lass dich nimmer unter meiner Bande sehen! Murrt ihr? – Überlegt ihr? – Wer überlegt, wann Ich befehle? – Fort mit ihm, sag ich, – es sind noch mehr unter euch, die meinem Grimm reif sind. Ich kenne dich, Spiegelberg. Aber ich will nächstens unter euch treten, und fürchterlich Musterung halten. *Sie gehn zitternd ab. Moor allein, heftig auf und ab gehend.*

Höre sie nicht, Rächer im Himmel! – Was kann ich dafür? Was kannst du dafür, wenn deine Pestilenz, deine Teurung, deine Wasserfluten, den Gerechten mit dem Bösewicht auffressen? Wer kann der Flamme befehlen, dass sie nicht auch durch die gesegneten Saaten wüte, wenn sie das Genist der Hornissel zerstören soll? – O pfui, über den Kindermord! den Weibermord – den Krankenmord! Wie beugt mich diese Tat! Sie hat meine schönsten Werke vergiftet – da steht der Knabe, schamrot und ausgehöhnt vor dem Auge des Himmels, der sich anmaßte mit Jupiters Keule zu spielen, und Pygmäen niederwarf, da er Titanen zerschmettern sollte – geh, geh! du bist der Mann nicht, das Rachschwert der obern Tribunale zu regieren, du erlagst bei dem ersten Griff – hier entsag ich dem frechen Plan, gehe, mich in irgendeine Kluft der Erde zu verkriechen, wo der Tag vor meiner Schande zurücktritt. *Er will fliehen.*

Räuber *eilig.* Sieh dich vor, Hauptmann! Es spukt! Ganze Haufen böhmischer Reuter schwadronieren im Holz herum – der höllische Blaustrumpf muss ihnen verträtscht haben –

angehen Feuer fangen

deinem Busen deiner Brust

fürchterlich Musterung halten eine strenge Auslese vornehmen

Pestilenz Seuchen

Teurung Verteuerung der lebensnotwendigen Güter; Hungersnot

Keule Keile → Seite 199

Pygmäen zwergenhafte Menschen

Titanen hier: riesenhafte Menschen

der obern Tribunale des göttlichen Gerichtes

frechen verwegenen, dreisten

schwadronieren streifen in Schwadronen (kleinen berittenen Einheiten)

Blaustrumpf Verräter; Teufel

verträtscht ausgeplaudert, verraten

Neue Räuber Hauptmann! Hauptmann! Sie haben uns die Spur abgelauert – rings ziehen ihrer etliche tausend einen Kordon um den mittlern Wald.

Kordon Kette, Sperrlinie (von frz. ›cordon‹)

Neue Räuber Weh, weh, weh! Wir sind gefangen, gerädert, wir sind gevierteilt! Viele tausend Husaren, Dragoner und Jäger sprengen um die Anhöhe, und halten die Luftlöcher besetzt. *Moor geht ab.*

Husaren mit Lanzen bewaffnete Soldaten der leichten Kavallerie

Dragoner mit Handfeuerwaffen ausgestattete Reitersoldaten

Schweizer. Grimm. Roller. Schwarz. Schufterle. Spiegelberg. Razmann. Räubertrupp.

Jäger Soldaten der Infanterie, oft Scharfschützen

Schweizer Haben wir sie aus den Federn geschüttelt? Freu dich doch, Roller! Das hab ich mir lange gewünscht, mich mit so Kommissbrotrittern herumzuhauen – wo ist der Hauptmann? Ist die ganze Bande beisammen? Wir haben doch Pulver genug?

Komissbrotrittern verächtlich für: Soldaten (›Kommiss‹ ist ein umgangssprachlicher Ausdruck für: Militär, Militärdienst)

Razmann Pulver die schwere Meng. Aber unser sind achtzig in allem, und so immer kaum einer gegen ihrer zwanzig.

Schweizer Desto besser! und lass es fünfzig gegen meinen großen Nagel sein – Haben sie so lang gewartet, bis wir ihnen die Streu unterm Arsch angezündet haben – Brüder, Brüder! so hat's keine Not. Sie setzen ihr Leben an zehen Kreuzer, fechten wir nicht für Hals und Freiheit? – Wir wollen über sie her wie die Sündflut und auf ihre Köpfe herabfeuren wie Wetterleuchten – Wo zum Teufel! ist dann der Hauptmann?

Kreuzer Kupfermünze von geringem Wert mit einem Kreuz als Prägezeichen

Spiegelberg Er verlässt uns in dieser Not. Können wir denn nicht mehr entwischen?

Schweizer Entwischen?

Spiegelberg Oh! Warum bin ich nicht geblieben in Jerusalem.

Oh! … in Jerusalem. → Seite 199

Schweizer So wollt' ich doch, dass du im Kloak ersticktest,

Dreckseele du! Bei nackten Nonnen hast du ein großes Maul, aber wenn du zwei Fäuste siehst, – Memme, zeige dich itzt, oder man soll dich in eine Sauhaut nähen, und durch Hunde verhetzen lassen.

in eine Sauhaut nähen … lassen → Seite 199

Razmann Der Hauptmann, der Hauptmann!

Moor, *langsam, vor sich.*

vor für

Moor Ich habe sie vollends ganz einschließen lassen, itzt müssen sie fechten wie Verzweifelte. *Laut.* Kinder! Nun gilt's! Wir sind verloren, oder wir müssen fechten wie angeschossene Eber.

Schweizer Ha! ich will ihnen mit meinen Fangern den Bauch schlitzen, dass ihnen die Kutteln schuhlang herausplatzen! – Führ uns an, Hauptmann! Wir folgen dir in den Rachen des Todes.

Fangern Fanger, Fänger: zweischneidige Stichwaffe, mit der der Jäger dem Wild den Todesstoß versetzt

Kutteln Eingeweide

Moor Ladet alle Gewehre! Es fehlt doch an Pulver nicht?

Schweizer *springt auf.* Pulver genug, die Erde gegen den Mond zu sprengen!

Razmann Jeder hat fünf Paar Pistolen geladen, jeder noch drei Kugelbüchsen darzu.

Moor Gut, gut! Und nun muss ein Teil auf die Bäume klettern, oder sich ins Dickicht verstecken, und Feuer auf sie geben im Hinterhalt –

Schweizer Da gehörst du hin, Spiegelberg!

Moor Wir andern, wie Furien, fallen ihnen in die Flanken.

Schweizer Darunter bin ich, ich!

Moor Zugleich muss jeder sein Pfeifchen hören lassen, im Wald herumjagen, dass unsere Anzahl schröcklicher werde: auch müssen alle Hunde los, und in ihre Glieder gehetzt werden, dass sie sich trennen, zerstreuen, und euch in den Schuss rennen. Wir drei, Roller, Schweizer und ich, fechten im Gedränge.

Glieder Schlachtreihen

wohl ehe eine Kirsche vom Maul weggeschossen Anspielung auf die in zeitgenössischen Räubergeschichten immer wieder thematisierte Schießkunst vieler Banditen

Schweizer Meisterlich, vortrefflich! – Wir wollen sie zusammenwettern, dass sie nicht wissen, wo sie die Ohrfeigen herkriegen. Ich habe wohl ehe eine Kirsche vom Maul weggeschossen, lass sie nur anlaufen.
Schufterle zupft Schweizern, dieser nimmt den Hauptmann beiseit, und spricht leise mit ihm.

Moor Schweig!

Schweizer Ich bitte dich –

Moor Weg! Er dank es seiner Schande, sie hat ihn gerettet. Er soll nicht sterben, wenn ich und mein Schweizer sterben, und mein Roller. Lass ihn die Kleider ausziehen, so will ich sagen er sei ein Reisender, und ich hab ihn bestohlen – Sei ruhig, Schweizer! Ich schwöre darauf, er wird doch noch gehangen werden.

Pater *tritt auf.*

Pater *vor sich, stutzt.* Ist das das Drachennest? – Mit eurer Erlaubnis, meine Herren! Ich bin ein Diener der Kirche, und draußen stehen siebenzehnhundert, die jedes Haar auf meinen Schläfen bewachen.

Schweizer Bravo! bravo! das war wohl gesprochen sich den Magen warm zu halten.

Moor Schweig, Kamerad! – Sagen Sie kurz, Herr Pater! was haben Sie hier zu tun?

Otternbrut, die im Finstern schleicht → Seite 199

Pater Mich sendet die hohe Obrigkeit, die über Leben und Tod spricht – ihr Diebe – ihr Mordbrenner – ihr Schelmen – giftige Otterbrut, die im Finstern schleicht, und im Verborgenem sticht – Aussatz der Menschheit – Höllenbrut, – köstliches Mahl für Raben und Ungeziefer – Kolonie für Galgen und Rad –

Schweizer Hund! hör auf zu schimpfen, oder – *Er drückt ihm den Kolben vors Gesicht.*

Moor Pfui doch, Schweizer! du verdirbst ihm ja das Konzept – er hat seine Predigt so brav auswendig gelernt – nur weiter mein Herr! – »für Galgen und Rad?«

Pater Und du, feiner Hauptmann! Herzog der Beutelschneider! Gaunerkönig! Großmogol aller Schelmen unter der Sonne! – Ganz ähnlich jenem ersten abscheulichen Rädelsführer, der tausend Legionen schuldloser Engel in rebellisches Feuer fachte, und mit sich hinab in den tiefen Pfuhl der Verdammnis zog – das Zettergeschrei verlassener Mütter heult deinen Fersen nach, Blut saufst du wie Wasser, Menschen wägen auf deinem mörderischen Dolch keine Luftblase auf. –

Moor Sehr wahr, sehr wahr! Nur weiter!

Pater Was? sehr wahr, sehr wahr? ist das auch eine Antwort?

Moor Wie, mein Herr? darauf haben Sie sich wohl nicht gefasst gemacht? Weiter, nur weiter! Was wollten Sie weiter sagen?

Pater *im Eifer.* Entsetzlicher Mensch! hebe dich weg von mir! Picht nicht das Blut des ermordeten Reichsgrafen an deinen verfluchten Fingern? Hast du nicht das Heiligtum des Herrn mit diebischen Händen durchbrochen, und mit einem Schelmengriff die geweihten Gefäße des Nachtmahls entwandt? Wie? hast du nicht Feuerbrände in unsere gottesfürchtige Stadt geworfen? und den Pulverturm über die Häupter guter Christen herabgestürzt? *Mit zusammengeschlagenen Händen.* Greuliche, greuliche Frevel, die bis zum Himmel hinaufstinken, das Jüngste Gericht waffnen, dass es reißend daherbricht! Reif zur Vergeltung, zeitig zur letzten Posaune!

Moor Meisterlich geraten bis hieher! aber zur Sache. Was lässt mir der hochlöbliche Magistrat durch Sie kundmachen?

Pater Was du nie wert bist zu empfangen – Schau um dich, Mordbrenner! Was nur dein Auge absehen kann, bist du

Beutelschneider → Seite 199

Großmogol Titel nordindischer Herrscher

Ganz ähnlich … Verdammnis zog → Seite 199

Pfuhl schmutziger Teich, Jauche; in übertragener Bedeutung: Ort des Bösen

Blut … Wasser → Seite 200

hebe … mir! → Seite 200

Picht Klebt (vgl. schwäbisch ›pichen‹: ›kleben, mit Pech bestreichen‹)

Reichsgrafen Graf, der nur den Kaiser (das Reich) über sich hat

des Nachtmahls des heiligen Abendmahls

letzten Posaune → Seite 200

eingeschlossen von unsern Reutern – hier ist kein Raum zum Entrinnen mehr – so gewiss Kirschen auf diesen Eichen wachsen, und diese Tannen Pfirsiche tragen, so gewiss werdet ihr unversehrt diesen Eichen und diesen Tannen den Rücken kehren.

Moor Hörst du's wohl, Schweizer? – Aber nur weiter!

Pater Höre dann, wie gütig, wie langmütig das Gericht mit dir Böswicht verfährt. Wirst du itzt gleich zum Kreuz kriechen, und um Gnade und Schonung flehen, siehe, so wird dir die Strenge selbst Erbarmen, die Gerechtigkeit eine liebende Mutter sein – sie drückt das Auge bei der Hälfte deiner Verbrechen zu, und lässt es – denk doch! – und lässt es bei dem Rade bewenden.

Schweizer Hast du's gehört, Hauptmann? Soll ich hingehn, und diesem abgerichteten Schäferhund die Gurgel zusammenschnüren, dass ihm der rote Saft aus allen Schweißlöchern sprudelt? –

Schweißlöchern Poren

Roller Hauptmann! – Sturm! Wetter und Hölle! – Hauptmann! – wie er die Unterlippe zwischen die Zähne klemmt! soll ich diesen Kerl das Oberst zuunterst unters Firmament wie einen Kegel aufsetzen?

Schweizer Mir! mir! Lass mich knien, vor dir niederfallen! Mir lass die Wollust ihn zu Brei zusammenzureiben! *Pater schreit.*

die Wollust das besondere Vergnügen

Moor Weg von ihm! Wag es keiner ihn anzurühren! – *Zum Pater, indem er seinen Degen zieht!* Sehen Sie, Herr Pater! hier stehn neunundsiebenzig, deren Hauptmann ich bin, und weiß keiner auf Wink und Kommando zu fliegen oder nach Kanonenmusik zu tanzen, und draußen stehn siebenzehnhundert, unter Musketen ergraut – aber hören Sie nun! so redet Moor, der Mordbrenner Hauptmann: Wahr ist's, ich habe den Reichsgrafen erschlagen, die Dominikuskirche angezündet und geplündert, hab Feuer-

Musketen altertümliche, großkalibrige Gewehre

brände in eure bigotte Stadt geworfen, und den Pulverturm ber die Häupter guter Christen herabgestürzt – aber das ist noch nicht alles. Ich habe noch mehr getan. *Er streckt seine rechte Hand aus.* Bemerken Sie die vier kostbare Ringe, die ich an jedem Finger trage – gehen Sie hin, und richten Sie Punkt für Punkt den Herren des Gerichts über Leben und Tod aus, was Sie sehen und hören werden – diesen Rubin zog ich einem Minister vom Finger, den ich auf der Jagd zu den Füßen seines Fürsten niederwarf. Er hatte sich aus dem Pöbelstaub zu seinem ersten Günstling emporgeschmeichelt, der Fall seines Nachbars war seiner Hoheit Schemel – Tränen der Waisen huben ihn auf. Diesen Demant zog ich einem Finanzrat ab, der Ehrenstellen und Ämter an die Meistbietenden verkaufte und den trauernden Patrioten von seiner Türe stieß. – Diesen Achat trag ich einem Pfaffen Ihres Gelichters zur Ehre, den ich mit eigener Hand erwürgte, als er auf offener Kanzel geweint hatte, dass die Inquisition so in Zerfall käme – ich könnte Ihnen noch mehr Geschichten von meinen Ringen erzählen, wenn mich nicht schon die paar Worte gereuten, die ich mit Ihnen verschwendet habe –

Pater O Pharao! Pharao!

Moor Hört ihr's wohl? Habt ihr den Seufzer bemerkt? Steht er nicht da, als wollte er Feuer vom Himmel auf die Rotte Korah herunterbeten, richtet mit einem Achselzucken, verdammt mit einem christlichen A c h ! – Kann der Mensch denn so blind sein? Er, der die hundert Augen des Argus hat Flecken an seinem Bruder zu spähen, kann er so gar blind gegen sich selbst sein? – Da donnern sie Sanftmut und Duldung aus ihren Wolken, und bringen dem Gott der Liebe Menschenopfer wie einem feuerarmigen Moloch – predigen Liebe des Nächsten, und

seiner Hoheit Schemel das Fundament seines Aufstiegs

Tränen der Waisen huben ihn auf. → Seite 200

Demant Diamant

Ehrenstellen → Seite 200

Achat Edelstein

Pfaffen verächtlich für: Geistlichen

auf offener Kanzel beim Predigen

Inquisition kirchliche Gerichtsbarkeit, die rigoros über die Einhaltung des Glaubens wachte

Pharao → Seite 200

Rotte Korah → Seite 200

Argus → Seite 200

Flecken Schandflecken

Moloch vgl. Seite 198

fluchen den achtzigjährigen Blinden von ihren Türen hinweg: – stürmen wider den Geiz und haben Peru um goldner Spangen willen entvölkert und die Heiden wie Zugvieh vor ihre Wagen gespannt – Sie zerbrechen sich die Köpfe wie es doch möglich gewesen wäre, dass die Natur hätte können einen Ischariot schaffen, und nicht der Schlimmste unter ihnen würde den dreieinigen Gott um zehen Silberlinge verraten. – O über euch Pharisäer, euch Falschmünzer der Wahrheit, euch Affen der Gottheit! Ihr scheut euch nicht vor Kreuz und Altären zu knien, zerfleischt eure Rücken mit Riemen, und foltert euer Fleisch mit Fasten; ihr wähnt mit diesen erbärmlichen Gaukeleien demjenigen einen blauen Dunst vorzumachen, den ihr Toren doch den Allwissenden nennt, nicht anders als wie man der Großen am bittersten spottet, wenn man ihnen schmeichelt, dass sie die Schmeichler hassen; ihr pocht auf Ehrlichkeit und exemplarischen Wandel, und der Gott der euer Herz durchschaut, würde wider den Schöpfer ergrimmen, wenn er nicht eben der wäre, der das Ungeheuer am Nilus erschaffen hat. – Schafft ihn aus meinen Augen.

Pater Dass ein Bösewicht noch so stolz sein kann!

Moor Nicht genug – Itzt will ich stolz reden. Geh hin und sage dem hochlöblichen Gericht, das über Leben und Tod würfelt – Ich bin kein Dieb, der sich mit Schlaf und Mitternacht verschwört, und auf der Leiter groß und herrisch tut – was ich getan habe werd ich ohne Zweifel einmal im Schuldbuch des Himmels lesen, aber mit seinen erbärmlichen Verwesern will ich kein Wort mehr verlieren. Sag ihnen, mein Handwerk ist Wiedervergeltung – Rache ist mein Gewerbe. *Er kehrt ihm den Rücken zu.*

Pater Du willst also nicht Schonung und Gnade? – Gut, mit dir bin ich fertig. *Wendet sich zu der Bande.* So höret dann

stürmen wider verdammen

haben Peru … gespannt → Seite 201

Ischariot … verraten → Seite 201

Pharisäer → Seite 201

zerfleischt eure Rücken mit Riemen geißelt euch, um eure Sünden zu büßen

exemplarischen Wandel vorbildlichen Lebenswandel

das Ungeheuer am Nilus → Seite 201

auf der Leiter … zum Galgen

Verwesern Verwaltern

ihr, was die Gerechtigkeit euch durch mich zu wissen tut! – Werdet ihr itzt gleich diesen verurteilten Missetäter gebunden überliefern, seht, so soll euch die Strafe eurer Greuel bis auf das letzte Andenken erlassen sein – die heilige Kirche wird euch verlorne Schafe mit erneuerter Liebe in ihren Mutterschoß aufnehmen, und jedem unter euch soll der Weg zu einem Ehrenamt offen stehn. *Mit triumphierendem Lächeln.* Nun, nun? Wie schmeckt das, E. Majestät? – Frisch also! Bindet ihn, und seid frei!

Moor Hört ihr's auch? Hört ihr? Was stutzt ihr? Was steht ihr verlegen da? Sie bietet euch Freiheit, und ihr seid wirklich schon ihre Gefangene. – Sie schenkt euch das Leben, und das ist keine Prahlerei, denn ihr seid wahrhaftig gerichtet – Sie verheißt euch Ehren und Ämter, und was kann euer Los anders sein, wenn ihr auch obsiegtet, als Schmach und Fluch und Verfolgung. – Sie kündigt euch Versöhnung vom Himmel an, und ihr seid wirklich verdammt. Es ist kein Haar an keinem unter euch, das nicht in die Hölle fährt. Überlegt ihr noch? Wankt ihr noch? Ist es so schwer zwischen Himmel und Hölle zu wählen? Helfen Sie doch Herr Pater!

Pater *vor sich.* Ist der Kerl unsinnig? – Sorgt ihr etwa, dass dies eine Falle sei, euch lebendig zu fangen? – Leset selbst, hier ist der Generalpardon unterschrieben. *Er gibt Schweizern ein Papier.* Könnt ihr noch zweifeln?

Moor Seht doch, seht doch! Was könnt ihr mehr verlangen? – Unterschrieben mit eigener Hand – es ist Gnade über alle Grenzen – oder fürchtet ihr wohl, sie werden ihr Wort brechen, weil ihr einmal gehört habt, dass man Verrätern nicht Wort hält? – O seid außer Furcht! Schon die Politik könnte sie zwingen Wort zu halten, wenn sie es auch dem Satan gegeben hätten. Wer würde ihnen in Zukunft noch Glauben beimessen? Wie würden sie je einen

bis auf das letzte Andenken ganz und gar

euch verlorne Schafe → Seite 201

Ehrenamt vgl. Seite 200 (›Ehrenstellen‹)

E. Majestät Euer Majestät

unsinnig verrückt

Generalpardon vollständige Begnadigung

zweiten Gebrauch davon machen können? – ich wollte drauf schwören sie meinen's aufrichtig. Sie wissen, dass ich es bin, der euch empört und erbittert hat, euch halten sie für unschuldig. Eure Verbrechen legen sie für Jugendfehler, für Übereilungen aus. Mich allein wollen sie haben, ich allein verdiene zu büßen. Ist es nicht so, Herr Pater?

Wie heißt … aus ihm spricht? → Seite 201

Pater Wie heißt der Teufel, der aus ihm spricht? – Ja freilich, freilich ist es so – der Kerl macht mich wirbeln.

macht mich wirbeln macht mich schwindlig

durchzureißen (schwäbisch) die Oberhand zu gewinnen

Plane Pläne

Moor Wie, noch keine Antwort? denkt ihr wohl gar mit den Waffen noch durchzureißen? Schaut doch um euch, schaut doch um euch! das werdet ihr doch nicht denken, das wäre itzt kindische Zuversicht. – Oder schmeichelt ihr euch wohl gar als Helden zu fallen, weil ihr saht, dass ich mich aufs Getümmel freute? – Oh glaubt das nicht! Ihr seid nicht Moor – Ihr seid heillose Diebe! Elende Werkzeuge meiner größeren Plane, wie der Strick verächtlich in der Hand des Henkers! – Diebe können nicht fallen wie Helden fallen. Das Leben ist den Dieben Gewinn, dann kommt was Schröckliches nach – Diebe haben das Recht vor dem Tode zu zittern. – Höret, wie ihre Hörner tönen! Sehet, wie drohend ihre Säbel daherblinken! wie? noch unschlüssig? seid ihr toll? seid ihr wahnwitzig? – Es ist unverzeihlich! Ich dank euch mein Leben nicht, ich schäme mich eures Opfers!

Pater *äußerst erstaunt.* Ich werde unsinnig, ich laufe davon! Hat man je von so was gehört?

wohlkommen zugutekommen

Moor Oder fürchtet ihr wohl, ich werde mich selbst erstechen, und durch einen Selbstmord den Vertrag zernichten, der nur an dem Lebendigen haftet? Nein, Kinder! das ist eine unnütze Furcht. Hier werf ich meinen Dolch weg, und meine Pistolen und dies Fläschgen mit Gift, das mir noch wohlkommen sollte – ich bin so elend, dass ich auch die Herrschaft über mein Leben verloren habe – Was, noch unschlüssig? Oder glaubt ihr vielleicht, ich werde mich zur Wehr setzen, wenn ihr mich binden wollt? Seht! hier bind ich meine rechte Hand an diesen Eichenast, ich bin ganz wehrlos, ein Kind kann mich umwerfen – Wer ist der Erste, der seinen Hauptmann in der Not verlässt?

Roller *in wilder Bewegung.* Und wann die Hölle uns neunfach umzingelte! *Schwenkt seinen Degen.* Wer kein Hund ist, rette den Hauptmann!

wann wenn

Schweizer *zerreißt den Pardon, und wirft die Stücke dem Pater ins Gesicht.* In unsern Kugeln Pardon! Fort Kanaille! sag dem Senat, der dich gesandt hat, du träfst unter Moors Bande keinen einzigen Verräter an. – Rettet, rettet den Hauptmann!

Senat hier: Gremium mächtiger Männer

Alle *lärmen.* Rettet, rettet, rettet den Hauptmann!

Moor *sich losreißend freudig.* Itzt sind wir frei – Kameraden! Ich fühle eine Armee in meiner Faust – Tod oder Freiheit! wenigstens sollen sie keinen lebendig haben!

Man bläst zum Angriff. Lärm und Getümmel. Sie gehen ab mit gezogenem Degen.

Dritter Akt

Erste Szene

Amalia *im Garten, spielt auf der Laute.*

Walhalla
→ Seite 201

Schön vor allen
Schöner als alle

Schön wie Engel, voll Walhallas Wonne,
Schön vor allen Jünglingen war er,
Himmlisch mild sein Blick, wie Maiensonne,
Rückgestrahlt vom blauen Spiegelmeer.

Sein Umarmen – wütendes Entzücken! –
Mächtig feurig klopfte Herz an Herz,
Mund und Ohr gefesselt – Nacht vor unsern Blicken –
Und der Geist gewirbelt himmelwärts.

Seine Küsse – paradiesisch Fühlen! –
Wie zwo Flammen sich ergreifen, wie
Harfentöne ineinander spielen
Zu der himmelvollen Harmonie.

Stürzten, flogen, rasten Geist und Geist zusammen,
Lippen, Wangen brannten, zitterten, –
Seele rann in Seele – Erd und Himmel schwammen
Wie zerronnen, um die Liebenden.

Er ist hin – vergebens ach! vergebens
Stöhnet ihm der bange Seufzer nach.
Er ist hin – und alle Lust des Lebens
Wimmert hin in ein verlornes Ach! –

Franz *tritt auf.*

Franz Schon wieder hier, eigensinnige Schwärmerin? Du hast dich vom frohen Mahle hinweggestohlen, und den Gästen die Freude verdorben.

Amalia Schade für diese unschuldigen Freuden! das Totenlied muss noch in deinen Ohren murmeln, das deinem Vater zu Grabe hallte –

Franz Willst du dann ewig klagen? Lass die Toten schlafen, und mache die Lebendigen glücklich! Ich komme –

Amalia Und wann gehst du wieder?

Franz O weh! kein so finsteres stolzes Gesicht! du betrübst mich, Amalia. Ich komme dir zu sagen –

Amalia Ich muss wohl hören, Franz von Moor ist ja gnädiger Herr worden.

Franz Ja recht, das war's, worüber ich dich vernehmen wollte – Maximilian ist schlafen gegangen in der Väter Gruft. Ich bin Herr. Aber ich möchte es vollends ganz sein, Amalia. – du weißt, was du unserm Hause warst, du wardst gehalten wie Moors Tochter, selbst den Tod überlebte seine Liebe zu dir, das wirst du wohl niemals vergessen? –

Amalia Niemals, niemals. Wer das auch so leichtsinnig beim frohen Mahle hinwegzechen könnte!

Franz Die Liebe meines Vaters musst du in seinen Söhnen belohnen, und Karl ist tot – staunst du? schwindelt dir? Ja wahrhaftig, der Gedanke ist auch so schmeichelnd erhaben, dass er selbst den Stolz eines Weibes betäubt. Franz tritt die Hoffnungen der edelsten Fräuleins mit Füßen, Franz kommt und bietet einer armen ohne ihn hülflosen Waise sein Herz, seine Hand, und mit ihr all sein Gold an und all seine Schlösser und Wälder. – Franz, der Beneidete, der Gefürchtete erklärt sich freiwillig für Amalias Sklaven –

Fräuleins unverheiratete Frauen aus der Adelsschicht

Amalia Warum spaltet der Blitz die ruchlose Zunge nicht, die das Frevelwort ausspricht! Du hast meinen Geliebten ermordet, und Amalia soll dich Gemahl nennen! du –

Franz Nicht so ungestüm, allergnädigste Prinzessin! – Freilich krümmt Franz sich nicht wie ein girrender Seladon vor dir – freilich hat er nicht gelernt, gleich dem schmachtenden Schäfer Arkadiens, dem Echo der Grotten und Felsen seine Liebesklagen entgegenzujammern – Franz spricht und wenn man nicht antwortet, so wird er – befehlen.

girrender Seladon → Seite 201

Arkadiens → Seite 201

Amalia Wurm du, befehlen? mir befehlen? – und wenn man den Befehl mit Hohnlachen zurückschickt?

Franz Das wirst du nicht. Noch weiß ich Mittel, die den Stolz eines einbildischen Starrkopfs so hübsch niederbeugen können – Klöster und Mauren!

einbildischen eingebildeten

Amalia Bravo! herrlich! und in Kloster und Mauren mit deinem Basiliskenanblick auf ewig verschont, und Muße genug an Karln zu denken, zu hangen. Willkommen mit deinem Kloster! auf auf mit deinen Mauren!

Basiliskenanblick → Seite 201

Franz Haha! ist es das? – gib Acht! Itzt hast du mich die Kunst gelehrt, wie ich dich quälen soll – diese ewige Grille von Karl soll dir mein Anblick gleich einer feuerhaarigen Furie aus dem Kopfe geißeln, das Schreckbild Franz soll hinter dem Bild deines Lieblings im Hinterhalt lauren, gleich dem verzauberten Hund, der auf unterirdischen Goldkästen liegt, – an den Haaren will ich dich in die Kapelle schleifen, den Degen in der Hand, dir den ehlichen Schwur aus der Seele pressen, dein jungfräuliches Bette mit Sturm ersteigen, und deine stolze Scham mit noch größerem Stolze besiegen.

gleich dem verzauberten Hund, der auf unterirdischen Goldkästen liegt → Seite 202

Amalia *gibt ihm eine Maulschelle.* Nimm erst das zur Aussteuer hin!

Maulschelle Ohrfeige

Aussteuer → Seite 202

Franz *aufgebracht.* Ha! wie das zehnfach, um wieder zehnfach geahndet werden soll! – Nicht meine Gemahlin – die Ehre sollst du nicht haben – meine Mätresse sollst du werden, dass die ehrlichen Bauernweiber mit Fingern auf dich deuten, wenn du es wagst und über die Gasse gehst. Knirsche nur mit den Zähnen – speie Feuer und Mord aus den Augen – mich ergötzt der Grimm eines Weibes, macht dich nur schöner, begehrenswerter. Komm – dieses Sträuben wird meinen Triumph zieren und mir die Wollust in erzwungnen Umarmungen würzen – Komm mit in meine Kammer – ich glühe vor Sehnsucht – itzt gleich sollst du mit mir gehn. *Will sie fortreißen.*

Mätresse die Geliebte eines vornehmen Herrn

ehrlichen ehrbaren, in einer legalen Ehe lebenden

Amalia *fällt ihm um den Hals.* Verzeih mir Franz! *Wie er sie umarmen will, reißt sie ihm den Degen von der Seite und tritt hastig zurück.* Siehst du Bösewicht was ich jetzt aus dir machen kann? – Ich bin ein Weib aber ein rasendes Weib – wag es einmal mit unzüchtigem Griff meinen Leib zu betasten – dieser Stahl soll deine geile Brust mitten durchrennen, und der Geist meines Oheims wird mir die Hand dazu führen. Fleuch auf der Stelle! *Sie jagt ihn davon.*

Fleuch Flieh

Ah! wie mir wohl ist – Itzt kann ich frei atmen – ich fühlte mich stark wie das funkensprühende Ross, grimmig wie die Tigerin dem siegbrüllenden Räuber ihrer Jungen nach – In ein Kloster sagt er – dank dir für diese glückliche Entdeckung! – Itzt hat die betrogene Liebe ihre Freistatt gefunden – das Kloster – das Kreuz des Erlösers ist die Freistatt der betrognen Liebe. *Sie will gehen.*

Freistatt Zufluchtsort

Hermann *tritt schüchtern herein.*

Hermann Fräulein Amalia! Fräulein Amalia!

Amalia Unglücklicher! Was störest du mich?

Zentner im Schwäbischen auch in der allgemeineren Bedeutung ›Gewicht‹

Hermann Dieser Zentner muss von meiner Seele eh er sie zur Hölle drückt. *Wirft sich vor ihr nieder.* Vergebung! Vergebung! Ich hab Euch sehr beleidigt Fräulein Amalia.

Amalia Steh auf! Geh! Ich will nichts wissen.

Will fort.

Hermann *der sie zurückhält.* Nein! Bleibt! Bei Gott! Bei dem ewigen Gott! Ihr sollt alles wissen!

Amalia Keinen Laut weiter – Ich vergebe dir – Ziehe heim in Frieden.

Will hinwegeilen.

Hermann So höret nur ein einziges Wort – es wird Euch all Eure Ruhe wiedergeben.

Amalia *kommt zurück und blickt ihn verwundernd an.* Wie Freund? – wer im Himmel und auf Erden kann mir meine Ruhe wiedergeben?

einiges einziges

Hermann Das kann von meinen Lippen ein einiges Wort – höret mich an.

Amalia *mit Mitleiden seine Hand ergreifend.* Guter Mensch – Kann ein Wort von deinen Lippen die Riegel der Ewigkeit aufreißen?

Hermann *steht auf.* Karl lebt noch!

Amalia *schreiend.* Unglücklicher!

Hermann Nicht anders – Nun noch ein Wort – Euer Oheim –

Oheim altertümlich für ›Onkel‹

Amalia *gegen ihn herstürzend.* Du lügst –

Hermann Euer Oheim –

Amalia Karl lebt noch!

Hermann Und Euer Oheim –

Amalia Karl lebt noch?

Hermann Auch Euer Oheim – Verratet mich nicht.

Eilt hinaus.

Amalia *steht lang wie versteinert. Dann fährt sie wild auf, eilt ihm nach.* Karl lebt noch!

Zweite Szene

Gegend an der Donau.

Die Räuber, *gelagert auf einer Anhöhe unter Bäumen, die Pferde weiden am Hügel hinunter.*

Moor Hier muss ich liegen bleiben. *Wirft sich auf die Erde.* Meine Glieder wie abgeschlagen. Meine Zunge trocken, wie eine Scherbe. *Schweizer verliert sich unvermerkt.* Ich wollt euch bitten mir eine Handvoll Wassers aus diesem Strome zu holen, aber ihr seid alle matt bis in den Tod.

Schwarz Auch ist der Wein all in unsern Schläuchen.

Moor Seht doch, wie schön das Getreide steht! – Die Bäume brechen fast unter ihrem Segen. – Der Weinstock voll Hoffnung.

Grimm Es gibt ein fruchtbares Jahr.

Moor Meinst du? – Und so würde doch Ein Schweiß in der Welt bezahlt. Einer? – – Aber es kann ja über Nacht ein Hagel fallen und alles zugrund schlagen.

Schwarz Das ist leicht möglich. Es kann alles zugrund gehen, wenig Stunden vorm Schneiden.

Moor Das sag ich ja. Es wird alles zugrund gehn. Warum soll dem Menschen das gelingen was er von der Ameise hat, wenn ihm das fehlschlägt, was ihn den Göttern gleich macht? – oder ist hier die Mark seiner Bestimmung?

Schwarz Ich kenne sie nicht.

Moor Du hast gut gesagt, und noch besser getan wenn du sie nie zu kennen verlangtest! – Bruder – ich habe die Menschen gesehen, ihre Bienensorgen, und ihre Riesenprojekte – ihre Götterplane und ihre Mäusegeschäfte, das wunderseltsame Wettrennen nach Glückseligkeit; – die-

Meine Glieder … eine Scherbe. → Seite 202

verliert sich unvermerkt zieht sich diskret zurück

aber ihr … in den Tod → Seite 202

Schläuchen → Seite 202

die Mark die Grenze

Bestimmung → Seite 202

ser dem Schwung seines Rosses anvertraut – ein anderer der Nase seines Esels – ein Dritter seinen eigenen Beinen; dieses bunte Lotto des Lebens, worein so mancher seine Unschuld, und – seinen Himmel setzt, einen Treffer zu haschen, und – Nullen sind der Auszug – am Ende war kein Treffer darin. Es ist ein Schauspiel, Bruder, das Tränen in deine Augen lockt, wenn es dein Zwerchfell zum Gelächter kitzelt.

der Auszug das Resultat der Ziehung der Lose

Schwarz Wie herrlich die Sonne dort untergeht!

Moor *in den Anblick verschwemmt.* So stirbt ein Held! – Anbetenswürdig!

verschwemmt in weicher Stimmung versunken

Grimm Du scheinst tief gerührt.

Moor Da ich noch ein Bube war – war's mein Lieblingsgedanke wie sie zu leben, zu sterben wie sie – *mit verbissnem Schmerz.* Es war ein Bubengedanke!

Grimm Das will ich hoffen.

Moor *drückt den Hut übers Gesicht.* Es war eine Zeit – Lasst mich allein, Kameraden.

Schwarz Moor! Moor! Was zum Henker? – wie er seine Farbe verändert!

Grimm Alle Teufel! was hat er? wird ihm übel?

Moor Es war eine Zeit wo ich nicht schlafen konnte, wenn ich mein Nachtgebet vergessen hatte –

Grimm Bist du wahnsinnig? Willst du dich von deinen Bubenjahren hofmeistern lassen?

hofmeistern schulmeistern, bevormunden

Moor *legt sein Haupt auf Grimms Brust.* Bruder! Bruder!

Grimm Wie? sei doch kein Kind – ich bitte dich –

Moor Wär ich's – wär ich's wieder!

Grimm Pfui! Pfui!

Schwarz Heitre dich auf. Sieh diese malerische Landschaft – den lieblichen Abend.

Moor Ja Freunde, diese Welt ist so schön.

Schwarz Nun! das war wohl gesprochen.

Moor Diese Erde so herrlich.

Grimm Recht – recht – so hör ich's gerne.

Moor *zurückgesunken.* Und ich so hässlich auf dieser schönen Welt – und ich ein Ungeheuer auf dieser herrlichen Erde.

Grimm O weh! o weh!

Moor Meine Unschuld! Meine Unschuld! – Seht! es ist alles hinausgegangen sich im friedlichen Strahl des Frühlings zu sonnen – warum ich allein die Hölle saugen aus den Freuden des Himmels? – dass alles so glücklich ist, durch den Geist des Friedens alles so verschwistert! – die ganze Welt Eine Familie und ein Vater dort oben – Mein Vater nicht – Ich allein der Verstoßene, ich allein ausgemustert aus den Reihen der Reinen – mir nicht der süße Name Kind – nimmer mir der Geliebten schmachtender Blick – nimmer nimmer des Busenfreundes Umarmung. *Wild zurückfahrend.* Umlagert von Mördern – von Nattern umzischt – angeschmiedet an das Laster mit eisernen Banden – hinausschwindelnd ins Grab des Verderbens auf des Lasters schwankendem Rohr – mitten in den Blumen der glücklichen Welt ein heulender Abbadona!

Schwarz *zu den Übrigen.* Unbegreiflich! Ich hab ihn nie so gesehen.

Moor *mit Wehmut.* Dass ich wiederkehren dürfte in meiner Mutter Leib! dass ich ein Bettler geboren werden dürfte! – Nein! ich wollte nicht mehr o Himmel – dass ich werden dürfte wie dieser Taglöhner einer! – O ich wollte mich abmüden, dass mir das Blut von den Schläfen rollte – mir die Wollust eines einzigen Mittagschlafs zu erkaufen – die Seligkeit einer einzigen Träne.

Grimm *zu den andern.* Nur Geduld! der Paroxysmus ist schon im Fallen.

hinausschwindelnd hinaus wankend

Rohr Schilfrohr (das sich im Wind wiegt)

Abbadona → Seite 202

Taglöhner jeweils nur für einen Arbeitstag verpflichteter Arbeiter

Paroxysmus (griech.) anfallartige Steigerung der Beschwerden während einer Krankheit

Elysiumsszenen vgl. Seite 59

meinen brennenden Busen meine vor innerem Fieber glühende Brust

Moor Es war eine Zeit wo sie mir so gern flossen – o ihr Tage des Friedens! Du Schloss meines Vaters – ihr grünen schwärmerischen Täler! O all ihr Elysiumszenen meiner Kindheit! – Werdet ihr nimmer zurückkehren – nimmer mit köstlichen Säuseln meinen brennenden Busen kühlen? – Traure mit mir Natur – Sie werden nimmer zurückkehren, nimmer mit köstlichen Säuseln meinen brennenden Busen kühlen. – Dahin! dahin! unwiederbringlich! –

Schweizer *mit Wasser im Hut.*

Schweizer Sauf zu Hauptmann – hier ist Wasser genug, und frisch wie Eis.

Schwarz Du blutest ja – was hast du gemacht?

zehn rheinländische Schuhe → Seite 202

Schweizer Narr, einen Spaß der mich bald zwei Beine und einen Hals gekostet hätte. Wie ich so auf dem Sandhügel am Fluss hintrolle, glitsch, so rutscht der Plunder unter mir ab und ich zehn rheinländische Schuhe lang hinunter – da lag ich, und wie ich mir eben meine fünf Sinne wieder zurechtsetze, treff ich dir das klarste Wasser im Kies. Genug diesmal für den Tanz dacht ich, dem Hauptmann wird's wohl schmecken.

Moor *gibt ihm den Hut zurück, und wischt ihm sein Gesicht ab.* Sonst sieht man ja die Narben nicht die die böhmischen Reuter in deine Stirne gezeichnet haben – dein Wasser war gut Schweizer – diese Narben stehen dir schön.

Schweizer Pah! hat noch Platz genug für ihrer dreißig.

mir für mich

Moor Ja Kinder – es war ein heißer Nachmittag – und nur E i n e n Mann verloren – mein Roller starb einen schönen Tod. Man würde einen Marmor auf seine Gebeine setzen wenn er nicht mir gestorben wäre. Nehmet vorlieb mit diesem. *Er wischt sich die Augen.* Wie viel waren's doch von den Feinden, die auf dem Platz blieben?

Schweizer Hundertundsechzig Husaren – dreiundneunzig Dragoner, gegen vierzig Jäger – dreihundert in allem.

gegen ungefähr, annähernd

Moor Dreihundert für Einen! – Jeder von euch hat Anspruch an diesen Scheitel! *Er entblößt sich das Haupt.* Hier heb ich meinen Dolch auf! So wahr meine Seele lebt! Ich will euch niemals verlassen.

Schweizer Schwöre nicht! du weißt nicht, ob du nicht noch glücklich werden, und bereuen wirst.

Moor Bei den Gebeinen meines Rollers! Ich will euch niemals verlassen.

Kosinsky *kommt.*

Kosinsky *vor sich.* In dieser Revier herum, sagen sie, werd ich ihn antreffen – he holla! was sind das für Gesichter? – Sollten's – wie wenn's diese – sie sind's, sind's! – ich will sie anreden.

dieser Revier → Seite 202

Schwarz Gebt Acht! wer kommt da?

Kosinsky Meine Herrn verzeihen Sie! Ich weiß nicht, geh ich recht, oder unrecht?

geh ich recht ... in der Annahme

Moor Und wer müssen wir sein, wenn Sie recht gehn?

Kosinsky Männer!

Schweizer Ob wir das auch gezeigt haben, Hauptmann?

Kosinsky Männer such ich, die dem Tod ins Gesicht sehen, und die Gefahr wie eine zahme Schlange um sich spielen lassen, die Freiheit höher schätzen als Ehre und Leben, deren bloßer Name, willkommen dem Armen und Unterdrückten, die Beherztesten feig und Tyrannen bleich macht.

Schweizer *zum Hauptmann.* Der Bursche gefällt mir. – Höre, guter Freund! Du hast deine Leute gefunden.

Kosinsky Das denk ich, und will hoffen, bald meine Brüder. – So könnt ihr mich dann zu meinem rechten Manne weisen, denn ich such, euren Hauptmann, den großen Grafen von Moor.

Schweizer *gibt ihm die Hand mit Wärme.* Lieber Junge! wir duzen einander.

Moor *näher kommend.* Kennen Sie auch den Hauptmann?

Kosinsky Du bist's – in dieser Miene – wer sollte dich ansehn und einen andern suchen? *Starrt ihn lang an.* Ich habe mir immer gewünscht, den Mann mit dem vernichtenden Blicke zu sehen, wie er saß auf den Ruinen von Karthago – itzt wünsch ich es nicht mehr.

den Mann mit dem vernichtenden Blicke … auf den Ruinen von Karthago → Seite 203

Schweizer Blitzbub!

Blitzbub! Toller Kerl!

Moor Und was führt Sie zu mir?

Kosinsky O Hauptmann! mein mehr als grausames Schicksal – ich habe Schiffbruch gelitten auf der ungestümen See dieser Welt, die Hoffnungen meines Lebens hab ich müssen sehen in den Grund sinken, und blieb mir nichts übrig als die marternde Erinnerung ihres Verlustes, die mich wahnsinnig machen würde, wenn ich sie nicht durch anderwärtige Tätigkeit zu ersticken suchte.

Moor Schon wieder ein Kläger wider die Gottheit! – Nur weiter.

Kosinsky Ich wurde Soldat. Das Unglück verfolgte mich auch da – ich machte eine Fahrt nach Ostindien mit, mein Schiff scheiterte an Klippen – nichts als fehlgeschlagene Plane! Ich höre endlich weit und breit erzählen von deinen Taten, Mordbrennereien, wie sie sie nannten, und bin hieher gereist dreißig Meilen weit, mit dem festen Entschluss unter dir zu dienen, wenn du meine Dienste annehmen willst – Ich bitte dich, würdiger Hauptmann, schlage mir's nicht ab!

Ostindien → Seite 203

dreißig Meilen gut 225 Kilometer (vgl. Seite 194)

Schweizer *mit einem Sprung.* Heisa! Heisa! So ist ja unser Roller zehnhundertfach vergütet! Ein ganzer Mordbruder für unsere Bande!

Moor Wie ist dein Name?

Kosinsky Kosinsky.

Moor Wie Kosinsky? weißt du auch, dass du ein leichtsinniger Knabe bist, und über den großen Schritt deines Lebens weggaukelst, wie ein unbesonnenes Mädgen – Hier wirst du nicht Bälle werfen oder Kegelkugeln schieben, wie du dir einbildest.

Kosinsky Ich weiß, was du sagen willst – ich bin vierundzwanzig Jahr alt, aber ich habe Degen blinken gesehen, und Kugeln um mich surren gehört.

Moor So junger Herr? – und hast du dein Fechten nur darum gelernt, arme Reisende um einen Reichstaler niederzustoßen, oder Weiber hinterrücks in den Bauch zu stechen? Geh, geh! du bist deiner Amme entlaufen, weil sie dir mit der Rute gedroht hat.

Schweizer Was zum Henker, Hauptmann! was denkst du? willst du diesen Herkules fortschicken? Sieht er nicht gerade so drein, als wollt er den Marschall von Sachsen mit einem Rührlöffel über den Ganges jagen?

Moor Weil dir deine Lappereien missglücken, kommst du, und willst ein Schelm, ein Meuchelmörder werden? – Mord, Knabe, verstehst du das Wort auch? du magst ruhig schlafen gegangen sein, wenn du Mohnköpfe abgeschlagen hast, aber einen Mord auf der Seele zu tragen. –

Kosinsky Jeden Mord, den du mich begehen heißt, will ich verantworten.

Moor Was? bist du so klug? Willst du dich anmaßen einen Mann mit Schmeicheleien zu fangen? Woher weißt du, dass ich nicht böse Träume habe, oder auf dem Todbett

um einen wegen eines

Amme Frau, »welche ein fremdes Kind um einen gewissen Lohn säuget« (Adelung); Kinderfrau

Marschall von Sachsen → Seite 203

über den Ganges jagen ins Jenseits befördern

Lappereien Lappalien, unbedeutenden Angelegenheiten

Mohnköpfe die Blüten von Mohnblumen

nicht werde blass werden? wie viel hast du schon getan, wobei du an Verantwortung gedacht hast?

Kosinsky Wahrlich! noch sehr wenig, aber doch diese Reise zu dir, edler Graf!

Hofmeister Privaterzieher, Hauslehrer

Geschichte des Robins → Seite 203

Kützelt dich Kitzelt es dich, verlangt es dich

Moor Hat dir dein Hofmeister die Geschichte des Robins in die Hände gespielt, – Man sollte dergleichen unvorsichtige Kanaillen auf die Galeere schmieden – die deine kindische Phantasie erhitzte, und dich mit der tollen Sucht zum großen Mann ansteckte? Kützelt dich nach Namen und Ehre? willst du Unsterblichkeit mit Mordbrennereien erkaufen? Merk dir's, ehrgeiziger Jüngling! Für Mordbrenner grünet kein Lorbeer! Auf Banditensiege ist kein Triumph gesetzt – aber Fluch, Gefahr, Tod, Schande – Siehst du auch das Hochgericht dort auf dem Hügel?

das Hochgericht den Galgen

Manier Art und Weise (von frz. ›manière‹)

Spiegelberg *unwillig auf und ab gehend.* Ei wie dumm! wie abscheulich, wie unverzeihlich dumm! das ist die Manier nicht! Ich hab's anders gemacht.

Kosinsky Was soll der fürchten, der den Tod nicht fürchtet?

Seneca → Seite 203

Sentenzen Sinnsprüchen

Moor Brav! Unvergleichlich! Du hast dich wacker in den Schulen gehalten, du hast deinen Seneca meisterlich auswendig gelernt. – Aber, lieber Freund, mit dergleichen Sentenzen wirst du die leidende Natur nicht beschwätzen, damit wirst du die Pfeile des Schmerzens nimmermehr stumpf machen. – Besinne dich recht, mein Sohn! *Er nimmt seine Hand.* Denk, ich rate dir als ein Vater – lern erst die Tiefe des Abgrunds kennen, eh du hineinspringst! Wenn du noch in der Welt eine einzige Freude zu erhaschen weißt – es könnten Augenblicke kommen, wo du – aufwachst – und dann – möcht es zu spät sein. Du trittst hier gleichsam aus dem Kreise der Menschheit – entweder musst du ein höherer Mensch sein, oder du bist ein Teufel – Noch einmal, mein Sohn! wenn dir noch ein Funken von Hoffnung irgend anderswo glimmt, so verlass diesen schröcklichen Bund, den nur Verzweiflung eingeht, wenn ihn nicht eine höhere Weisheit gestiftet hat – man kann sich täuschen – Glaube mir, man kann das für Stärke des Geistes halten, was doch am Ende Verzweiflung ist – Glaub mir, mir! und mach dich eilig hinweg.

Kosinsky Nein! ich fliehe itzt nicht mehr. Wenn dich meine Bitten nicht rühren, so höre die Geschichte meines Unglücks. – Du wirst mir dann selbst den Dolch in die Hände zwingen, du wirst – lagert euch hier auf dem Boden, und hört mir aufmerksam zu!

Moor Ich will sie hören.

Kosinsky Wisset also, ich bin ein böhmischer Edelmann, und wurde durch den frühen Tod meines Vaters Herr eines ansehnlichen Ritterguts. Die Gegend war paradiesisch – denn sie enthielt einen Engel – ein Mädgen, geschmückt mit allen Reizen der blühenden Jugend, und keusch wie das Licht des Himmels. Doch, wem sag ich das? Es schallt an euren Ohren vorüber – ihr habt niemals geliebt, seid niemals geliebt worden –

Schweizer Sachte, sachte! unser Hauptmann wird feuerrot.

Moor Hör auf! ich will's ein andermal hören – morgen, nächstens, oder – wenn ich Blut gesehen habe.

Kosinsky Blut, Blut – höre nur weiter! Blut, sag ich dir, wird deine ganze Seele füllen. Sie war bürgerlicher Geburt, eine Deutsche – aber ihr Anblick schmelzte die Vorurteile des Adels hinweg. Mit der schüchternsten Bescheidenheit nahm sie den Trauring von meiner Hand, und übermorgen sollte ich meine Amalia vor den Altar führen.

Moor *steht schnell auf.*

Kosinsky Mitten im Taumel der auf mich wartenden Seligkeit, unter den Zurüstungen zur Vermählung – werd ich

Expressen: Eilboten (vgl. Seite 79)

nach Hof: an den Hof

Ich stellte mich.: Ich kam der Aufforderung nach.

durch einen Expressen nach Hof zitiert. Ich stellte mich. Man zeigte mir Briefe, die ich geschrieben haben sollte, voll verräterischen Inhalts. Ich errötete über der Bosheit – man nahm mir den Degen ab, warf mich ins Gefängnis, alle meine Sinnen waren hinweg.

Schweizer Und unterdessen – nur weiter! ich rieche den Braten schon.

Kosinsky Hier lag ich einen Monat lang, und wusste nicht, wie mir geschah. Mir bangte für meine Amalia, die meines Schicksals wegen jede Minute einen Tod würde zu leiden haben. Endlich erschien der erste Minister des Hofes, wünschte mir zur Entdeckung meiner Unschuld Glück, mit zuckersüßen Worten, liest mir den Brief der Freiheit vor, gibt mir meinen Degen wieder. Itzt im Triumphe nach meinem Schloss, in die Arme meiner Amalia zu fliegen, – sie war verschwunden. In der Mitternacht sei sie weggebracht worden, wüsste niemand, wohin? und seitdem mit keinem Aug mehr gesehen. Hui! schoss mir's auf wie der Blitz, ich flieg nach der Stadt, sondiere am Hof – alle Augen wurzelten auf mir, niemand wollte Bescheid geben – endlich entdeck ich sie durch ein verborgenes Gitter im Palast – sie warf mir ein Billettchen zu.

Billettchen: Briefchen, Zettelchen

Schweizer Hab ich's nicht gesagt?

Kosinsky Hölle, Tod und Teufel! da stand's! man hatte ihr die Wahl gelassen, ob sie mich lieber sterben sehen, oder die Mätresse des Fürsten werden wollte. Im Kampf zwischen Ehre und Liebe entschied sie für das Zweite, und *lachend* ich war gerettet.

Schweizer Was tatst du da?

Kosinsky Da stand ich, wie von tausend Donnern getroffen! – Blut! war mein erster Gedanke, Blut! mein letzter. Schaum auf dem Munde renn ich nach Haus, wähle mir einen dreispitzigen Degen, und damit in aller Jast in des

Jast: (schwäbisch) Hitze, Zorn

Ministers Haus, denn nur er – er nur war der höllische Kuppler gewesen. Man muss mich von der Gasse bemerkt haben, denn wie ich hinauftrete, waren alle Zimmer verschlossen. Ich suche, ich frage: Er sei zum Fürsten gefahren, war die Antwort. Ich mache mich geradenwegs dahin, man wollte nichts von ihm wissen. Ich gehe zurück, sprenge die Türen ein, find ihn, wollte eben – aber da sprangen fünf bis sechs Bediente aus dem Hinterhalt, und entwanden mir den Degen.

wollte nichts von ihm wissen behauptete, ihn nicht gesehen zu haben

Schweizer *stampft auf den Boden.* Und er kriegte nichts, und du zogst leer ab?

Kosinsky Ich ward ergriffen, angeklagt, peinlich prozessiert, infam – merkt's euch! – aus besonderer Gnade infam aus den Grenzen gejagt, meine Güter fielen als Präsent dem Minister zu, meine Amalia bleibt in den Klauen des Tigers, verseufzt und vertrauert ihr Leben, während dass meine Rache fasten, und sich unter das Joch des Despotismus krümmen muss.

Ich ward … peinlich prozessiert Mir wurde unter der Androhung von Folter der Prozess gemacht

infam als ein (laut Gerichtsurteil) Ehrloser

Despotismus Gewaltherrschaft

Schweizer *aufstehend, seinen Degen wetzend.* Das ist Wasser auf unsere Mühle, Hauptmann! Da gibt's was anzuzünden!

Moor *der bisher in heftigen Bewegungen hin und her gegangen, springt rasch auf, zu den Räubern.* Ich muss sie sehen – auf! rafft zusammen – du bleibst Kosinsky – packt eilig zusammen!

Die Räuber Wohin? was?

Moor Wohin? wer fragt wohin? *Heftig zu Schweizern.* Verräter, du willst mich zurückhalten? Aber bei der Hoffnung des Himmels! –

Schweizer Verräter ich? – geh in die Hölle, ich folge dir!

Moor *fällt ihm um den Hals.* Bruderherz! du folgst mir – sie weint, sie vertrauert ihr Leben. Auf! hurtig! alle! nach Franken! in acht Tagen müssen wir dort sein. *Sie gehen ab.*

Vierter Akt

Erste Szene

Ländliche Gegend um das Moorische Schloss.

Räuber Moor, Kosinsky, *in der Ferne.*

Moor Geh voran, und melde mich. Du weißt doch noch alles, was du sprechen musst?

Kosinsky Ihr seid der Graf von Brand, kommt aus Mecklenburg ich Euer Reutknecht – sorgt nicht, ich will meine Rolle schon spielen, lebt wohl!
Ab.

Moor Sei mir gegrüßt, Vaterlandserde! *Er küsst die Erde.* Vaterlandshimmel! Vaterlandssonne! – und Fluren und Hügel und Ströme und Wälder! Seid alle, alle mir herzlich gegrüßt! – wie so köstlich wehet die Luft von meinen Heimatgebürgen! wie strömt balsamische Wonne aus euch dem armen Flüchtling entgegen! – Elysium! dichterische Welt! Halt ein Moor! dein Fuß wandelt in einem heiligen Tempel.
Er kommt näher. Sieh da auch die Schwalbennester im Schlosshof – auch das Gartentürchen! – und diese Ecke am Zaun, wo du so oft den Fanger belauschtest und necktest – und dort unten das Wiesental, wo du der Held Alexander deine Mazedonier ins Treffen bei Arbela führtest, und nebendran der grasigte Hügel, von welchem du den persischen Satrapen niederwarfst – und deine siegende Fahne flatterte hoch! *Er lächelt.* Die goldne Maienjahre der Knabenzeit leben wieder auf in der Seele des Elenden – da warst du so glücklich, warst

Elysium vgl. Seite 59

Fanger Eule, die als Lockvogel für andere Vögel eingesetzt wird

Alexander vgl. Seite 25

Treffen bei Arbela → Seite 204

Satrapen Provinzstatthalter im Persien der Antike

so ganz, so wolkenlos heiter – und nun – da liegen die Trümmer deiner Entwürfe! Hier solltest du wandeln dereinst, ein großer, stattlicher, gepriesener Mann – hier dein Knabenleben in Amalias blühenden Kindern zum zweiten Mal leben – hier! hier der Abgott deines Volks – aber der böse Feind schmollte darzu! *Er fährt auf.* Warum bin ich hiehergekommen? dass mir's ginge wie dem Gefangenen, den der klirrende Eisenring aus Träumen der Freiheit aufjagt – nein ich gehe in mein Elend zurück! – der Gefangene hatte das Licht vergessen, aber der Traum der Freiheit fuhr über ihm wie ein Blitz in die Nacht, der sie finsterer zurücklässt – Lebt wohl, ihr Vaterlandstäler! einst saht ihr den Knaben Karl, und der Knabe Karl war ein glücklicher Knabe – itzt saht ihr den Mann, und er war in Verzweiflung. *Er dreht sich schnell nach dem äußersten Ende der Gegend, allwo er plötzlich stille steht und nach dem Schloss mit Wehmut herüberblickt.* Sie nicht sehen, nicht einen Blick? – und nur eine Mauer gewesen zwischen mir und Amalia – Nein! sehen muss ich sie – muss ich ihn – es soll mich zermalmen! *Er kehrt um.* Vater! Vater! dein Sohn naht – weg mit dir, schwarzes rauchendes Blut! weg hohler grasser zuckender Todesblick! Nur d i e s e Stunde lass mir frei – Amalia! Vater! dein Karl naht! *Er geht schnell auf das Schloss zu.* – Quäle mich, wenn der Tag erwacht, lass nicht ab von mir, wenn die Nacht kommt – quäle mich in schröcklichen Träumen! nur vergifte mir diese einzige Wollust nicht! *Er steht an der Pforte.* Wie wird mir? was ist das, Moor? Sei ein Mann! – – Todesschauer – – Schreckenahndung – –
Er geht hinein.

Entwürfe großen Pläne

der böse Feind volkstümliche Umschreibung für: der Teufel

schmollte darzu lächelte spöttisch darüber (vgl. Seite 28)

grasser (schwäbisch) wilder, (übertrieben) grässlicher

diese einzige Wollust diese einzigartige (sinnliche) Freude (vgl. auch Seite 88)

Zweite Szene

Galerie im Schloss.

Räuber Moor, Amalia *treten auf.*

Amalia Und getrauten Sie sich wohl sein Bildnis unter diesen Gemälden zu erkennen?

Moor O ganz gewiss. Sein Bild war immer lebendig in mir. *An den Gemälden herumgehend.* Dieser ist's nicht.

Stammvater Ahnherr, Begründer

Barbarossa Kaiser Friedrich I. (ca. 1122–1190) mit dem Beinamen ›Barbarossa‹ (›Rotbart‹) (vgl. auch Seite 198 unten)

wider im Kampf gegen

Amalia Erraten! – Er war der Stammvater des gräflichen Hauses, und erhielt den Adel von Barbarossa, dem er wider die Seeräuber diente.

Moor *immer an den Gemälden.* Dieser ist's auch nicht – auch der nicht – auch nicht jener dort – er ist nicht unter ihnen.

Amalia Wie, sehen Sie doch besser! ich dachte, Sie kennten ihn –

Moor Ich kenne meinen Vater nicht besser! Ihm fehlt der sanftmütige Zug um den Mund, der ihn aus Tausenden kenntlich machte – er ist's nicht.

Amalia Ich erstaune. Wie? Achtzehn Jahre nicht mehr gesehn, und noch –

Moor *schnell, mit einer fliegenden Röte.* Dieser ist's! *Er steht wie vom Blitz gerührt.*

Amalia Ein vortrefflicher Mann!

Moor *in seinem Anblick versunken.* Vater, Vater! vergib mir! – Ja ein vortrefflicher Mann! – *Er wischt sich die Augen.* Ein göttlicher Mann!

Amalia Sie scheinen viel Anteil an ihm zu nehmen.

Moor Oh ein vortrefflicher Mann – und er sollte dahin sein.

Amalia Dahin! wie unsere besten Freuden dahingehn – *Sanft seine Hand ergreifend.* Lieber Herr Graf, es reift keine Seligkeit unter dem Monde.

Moor Sehr wahr, sehr wahr – und sollten Sie schon diese traurige Erfahrung gemacht haben? Sie können nicht dreiundzwanzig Jahr alt sein.

Amalia Und habe sie gemacht. Alles lebt um traurig wieder zu sterben. Wir interessieren uns nur darum, wir gewinnen nur darum, dass wir wieder mit Schmerzen verlieren.

Moor Sie verloren schon etwas?

Amalia Nichts. Alles. Nichts – wollen wir weitergehen, Herr Graf?

Moor So eilig? wes ist dies Bild rechter Hand dort? mich deucht, es ist eine unglückliche Physiognomie.

Amalia Dies Bild linker Hand ist der Sohn des Grafen, der wirkliche Herr – kommen Sie, kommen Sie!

Moor Aber dies Bild rechter Hand?

Amalia Sie wollen nicht in den Garten gehn?

Moor Aber dies Bild rechter Hand? – du weinst, Amalia?

Amalia *schnell ab.*

Moor Sie liebt mich! sie liebt mich! – ihr ganzes Wesen fing an sich zu empören, verräterisch rollten die Tränen von ihren Wangen. Sie liebt mich! – Elender, das verdientest du um sie! Steh ich nicht hier wie ein Gerichteter vor dem tödlichen Block? Ist das der Sofa, wo ich an ihrem Halse in Wonne schwamm? Sind das die väterlichen Säle? *Ergriffen vom Anblick seines Vaters.* Du, du – Feuerflammen aus deinem Auge – Fluch, Fluch, Verwerfung! – wo bin ich? Nacht vor meinen Augen – Schrecknisse Gottes – Ich, ich hab ihn getötet!
Er rennt davon.

mich deucht mir scheint

eine unglückliche Physiognomie ein wenig vorteilhaft geschnittenes Gesicht (vgl. auch Seite 196)

sich zu empören in Aufruhr zu geraten

das verdientest du um sie! Gemeint ist: womit hast du solche Treue verdient!

tödlichen Block Richtblock zur Enthauptung

der Sofa im 18. Jahrhundert noch mit männlichem Artikel

Franz von Moor *in tiefen Gedanken.*

Franz Weg mit diesem Bild! weg, feige Memme! was zagst du und vor wem? ist mir's nicht die wenige Stunden, die der Graf in diesen Mauren wandelt, als schlich immer ein Spion der Hölle meinen Fersen nach – Ich sollt ihn kennen! Es ist so was Großes und oft Gesehenes in seinem wilden sonnverbrannten Gesicht, das mich beben macht – auch Amalia ist nicht gleichgültig gegen ihn! Lässt sie nicht so gierig schmachtende Blicke auf dem Kerl herumkreuzen, mit denen sie doch gegen alle Welt sonst so geizig tut? Sah ich's nicht, wie sie ein paar diebische Tränen in den Wein fallen ließ, den er hinter meinem Rücken so hastig in sich schlürfte, als wenn er das Glas mit hineinziehen wollte. Ja, das sah ich, durch den Spiegel sah ich's mit diesen meinen Augen. Holla Franz! siehe dich vor! dahinter steckt irgendein verderbenschwangeres Ungeheuer!

diebische heimliche

verderbenschwangeres Unglück bringendes

Er steht forschend dem Porträt Karls gegenüber. Sein langer Gänsehals – seine schwarzen feuerwerfenden Augen hm! hm! – sein finsteres überhangendes buschichtes Augenbraun. *Plötzlich zusammenfahrend.* – Schadenfrohe Hölle! jagst du mir diese Ahndung ein? Es ist Karl! ja! itzt werden mir alle Züge wieder lebendig – Er ist's! trutz seiner Larve! – Er ist's! trutz seiner Larve! – Er ist's – Tod und Verdammnis! *Auf und ab mit heftigen Schritten.* Hab ich darum meine Nächte verprasst, – darum Felsen hinweggeräumt, und Abgründe eben gemacht – bin ich darum gegen alle Instinkte der Menschheit rebellisch worden, dass mir zuletzt dieser unstete Landstreicher durch meine künstlichsten Wirbel tölple – Sachte! Nur sachte! Es ist nur noch Spielarbeit übrig – Bin ich doch ohnehin schon bis an die Ohren in Todsünden gewatet

trutz seiner Larve! ungeachtet seiner Verkleidung!

künstlichsten Wirbel ausgeklügeltsten Maßnahmen

dass es Unsinn wäre zurückzuschwimmen, wenn das Ufer schon so weit hinten liegt – Ans Umkehren ist doch nicht mehr zu gedenken – Die Gnade selbst würde an den Bettelstab gebracht, und die unendliche Erbarmung, bankerott werden wenn sie für meine Schulden all gutsagen wollte – Also vorwärts wie ein Mann – *Er schellt.* – Er versammle sich zu dem Geist seines Vaters und komme, der Toten spott ich. – Daniel, he Daniel! – Was gilt's den haben sie auch schon gegen mich aufgewiegelt? Er sieht so geheimnisvoll.

gutsagen bürgen

Er versammle … seines Vaters → Seite 204

Was gilt's Was ist zu tun

sieht sieht … aus (vgl. Seite 13)

Daniel *kommt.*

Daniel Was steht zu Befehl, mein Gebieter?

Franz Nichts. Fort, fülle diesen Becher Wein, aber hurtig! *Daniel ab.*
Wart Alter! dich will ich fangen, ins Auge will ich dich fassen, so starr, dass dein getroffenes Gewissen durch die Larve erblassen soll! – Er soll sterben! – Der ist ein Stümper, der sein Werk nur auf die Hälfte bringt, und dann weggeht, und müßig zugafft, wie es weiter damit werden wird.

Daniel *mit Wein.*

Franz Stell ihn hieher! Sieh mir fest ins Auge! Wie deine Knie schlottern! Wie du zitterst! Gesteh Alter! Was hast du getan?

Daniel Nichts, gnädiger Herr, so wahr Gott lebt, und meine arme Seele!

Franz Trink diesen Wein aus! – Was? Du zauderst? – Heraus, schnell! Was hast du in den Wein geworfen?

Daniel Hilf Gott! – Was? Ich – in den Wein?

Franz Gift hast du in den Wein geworfen! Bist du nicht bleich wie Schnee? Gesteh, gesteh! Wer hat's dir gegeben? Nicht wahr, der Graf, der Graf hat dir's gegeben?

Daniel Der Graf? Jesus Maria! der Graf hat mir nichts gegeben?

staket stecktet

Franz *greift ihn hart an.* Ich will dich würgen, dass du blau wirst, eisgrauer Lügner du! Nichts? Und was staket ihr denn so beisammen? Er und du und Amalia? Und was flüstertet ihr immer zusammen? Heraus damit! Was für Geheimnisse, was für Geheimnisse hat er dir anvertraut?

Daniel Das weiß der allwissende Gott. Er hat mir keine Geheimnisse anvertraut.

Kabalen Intrigen

vergeben »Gift beybringen [verabreichen] und dadurch tödten« (Adelung)

Franz Willst du es leugnen? Was für Kabalen habt ihr angezettelt, Mich aus dem Weg zu räumen? Nicht wahr? Mich im Schlaf zu erdrosseln? Mir beim Bartscheren die Gurgel abzuschneiden? Mir im Wein oder im Schokolade zu vergeben? Heraus, heraus! – oder mir in der Suppe den ewigen Schlaf zu geben. Heraus damit! ich weiß alles.

Daniel So helfe mir Gott, wenn ich in Not bin, wie ich Euch itzt nichts anders sage, als die reine lautere Wahrheit!

Franz Diesmal will ich dir verzeihen. Aber gelt, er steckte dir gewiss Geld in deinen Beutel? Er drückte dir die Hand stärker als der Brauch ist? so ungefähr, wie man sie seinen alten Bekannten zu drücken pflegt?

zum Exempel zum Beispiel (vgl. Seite 11)

fast wohl

dir einmal die Decke von den Augen es dir einmal wie Schuppen von den Augen

zukönnen beizukommen

Daniel Niemals, mein Gebieter.

Franz Er sagte dir, zum Exempel, dass er dich etwa schon kenne? – dass du ihn fast kennen solltest? Dass dir einmal die Decke von den Augen fallen würde – dass – was? Davon sollt er dir niemals gesagt haben?

Daniel Nicht das Mindeste.

Franz Dass gewisse Umstände ihn abhielten – dass man oft Masken nehmen müsse um seinen Feinden zuzukönnen – dass er sich rächen wolle, aufs Grimmigste rächen wolle.

Daniel Nicht einen Laut von diesem allem.

Franz Was? Gar nichts? Besinne dich recht – dass er den alten Herrn sehr genau – besonders genau gekannt – dass er ihn liebe – ungemein liebe – wie ein Sohn liebe –

Daniel Etwas dergleichen erinnere ich mich von ihm gehört zu haben.

Franz *blass.* Hat er, hat er wirklich? Wie, so lass mich doch hören! Er sagte, er sei mein Bruder?

Daniel *betroffen.* Was, mein Gebieter? – Nein, das sagte er nicht. Aber wie ihn das Fräulein in der Galerie herumführte, ich putzte eben den Staub von den Rahmen der Gemälde ab, stand er bei dem Porträt des seligen Herrn plötzlich still, wie vom Donner gerührt. Das gnädige Fräulein deutete drauf hin, und sagte: ein vortrefflicher Mann! ja ein vortrefflicher Mann gab er zur Antwort, indem er sich die Augen wischte.

Franz Höre Daniel! Du weißt, ich bin immer ein gütiger Herr gegen dich gewesen, ich hab dir Nahrung und Kleider gegeben, und dein schwaches Alter in allen Geschäften geschonet –

Daniel Dafür lohn Euch der liebe Herrgott! und ich hab Euch immer redlich gedienet.

Franz Das wollt ich eben sagen. Du hast mir in deinem Leben noch keine Widerrede gegeben, denn du weißt gar zu wohl, dass du mir Gehorsam schuldig bist in allem, was ich dich heiße.

Daniel In allem von ganzem Herzen, wenn es nicht wider Gott und mein Gewissen geht.

Franz Possen, Possen! Schämst du dich nicht? Ein alter Mann, und an das Weihnachtsmärgen zu glauben! Geh Daniel! das war ein dummer Gedanke. Ich bin ja Herr. Mich werden Gott und Gewissen strafen, wenn es ja einen Gott und ein Gewissen gibt.

Weihnachtsmärgen Märchen von der Geburt Christi, des Erlösers

Daniel *schlägt die Hände zusammen.* Barmherziger Himmel!

Franz Bei deinem Gehorsam! Verstehst du das Wort auch? Bei deinem Gehorsam befehl ich dir, morgen darf der Graf nimmer unter den Lebendigen wandeln.

Daniel Hilf, heiliger Gott! Weswegen?

an dich werd ich mich halten du wirst es mir büßen, wenn etwas schiefgeht

Franz Bei deinem blinden Gehorsam! – und an dich werd ich mich halten.

Daniel An mich? Hilf selige Mutter Gottes! An mich? Was hab ich alter Mann denn Böses getan?

Besinnszeit Zeit nachzudenken

Türme Kerkertürme

brennende Durst … zu saufen → Seite 204

Franz Hier ist nicht lang Besinnszeit, dein Schicksal steht in meiner Hand. Willst du dein Leben im tiefsten meiner Türme vollends ausschmachten, wo der Hunger dich zwingen wird, deine eigene Knochen abzunagen, und der brennende Durst, dein eigenes Wasser wieder zu saufen? – Oder willst du lieber dein Brot essen in Frieden, und Ruhe haben in deinem Alter?

Daniel Was Herr? Fried und Ruhe im Alter? und ein Totschläger?

Franz Antwort auf meine Frage!

Daniel Meine grauen Haare, meine grauen Haare!

Franz Ja oder Nein!

Daniel Nein! – Gott erbarme sich meiner!

Franz *im Begriff zu gehen.* Gut, du sollst's nötig haben.

Daniel hält ihn auf und fällt vor ihm nieder.

Daniel Erbarmen Herr! Erbarmen!

Franz Ja oder Nein!

hab … geehret → Seite 204

Hellers → Seite 204

vervorteilt übervorteilt, betrogen

gehalten festgehalten

Daniel Gnädiger Herr! ich bin heute einundsiebenzig Jahr alt, und hab Vater und Mutter geehret, und niemand meines Wissens um des Hellers Wert im Leben vervorteilt, und hab an meinem Glauben gehalten, treu und redlich, und hab in Eurem Hause gedienet vierundvierzig Jahr, und erwarte itzt ein ruhig seliges Ende, ach Herr, Herr! *umfasst seine Knie heftig* und Ihr wollt mir den letzten

Trost rauben im Sterben, dass der Wurm des Gewissens mich um mein letztes Gebet bringe, dass ich ein Greuel vor Gott und Menschen schlafen gehen soll. Nein, nein, mein liebster bester liebster gnädiger Herr, das wollt Ihr nicht, das könnt Ihr nicht wollen von einem einundsiebenzigjährigen Manne.

ein Greuel als ein Greuel

Franz Ja oder Nein! was soll das Geplapper?

Daniel Ich will Euch von nun an noch eifriger dienen. Will meine dürren Sehnen in Eurem Dienst wie ein Taglöhner abarbeiten, will früher aufstehen, will später mich niederlegen – ach und will Euch einschließen in mein Abend- und Morgengebet, und Gott wird das Gebet eines alten Mannes nicht wegwerfen.

Franz Gehorsam ist besser, denn Opfer. Hast du je gehört, dass sich der Henker zierte, wenn er ein Urteil vollstrecken sollte?

Gehorsam ist besser, denn Opfer. → Seite 204

Daniel Ach ja wohl! aber eine Unschuld erwürgen – einen –

Franz Bin ich dir etwa Rechenschaft schuldig? darf das Beil den Henker fragen, warum dahin und nicht dorthin? – aber sieh, wie langmütig ich bin – ich biete dir eine Belohnung für das, was du mir huldigtest.

langmütig geduldig, nachsichtig

was du mir huldigtest was du versprachst, indem du mich als deinen neuen Herrn begrüßtest

Daniel Aber ich hoffte ein Christe bleiben zu dörfen, da ich Euch huldigte.

da als

Franz Keine Widerrede! siehe ich gebe dir einen ganzen Tag noch Bedenkzeit! Überlege es nochmals. Glück und Unglück – hörst du, verstehst du? das höchste Glück, und das äußerste Unglück! Ich will Wunder tun im Peinigen.

Daniel *nach einigem Nachdenken.* Ich will's tun, morgen will ich's tun. *Ab.*

Franz Die Versuchung ist stark, und der war wohl nicht zum Märtyrer seines Glaubens geboren. – Wohl bekomm's dann, Herr Graf! Allem Ansehen nach werden Sie morgen Abend Ihr Henkermahl halten! – Es kommt alles nur darauf an, wie man davon denkt, und der ist ein Narr, der wider seine Vorteile denkt. Den Vater, der vielleicht eine Bouteille Wein weiter getrunken hat, kommt der Kitzel an – und draus wird ein Mensch, und der Mensch war gewiss das Letzte, woran bei <der> ganzen Herkulesarbeit gedacht wird. Nun kommt mich eben auch der Kitzel an – und dran krepiert ein Mensch, und gewiss ist hier mehr Verstand und Absichten, als dort bei seinem Entstehen war – Hängt nicht das Dasein der meisten Menschen mehrenteils an der Hitze eines Juliusmittags, oder am anziehenden Anblick eines Betttuchs, oder an der waagrechten Lage einer schlafenden Küchengrazie, oder an einem ausgelöschten Licht? – Ist die Geburt des Menschen das Werk einer viehischen Anwandlung, eines Ungefährs, wer sollte wegen der Verneinung seiner Geburt sich einkommen lassen an ein bedeutendes Etwas zu denken? Verflucht sei die Torheit unserer Ammen und Wärterinnen, die unsere Phantasie mit schröcklichen Märgen verderben, und grässliche Bilder von Strafgerichten in unser weiches Gehirnmark drücken, dass unwillkürliche Schauder die Glieder des Mannes noch in frostige Angst rütteln, unsere kühnste Entschlossenheit sperren, unsere erwachende Vernunft an Ketten abergläubischer Finsternis legen – Mord! wie eine ganze Hölle von Furien um das Wort flattert – die Natur vergaß einen Mann mehr zu machen – die Nabelschnur ist nicht unterbunden worden – der Vater hat in der Hochzeitnacht glatten Leib bekommen – und die ganze Schattenspielerei ist verschwunden. Es war etwas und wird nichts – Heißt es nicht ebenso viel, als: es war nichts und wird nichts und um nichts wird

Bouteille Wein weiter Flasche Wein zu viel

der Kitzel die Lust, das sexuelle Begehren

<der> ergänztes Wort

Julius Juli

Küchengrazie hübsches Küchenmädchen

einkommen einfallen

Ammen und Wärterinnen vgl. Seite 105

glatten Leib möglicherweise: einen Anfall von Keuschheit

kein Wort mehr gewechselt – der Mensch entstehet aus Morast, und watet eine Weile im Morast, und macht Morast, und gärt wieder zusammen in Morast, bis er zuletzt an den Schuhsohlen seines Urenkels unflätig anklebt. Das ist das Ende vom Lied – der morastige Zirkel der menschlichen Bestimmung, und somit – glückliche Reise, Herr Bruder! Der milzsüchtige podagrische Moralist von einem Gewissen mag runzlichte Weiber aus Bordellen jagen, und alte Wucherer auf dem Todesbett foltern – bei mir wird er nimmermehr Audienz bekommen.

Er geht ab.

unflätig ekelhaft schmutzig (Adelung)

milzsüchtige vgl. Seite 190

podagrische von Gichtanfällen geplagte

Wucherer → Seite 204

Audienz Empfang, persönliche Unterredung

Dritte Szene

Andres Zimmer im Schloss.

Räuber Moor *von der einen Seite,* **Daniel** *von der andern.*

Moor *hastig.* Wo ist das Fräulein?

Daniel Gnädiger Herr! Erlaubt einem armen Mann, Euch um etwas zu bitten.

Moor Es ist dir gewährt, was willst du?

Daniel Nicht viel, und alles, so wenig und doch so viel – lasst mich Eure Hand küssen!

Moor Das sollst du nicht guter Alter! *Umarmt ihn.* Den ich Vater nennen möchte.

Daniel Eure Hand, Eure Hand! ich bitt Euch.

Moor Du sollst nicht.

Daniel Ich muss! *Er greift sie, betrachtet sie schnell und fällt vor ihm nieder.* Lieber, bester Karl!

Moor *erschrickt, fasst sich, fremd.* Freund, was sagst du? Ich verstehe dich nicht.

fremd als ob er nicht wisse, wovon die Rede ist

Daniel Ja, leugnet es nur, verstellt Euch! Schön, schön! Ihr seid immer mein bester köstlicher Junker – Lieber Gott! dass ich alter Mann noch die Freude – dummer Tölpel ich, dass ich Euch nicht gleich – ei du himmlischer Vater! so seid Ihr ja wiedergekommen, und der alte Herr ist unterm Boden, und da seid Ihr ja wieder – was für ein blinder Esel ich doch war, *sich vor den Kopf schlagend* dass ich Euch nicht im ersten Hui – ei du mein! wer hätte sich das träumen lassen! – um was ich mit Tränen betete, – Jesus Christus! Da steht er ja leibhaftig wieder in der alten Stube!

köstlicher kostbarer, auserlesener

Moor Was ist das für eine Sprache? Seid Ihr vom hitzigen Fieber aufgesprungen, oder wollt Ihr eine Komödienrolle an mir probieren?

probieren ausprobieren

Daniel Ei pfui doch, pfui doch! Das ist nicht fein, einen alten Knecht so zum Besten haben – Diese Narbe! He, wisst Ihr noch? – Großer Gott! Was Ihr mir da für eine Angst einjagtet – ich hab Euch immer so lieb gehabt, und was Ihr mir da für Herzeleid hättet anrichten können – Ihr saßt mir im Schoß, – wisst Ihr noch? – Dort in der runden Stube – gelt Vogel! Das habt Ihr freilich vergessen – auch den Kuckuck, den Ihr so gern hörtet – denkt doch! der Kuckuck ist zerschlagen, in Grundsboden geschlagen – die alte Susel hat ihn verwettert, wie sie die Stube fegte – ja freilich, und da saßt Ihr mir im Schoß, und rieft hotto! und ich lief fort, Euch den Hottogaul zu holen – Jesus Gott! Warum musst ich alter Esel auch fortlaufen? – und wie mir's siedigheiß über den Buckel lief – wie ich das Zettergeschrei höre draußen im Öhrn, spring herein, und da lief das helle Blut, und laget am Boden, und hattet – heilige Mutter Gottes! War mir's nicht, als wenn mir ein Kübel eiskalt Wasser übern Nacken spritzte – aber so geht's, wenn man nicht

den Kuckuck die Kuckucksuhr

Grundsboden (schwäbisch) Erdboden

verwettert zerschlagen

siedigheiß siedend heiß

Öhrn (schwäbisch) Hausflur

alle Augen auf die Kinder hat. Großer Gott, wenn's ins Aug gegangen wäre – War's darzu noch die rechte Hand. Mein Lebenstag, sagt ich, soll mir kein Kind mehr ein Messer oder eine Schere oder so was Spitziges, sagt ich, in die Hände kriegen, sagt ich, – war zum Glück noch Herr und Frau verreiset – ja ja, das soll mir mein Tag des Lebens eine Warnung sein, sagt ich – Jemini, jemini! ich hätte vom Dienst kommen können, ich hätte, Gott der Herr verzeih's Euch, gottloses Kind – aber gottlob! es heilte glücklich, bis auf die wüste Narbe.

Moor Ich begreife kein Wort von allem, was du sagst.

Daniel Ja gelt, gelt? Das war noch eine Zeit? Wie manches Zuckerbrot, oder Biskuit oder Makrone ich Euch hab zugeschoben, hab Euch immer am gernsten gehabt, und wisst Ihr noch, was Ihr mir drunten sagtet im Stall, wie ich Euch auf des alten Herrn seinen Schweißfuchsen setzte, und Euch auf der großen Wiese ließ herumjagen? Daniel! sagtet Ihr, lass mich nur einen großen Mann werden, Daniel, so sollst du mein Verwalter sein, und mit mir in der Kutsche fahren, – ja sagt ich und lachte, wenn Gott Leben und Gesundheit schenkt, und Ihr Euch eines alten Mannes nicht schämen werdet, sagt ich, so will ich Euch bitten, mir das Häusgen drunten im Dorf zu räumen, das schon eine gute Weil leer steht, und da wollt ich mir ein Eimer zwanzig Wein einlegen, und wirtschaften in meinen alten Tagen. – Ja lacht nur, lacht nur! Gelt junger Herr, das habt Ihr rein ausgeschwitzt? – den alten Mann will man nicht kennen, da tut man so fremd, so fürnehm – o Ihr seid doch mein goldiger Junker – freilich halt ein bissgen lucker gewesen – nimmt mir's nicht übel! – Wie's eben das junge Fleisch meistens ist – am Ende kann noch alles gut werden.

mein Tag des Lebens mein Lebtag

Jemini → Seite 204

vom Dienst kommen aus dem Dienst gejagt werden

Zuckerbrot süßes Backwerk

Biskuit sandkuchenartiges Gebäck

Makrone Mandelgebäck

Schweißfuchsen → Seite 204

ein Eimer zwanzig Wein zwanzig Eimer Wein → Seite 204

wirtschaften haushalten

ausgeschwitzt vergessen

goldiger (schwäbisch) goldener, teurer

lucker locker

das junge Fleisch die jungen Leute

Moor *fällt ihm um den Hals.* Ja! Daniel ich will's nicht mehr verhehlen! Ich bin dein Karl, dein verlorner Karl! Was macht meine Amalia?

Daniel *fängt an zu weinen.* Dass ich alter Sünder noch die Freude haben soll, – und der Herr selig weinete umsonst! – Abe, abe, weißer Schädel! mürbe Knochen, fahret in die Grube mit Freuden! Mein Herr und Meister lebt, ihn haben meine Augen gesehen!

der Herr selig der verstorbene Herr

Abe (schwäbisch) Abwärts, hinab

fahret … gesehen! → Seite 204

Moor Und will halten, was er versprochen hat, – nimm das, ehrlicher Graukopf, für den Schweißfuchsen im Stall *dringt ihm einen schweren Beutel auf* nicht vergessen hab ich den alten Mann.

Daniel Wie, was treibt Ihr? Zu viel! Ihr habt Euch vergriffen.

Moor Nicht vergriffen, Daniel! *Daniel will niederfallen.* Steh auf, sage mir, was macht meine Amalia?

Daniel Gottes Lohn! Gottes Lohn! Ei Herr Jerem! – Eure Amalia, oh die wird's nicht überleben, die wird sterben vor Freude!

Gottes Lohn! Gott möge es Euch lohnen!

Herr Jerem → Seite 204

Moor *heftig.* Sie vergaß mich nicht?

Daniel Vergessen? Wie schwätzt Ihr wieder? Euch vergessen? – da hättet Ihr sollen dabei sein, hättet's sollen mit ansehen, wie sie sich gebärdete, als die Zeitung kam, Ihr wärt gestorben, die der gnädige Herr ausstreuen ließ –

Zeitung vgl. Seite 13

Moor Was sagst du? mein Bruder –

Daniel Ja Euer Bruder, der gnädige Herr, Euer Bruder – ich will Euch ein andermal mehr davon erzählen, wenn's Zeit dazu ist – und wie sauber sie ihm abkappte, wenn er ihr alle Tage, die Gott schickt, seinen Antrag machte, und sie zur gnädigen Frau machen wollte. O ich muss hin, muss hin, ihr sagen, ihr die Botschaft bringen. *Will fort.*

wie sauber sie ihm abkappte wie fein sie ihn kurzangebunden abfertigte

Moor Halt, halt! sie darf's nicht wissen, darf's niemand wissen, auch mein Bruder nicht –

Daniel Euer Bruder? Nein beileibe nicht, er darf's nicht wissen! Er gar nicht! – Wenn er nicht schon mehr weißt, als er wissen darf – Oh ich sage Euch, es gibt garstige Menschen, garstige Brüder, garstige Herren – aber ich möcht um alles Gold meines Herrn willen kein garstiger Knecht sein – der gnädige Herr hielt Euch tot.

hielt Euch tot hielt Euch für tot

Moor Hum! Was brummst du da?

Daniel *leiser.* Und wenn man freilich so ungebeten aufersteht – Euer Bruder war des Herrn selig einziger Erbe –

Moor Alter! – Was murmelst du da zwischen den Zähnen, als wenn irgendein Ungeheuer von Geheimnis auf deiner Zunge schwebte, das nicht heraus wollte, und doch heraus sollte, rede deutlicher!

Daniel Aber ich will lieber meine alten Knochen abnagen vor Hunger, lieber vor Durst mein eigenes Wasser saufen, als Wohlleben die Fülle verdienen mit einem Totschlag. *Schnell ab.*

Moor *auffahrend aus schröcklichen Pausen.* Betrogen, betrogen! da fährt es über meine Seele wie der Blitz! – Spitzbübische Künste! Himmel und Hölle! nicht du, Vater! Spitzbübische Künste! Mörder, Räuber durch spitzbübische Künste! Angeschwärzt von ihm! verfälscht, unterdrückt meine Briefe – voll Liebe sein Herz – oh ich Ungeheuer von einem Toren – voll Liebe sein Vaterherz – oh Schelmerei, Schelmerei! Es hätte mich einen Fußfall gekostet, es hätte mich eine Träne gekostet – oh ich blöder, blöder, blöder Tor! *Wider die Wand rennend.* Ich hätte glücklich sein können – oh Büberei, Büberei! das Glück meines Lebens bübisch, bübisch hinwegbetrogen. *Er läuft wütend auf und nieder.* Mörder, Räuber durch spitzbübische Künste! – Er grollte nicht einmal. Nicht ein Gedanke von Fluch in seinem Herzen – oh

Schelmerei Schurkerei

blöder einfältiger

Büberei Bubenstück, Schurkerei

Bösewicht! unbegreiflicher, schleichender, abscheulicher Bösewicht!

Kosinsky *kommt.*

stickst steckst

Kosinsky Nun Hauptmann, wo stickst du? Was ist's? Du willst noch länger hier bleiben, merk ich?

Moor Auf! Sattle die Pferde! Wir müssen vor Sonnenuntergang noch über den Grenzen sein!

Kosinsky Du spaßest.

Moor *befehlend.* Hurtig, hurtig! Zaudre nicht lang, lass alles da! und dass kein Aug dich gewahr wird.

Kosinsky ab.

Verzug Aufschub

wütig rasend, wahnsinnig

Ich fliehe aus diesen Mauren. Der geringste Verzug könnte mich wütig machen, und er ist meines Vaters Sohn – Bruder, Bruder! Du hast mich zum Elendesten auf Erden gemacht, ich habe dich niemals beleidigt, es war nicht brüderlich gehandelt – Ernte die Früchte deiner Untat in Ruhe, meine Gegenwart soll dir den Genuss nicht länger vergällen – aber gewiss, es war nicht brüderlich gehandelt. Finsternis verlösche sie auf ewig, und der Tod rühre sie nicht auf!

Kosinsky.

Kosinsky Die Pferde stehn gesattelt, Ihr könnt aufsitzen, wenn Ihr wollt.

Presser eigentlich: Steuereintreiber; hier: lästiger Mahner

Moor Presser, Presser! Warum so eilig? Soll ich sie nicht mehr sehn?

Kosinsky Ich zäume gleich wieder ab, wenn Ihr's haben wollt, Ihr hießt mich ja über Hals und Kopf eilen.

Moor Noch einmal! ein Lebewohl noch! ich muss den Gifttrank dieser Seligkeit vollends ausschlürfen, und dann –

halt Kosinsky! Zehn Minuten noch – hinten am Schlosshof – und wir sprengen davon!

Vierte Szene

Im Garten.

Amalia Du weinst Amalia? – und das sprach er mit einer Stimme! mit einer Stimme – mir war's, als ob die Natur sich verjüngete – die genossenen Lenze der Liebe dämmerten auf mit der Stimme! Die Nachtigall schlug wie damals – die Blumen hauchten wie damals – und ich lag wonneberauscht an seinem Hals – Ha falsches treuloses Herz! Wie du deinen Meineid beschönigen willst! Nein, nein, weg aus meiner Seele du Frevelbild – ich hab meinen Eid nicht gebrochen, du Einziger! Weg aus meiner Seele, ihr verräterischen gottlosen Wünsche! im Herzen, wo Karl herrscht, darf kein Erdensohn nisten. – Aber warum meine Seele, so immer, so wider Willen nach diesem Fremdling? Hängt er sich nicht so hart an das Bild meines Einzigen? Ist er nicht der ewige Begleiter meines Einzigen? Du weinst Amalia? – Ha ich will ihn fliehen! – fliehen! – Nimmer sehen soll mein Aug diesen Fremdling!

Lenze Lenz: Frühling

hart hartnäckig

ihn fliehen ihm ausweichen

Räuber Moor *öffnet die Gartentüre.*

Amalia *fährt zusammen.* Horch! horch! Rauschte die Türe nicht? *Sie wird Karln gewahr, und springt auf.* Er? – wohin? – was? – da hat mich's angewurzelt, dass ich nicht fliehen kann – verlass mich nicht, Gott im Himmel! – Nein, du sollst mir meinen Karl nicht entreißen! Meine

Rauschte »Ein Geräusch machen, in einer edleren Schreibart« (Adelung)

Genius (lat.) Schutzgeist

Seele hat nicht Raum für zwei Gottheiten, und ich bin ein sterbliches Mädgen! *Sie nimmt Karls Bild heraus.* Du, mein Karl, sei mein Genius wider diesen Fremdling, den Liebestörer! dich, dich ansehen, unverwandt, – und weg alle gottlosen Blicke nach diesem. *Sie sitzt stumm – das Auge starr auf das Bild geheftet.*

versilbert mit Tränen füllt

Moor Sie da, gnädiges Fräulein? – und traurig? – und eine Träne auf diesem Gemälde? *Amalia gibt ihm keine Antwort.* – Und wer ist der Glückliche, um den sich das Aug eines Engels versilbert? darf auch ich diesen Verherrlichten – *Er will das Gemälde betrachten.*

Amalia Nein, ja, nein!

Moor *zurückfahrend.* Ha! – und verdient er diese Vergötterung? verdient er? –

Amalia Wenn Sie ihn gekannt hätten!

Moor Ich würd ihn beneidet haben.

Amalia Angebetet, wollen Sie sagen.

Moor Ha!

Amalia Oh Sie hätten ihn so lieb gehabt – es war so viel, so viel in seinem Angesicht – in seinen Augen – im Ton seiner Stimme, das Ihnen so gleichkommt – das ich so liebe –

Moor *sieht zur Erde.*

Amalia Hier, wo Sie stehen, stand er tausendmal – und neben ihm die, die neben ihm Himmel und Erde vergaß – hier durchirrte sein Aug die um ihn prangende Gegend – sie schien den großen belohnenden Blick zu empfinden, und sich unter dem Wohlgefallen ihres Meisterbilds zu verschönern – hier hielt er mit himmlischer Musik die Hörer der Lüfte gefangen – hier an diesem Busch pflückte er Rosen, und pflückte die Rosen für mich – hier hier lag er an meinem Halse, brannte sein Mund auf dem meinen, und die Blumen starben gern unter der Liebenden Fußtritt –

Moor Er ist nicht mehr?

Amalia Er segelt auf ungestümen Meeren – Amalias Liebe segelt mit ihm – er wandelt durch ungebahnte sandigte Wüsten – Amalias Liebe macht den brennenden Sand unter ihm grünen, und die wilden Gesträuche blühen – der Mittag sengt sein entblößtes Haupt, nordischer Schnee schrumpft seine Sohlen zusammen, stürmischer Hagel regnet um seine Schläfe, und Amalias Liebe wiegt ihn in Stürmen ein – Meere und Berge und Horizonte zwischen den Liebenden – aber die Seelen versetzen sich aus dem staubigten Kerker, und treffen sich im Paradiese der Liebe – Sie scheinen traurig, Herr Graf?

Moor Die Worte der Liebe machen auch meine Liebe lebendig.

Amalia *blass.* Was? Sie lieben eine andre? – Weh mir, was hab ich gesagt?

Moor Sie glaubte mich tot, und blieb treu dem Totgeglaubten – sie hörte wieder, ich lebe, und opferte mir die Krone einer Heiligen auf. Sie weiß mich in Wüsten irren, und im Elend herumschwärmen, und ihre Liebe fliegt durch Wüsten und Elend mir nach. Auch heißt sie Amalia wie S i e, gnädiges Fräulein.

die Krone einer Heiligen den Schleier einer Nonne

Amalia Wie beneid ich Ihre Amalia!

Moor Oh sie ist ein unglückliches Mädgen, ihre Liebe ist für einen, der verloren ist, und wird – ewig niemals belohnt.

Amalia Nein, sie wird im Himmel belohnt. Sagt man nicht, es gebe eine bessere Welt, wo die Traurigen sich freuen, und die Liebenden sich wiedererkennen?

Moor Ja, eine Welt, wo die Schleier hinwegfallen, und die Liebe sich schröcklich wiederfindet – E w i g k e i t heißt ihr Name – meine Amalia ist ein unglückliches Mädgen.

schröcklich hier: staunenswert, anbetungswürdig

Amalia Unglücklich, und Sie lieben?

Moor Unglücklich, weil sie mich liebt! wie, wenn ich ein Totschläger wäre? wie mein Fräulein? wenn Ihr Geliebter Ihnen für jeden Kuss einen Mord aufzählen könnte? wehe meiner Amalia! Sie ist ein unglückliches Mädchen.

Nachstrahl Nachglanz, Nachbild (nach: J. und W. Grimm, »Deutsches Wörterbuch«)

Amalia *froh aufhüpfend.* Ha! wie bin ich ein glückliches Mädgen! Mein Einziger ist Nachstrahl der Gottheit, und die Gottheit ist Huld und Erbarmen! Nicht eine Fliege konnt er leiden sehen – Seine Seele ist so fern von einem blutigen Gedanken, als fern der Mittag von der Mitternacht ist.

als … Mitternacht ist → Seite 205

Moor *kehrt sich schnell ab, in ein Gebüsch, blickt starr in die Gegend.*

Willst dich … Kriegestanze – vgl. Seite 58 f. und Seite 193

Amalia *singt und spielt auf der Laute.*

Willst dich Hektor ewig mir entreißen,
Wo des Aeaciden mordend Eisen
Dem Patroklus schröcklich Opfer bringt?
Wer wird künftig deinen Kleinen lehren,
Speere werfen und die Götter ehren,
Wenn hinunter dich der Xanthus schlingt?

Moor *nimmt die Laute stillschweigend und spielt.*

Teures Weib, geh, hol die Todeslanze! –
Lass – mich fort – zum wilden Kriegestanze –

Er wirft die Laute weg und flieht davon.

Fünfte Szene

Nahe gelegener Wald. Nacht.
Ein altes verfallenes Schloss in der Mitte.

Die **Räuberbande** *gelagert auf der Erde.*

Die Räuber *singen.*

Stehlen, morden, huren, balgen
Heißt bei uns nur die Zeit zerstreun,
Morgen hangen wir am Galgen,
Drum lasst uns heute lustig sein. –

Ein freies Leben führen wir,
Ein Leben voller Wonne.
Der Wald ist unser Nachtquartier,
Bei Sturm und Wind hantieren wir,
Der Mond ist unsre Sonne,
Merkurius ist unser Mann,
Der 's Praktizieren trefflich kann.

Heut laden wir bei Pfaffen uns ein,
Bei masten Pächtern morgen,
Was drüber ist, da lassen wir fein
Den lieben Herrgott sorgen.

Und haben wir im Traubensaft
Die Gurgel ausgebadet,
So machen wir uns Mut und Kraft,
Und mit dem Schwarzen Brüderschaft,
Der in der Hölle bratet.

hantieren arbeiten, aber auch: poltern, lärmen

Merkurius → Seite 205

Praktizieren Stehlen

masten (schwäbisch) fetten

Pächtern → Seite 205

Was drüber ist Alles andere

Traubensaft Wein

dem Schwarzen dem Teufel

Das Wehgeheul geschlagner Väter,
Der bangen Mütter Klaggezetter,
Das Winseln der verlassnen Braut
Ist Schmaus für unsre Trommelhaut!

Ha! wenn sie euch unter dem Beile so zucken,
Ausbrüllen wie Kälber umfallen wie Mucken,
Das kitzelt unsern Augenstern,
Das schmeichelt unsern Ohren gern,

Und wenn mein Stündlein kommen nun,
Der Henker soll es holen,
So haben wir halt unsern Lohn,
Und schmieren unsre Sohlen,
Ein Schlückchen auf den Weg vom heißen Traubensohn
Und hura rar dar! geht's, als flögen wir davon.

Mucken (schwäbisch) Fliegen

Augenstern Augapfel (Adelung)

Und wenn … davon. → Seite 205

heißen Traubensohn Branntwein

Schweizer Es wird Nacht, und der Hauptmann noch nicht da!

Razmann Und versprach doch Schlag acht Uhr wieder bei uns einzutreffen.

Schweizer Wenn ihm Leides geschehen wäre – Kameraden! wir zünden an und morden den Säugling.

Spiegelberg *nimmt Razmann beiseite.* Auf ein Wort Razmann.

Schwarz *zu Grimm.* Wollen wir nicht Spionen ausstellen?

Grimm Lass du ihn! Er wird einen Fang tun dass wir uns schämen müssen.

Schweizer Da brennst du dich, beim Henker! Er ging nicht von uns wie einer der einen Schelmenstreich im Schild führt. Hast du vergessen was er gesagt hat als er uns über die Heide führte? – »Wer nur eine Rube vom Acker

Spionen ausstellen Wachen aufstellen

Da brennst du dich (schwäbisch) Da täuschst du dich

stiehlt, dass ich's erfahre lässt seinen Kopf hier, so wahr ich Moor heiße.« – Wir dörfen nicht rauben.

Razmann *leise zu Spiegelberg.* Wo will das hinaus – rede deutscher.

Spiegelberg Pst! Pst! – Ich weiß nicht, was du oder ich für Begriffe von Freiheit haben, dass wir an einem Karrn ziehen, wie Stiere, und dabei wunderviel von Independenz deklamieren – Es gefällt mir nicht.

Schweizer *zu Grimm.* Was wohl dieser Windkopf hier an der Kunkel hat?

Razmann *leise zu Spiegelberg.* Du sprichst vom Hauptmann? –

Spiegelberg Pst doch! Pst! – Er hat so seine Ohren unter uns herumlaufen – Hauptmann sagst du? wer hat ihn zum Hauptmann über uns gesetzt, oder hat er nicht diesen Titel usurpiert, der von Rechts wegen mein ist? – Wie? legen wir darum unser Leben auf Würfel – baden darum alle Milzsuchten des Schicksals aus, dass wir am End noch von Glück sagen, die Leibeigenen eines Sklaven zu sein? – Leibeigenen da wir Fürsten sein könnten? – Bei Gott! Razmann – das hat mir niemals gefallen.

Schweizer *zu den andern.* Ja – du bist mir der rechte Held, Frösche mit Steinen breit zu schmeißen – Schon der Klang seiner Nase wenn er sich schneuzte könnte dich durch ein Nadelöhr jagen –

Spiegelberg *zu Razmann.* Ja – Und Jahre schon dicht ich darauf: Es soll anders werden. Razmann – wenn du bist wofür ich dich immer hielt – Razmann. – Man vermisst ihn – gibt ihn halb verloren – Razmann – Mich deucht, seine schwarze Stunde schlägt – wie? Nicht einmal röter wirst du, da dir die Glocke zur Freiheit läutet? Hast nicht einmal so viel Mut, einen kühnen Wink zu verstehen?

deutscher verständlicher, geradeheraus

Independenz Unabhängigkeit

deklamieren in hohen Tönen sprechen

an der Kunkel hat vorhat, im Schilde führt; die Kunkel ist ein oberdeutscher Ausdruck für den Spinnrocken.

usurpiert sich gewaltsam angeeignet

legen wir darum unser Leben auf Würfel machen wir darum unser Leben vom Glück abhängig

Milzsuchten melancholischen Anwandlungen (vgl. Seite 190)

dicht ich darauf denk ich darüber nach (Adelung)

Razmann Ha Satan! worin verstrickst du meine Seele?

Spiegelberg Hat's gefangen? – Gut! so folge. Ich hab mir's gemerkt, wo er hinschlich – Komm! Zwei Pistolen fehlen selten, und dann – so sind wir die Erste die den Säugling erdrosseln. *Er will ihn fortreißen.*

Schweizer *zieht wütend sein Messer.* Ha Bestie! Eben recht erinnerst du mich an die böhmischen Wälder! Warst du nicht die Memme, die anhub zu schnadern, als sie riefen: Der Feind kommt? Ich hab damals bei meiner Seele geflucht – fahr hin Meuchelmörder. *Er sticht ihn tot.*

Räuber *in Bewegung.* Mordjo! Mordjo! – Schweizer – Spiegelberg – Reißt sie auseinander –

Schweizer *wirft das Messer über ihn.* Da! – und so krepier du – Ruhig Kameraden – Lasst euch den Bettel nicht unterbrechen, – Die Bestie ist dem Hauptmann immer giftig gewesen, und hat keine Narbe auf ihrer ganzen Haut – Noch einmal, gebt euch zufrieden – ha! über den Racker – von hintenher will er Männer zuschanden schmeißen? Männer von hintenher! – Ist uns darum der helle Schweiß über die Backen gelaufen, dass wir aus der Welt schleichen wie Hundsfötter? Bestie du! Haben wir uns darum unter Feuer und Rauch gebettet, dass wir zuletzt wie Ratten verrecken?

Grimm Aber zum Teufel – Kamerad – was hattet ihr miteinander? – Der Hauptmann wird rasend werden.

Schweizer Dafür lass mich sorgen – Und du Heilloser *zu Razmann* du warst sein Helfershelfer, du! – Pack dich aus meinen Augen – der Schufterle hat's auch so gemacht, aber dafür hängt er itzt auch in der Schweiz, wie's ihm mein Hauptmann prophezeit hat –

Man schießt.

Schwarz *aufspringend.* Horch! ein Pistolenschuss! *Man schießt wieder.* Noch einer! Holla! Der Hauptmann!

fehlen selten verfehlen ihr Ziel selten

anhub begann

zu schnadern (schwäbisch) zu schnattern, vor Angst zu zittern

Mordjo! altertümlicher Ausruf: Mord!

den Bettel nicht unterbrechen wohl: durch diese unbedeutende Sache nicht irritieren → Seite 205

Racker → Seite 205

Hundsfötter → Seite 205

Grimm Nur Geduld! Er muss zum dritten Mal schießen!

Man hört noch einen Schuss.

Schwarz Er ist's! – Ist's! – Salvier dich, Schweizer – lasst uns ihm antworten.

Salvier dich Bring dich in Sicherheit

Sie schießen.

Moor, Kosinsky *treten auf.*

Schweizer *ihnen entgegen.* Sei willkommen mein Hauptmann – Ich bin ein bisschen vorlaut gewesen seit du weg bist. *Er führt ihn an die Leiche.* Sei du Richter zwischen mir und diesen – von hinten hat er dich ermorden wollen.

Räuber *mit Bestürzung.* Was? Den Hauptmann?

Moor *in den Anblick versunken, bricht heftig aus.* O unbegreiflicher Finger der rachekundigen Nemesis! – War's nicht dieser, der mir das Sirenenlied trillerte? – Weihe dies Messer der dunklen Vergelterin! – das hast du nicht getan Schweizer.

Finger Fingerzeig

Nemesis → Seite 205

Sirenenlied → Seite 205

Schweizer Bei Gott! ich hab's wahrlich getan, und es ist beim Teufel nicht das Schlechtste was ich in meinem Leben getan habe. *Geht unwillig ab.*

Moor *nachdenkend.* Ich verstehe – Lenker im Himmel – ich verstehe – die Blätter fallen von den Bäumen – und mein Herbst ist kommen – Schafft mir diesen aus den Augen.

Spiegelbergs Leiche wird hinweggetragen.

Grimm Gib uns Ordre Hauptmann – was sollen wir weiter tun?

Ordre (frz.) Befehl, Auftrag

Moor Bald – bald ist alles erfüllet – Gebt mir meine Laute – Ich habe mich selbst verloren, seit ich dort war – Meine Laute sag ich – ich muss mich zurücklullen in meine Kraft – verlasst mich.

Räuber Es ist Mitternacht Hauptmann.

Genius hier: die im Menschen wirkende göttliche Kraft

Moor Doch waren's nur die Tränen im Schauspielhaus – den Römergesang muss ich hören, dass mein schlafender Genius wieder aufwacht – Meine Laute her – Mitternacht sagt ihr?

Schwarz Wohl bald vorüber. Wie Blei liegt der Schlaf in uns. Seit drei Tagen kein Auge zu.

Moor Sinkt denn der balsamische Schlaf auch auf die Augen der Schelmen? Warum fliehet er mich? Ich bin nie ein Feiger gewesen, oder ein schlechter Kerl – Legt euch schlafen – Morgen am Tag gehen wir weiter.

Räuber Gute Nacht Hauptmann. *Sie lagern sich auf der Erde und schlafen ein. Tiefe Stille.*

Moor *nimmt die Laute und spielt.*

Brutus … gehn. → Seite 206

Brutus.

Sei willkommen friedliches Gefilde,
Nimm den Letzten aller Römer auf,
Von Philippi, wo die Mordschlacht brüllte
Schleicht mein gramgebeugter Lauf.
Cassius wo bist du? – Rom verloren!
Hingewürgt mein brüderliches Heer,
Meine Zuflucht zu des Todes Toren!
Keine Welt für Brutus mehr.

Hingewürgt Niedergemetzelt

Cäsar.

Wer mit Schritten eines Niebesiegten
Wandert dort vom Felsenhang? –
Ha! wenn meine Augen mir nicht lügten?
Das ist eines Römers Gang. –
Tibersohn – von wannen deine Reise?
Dauert noch die Siebenhügelstadt?
Oft geweinet hab ich um die Waise,
Dass sie nimmer einen Cäsar hat.

Tibersohn Sohn Roms, der Stadt am Tiber

von wannen woher

Dauert Steht, existiert

Siebenhügelstadt Rom

Brutus.

Ha! du mit der dreiundzwanzigfachen Wunde!
Wer rief Toter dich ans Licht?
Schaudre rückwärts, zu des Orkus Schlunde,
Stolzer Weiner! – Triumphiere nicht!
Auf Philippis eisernem Altare
Raucht der Freiheit letztes Opferblut;
Rom verröchelt über Brutus' Bahre,
Brutus geht zu Minos – Kreuch in deine Flut!

Cäsar.

O ein Todesstoß von Brutus' Schwerte!
Auch du – Brutus – du?
Sohn – es war dein Vater – Sohn – die Erde
Wär gefallen dir als Erbe zu,
Geh – du bist der größte Römer worden,
Da in Vaters Brust dein Eisen drang,
Geh – und heul es bis zu jenen Pforten:
Brutus ist der größte Römer worden
Da in Vaters Brust sein Eisen drang.
Geh – du weißt's nun was an Lethes Strande
Mich noch bannte –
Schwarzer Schiffer stoß vom Lande!

Brutus.

Vater halt! – Im ganzen Sonnenreiche
Hab ich Einen nur gekannt,
Der dem großen Cäsar gleiche
Diesen Einen hast du Sohn genannt.
Nur ein Cäsar mochte Rom verderben
Nur nicht Brutus mochte Cäsar stehn.
Wo ein Brutus lebt muss Cäsar sterben,
Geh du linkswärts, lass mich rechtswärts gehn.

dreiundzwanzigfachen Wunde Julius Cäsar wurde mit 23 Dolchstichen ermordet.

Orkus (lat.) das Totenreich in der römischen Mythologie

eisernem Altare Schlachtfeld

Kreuch Kriech (von schwäbisch ›kräuchen‹)

Auch du – Brutus – du? → Seite 206

Lethes Strande → Seite 206

Schwarzer Schiffer → Seite 206

Nur nicht Brutus mochte Cäsar stehn. Einzig dem Brutus vermochte Cäsar nicht zu widerstehen.

Geh … gehn. → Seite 206

Er legt die Laute hin, geht tiefdenkend auf und nieder.

Bürge → Seite 206

Odemzug Atemzug

vernünftigen lebendigen bzw. menschlichen

Wer mir Bürge wäre? – – Es ist alles so finster – verworrene Labyrinthe – kein Ausgang – kein leitendes Gestirn – wenn's aus wäre mit diesem letzten Odemzug – Aus wie ein schales Marionettenspiel – Aber wofür der heiße Hunger nach Glückseligkeit? Wofür das Ideal einer unerreichten Vollkommenheit? Das Hinausschieben unvollendeter Plane? – wenn der armselige Druck dieses armseligen Dings *die Pistole vors Gesicht haltend* den Weisen dem Toren – den Feigen dem Tapfern – den Edlen dem Schelmen gleich macht? – Es ist doch eine so göttliche Harmonie in der seelenlosen Natur, warum sollte dieser Missklang in der vernünftigen sein? – Nein! Nein! es ist etwas mehr, denn ich bin noch nicht glücklich gewesen.

Warum … bratet? → Seite 206

Glaubt ihr, ich werde zittern? Geister meiner Erwürgten! ich werde nicht zittern. *Heftig zitternd.* – Euer banges Sterbegewinsel – euer schwarzgewürgtes Gesicht – eure fürchterlich klaffenden Wunden sind ja nur Glieder einer unzerbrechlichen Kette des Schicksals, und hängen zuletzt an meinen Feierabenden, an den Launen meiner Ammen und Hofmeister, am Temperament meines Vaters, am Blut meiner Mutter – *Von Schauer geschüttelt.* Warum hat mein Perillus einen Ochsen aus mir gemacht, dass die Menschheit in meinem glühenden Bauche bratet?

erschlappt erschlafft

Er setzt die Pistolen an. Zeit und Ewigkeit – gekettet aneinander durch ein einzig Moment! – Grauser Schlüssel, der das Gefängnis des Lebens hinter mir schließt, und vor mir aufriegelt die Behausung der ewigen Nacht – sage mir – o sage mir – wohin – wohin wirst du mich führen? – Fremdes, nie umsegeltes Land! – Siehe, die Menschheit erschlappt unter diesem Bilde, die Spannkraft des Endlichen lässt nach, und die Phantasei, der

mutwillige Affe der Sinne gaukelt unserer Leichtgläubigkeit seltsame Schatten vor – Nein! Nein! Ein Mann muss nicht straucheln – Sei wie du willt namenloses Jenseits – bleibt mir nur dieses mein Selbst getreu – Sei wie du willt, wenn ich nur mich selbst mit hinübernehme – Außendinge sind nur der Anstrich des Manns – Ich bin mein Himmel und meine Hölle.
Wenn Du mir irgendeinen eingeäscherten Weltkreis allein ließest, den Du aus deinen Augen verbannt hast, wo die einsame Nacht, und die ewige Wüste meine Aussichten sind? – Ich würde dann die schweigende Öde mit meinen Phantasien bevölkern, und hätte die Ewigkeit zur Muße, das verworrene Bild des allgemeinen Elends zu zergliedern. – Oder willst du mich durch immer neue Geburten und immer neue Schauplätze des Elends von Stufe zu Stufe – zur Vernichtung – führen? Kann ich nicht die Lebensfäden, die mir jenseits gewoben sind so leicht zerreißen wie diesen? – Du kannst mich zu nichts machen – Diese Freiheit kannst du mir nicht nehmen. *Er lädt die Pistole. Plötzlich hält er inn'.* Und soll ich für Furcht eines qualvollen Lebens sterben? – Soll ich dem Elend den Sieg über mich einräumen? – Nein! ich will's dulden. *Er wirft die Pistole weg.* Die Qual erlahme an meinem Stolz! Ich will's vollenden.

Es wird immer finstrer.
Hermann, *der durch den Wald kommt.*

Hermann Horch! Horch! grausig heulet der Kauz – zwölf schlägt's drüben im Dorf – wohl, wohl – das Bubenstück schläft – in dieser Wilde kein Lauscher. *Tritt an das Schloss und pocht.* Komm herauf, Jammermann, Turmbewohner! – Deine Mahlzeit ist bereitet.

muss darf

willt willst

der Anstrich die Schminke; »dasjenige, wodurch man eine Sache von außen besser vorzustellen sucht, als sie ist« (Adelung)

Lebensfäden → Seite 207

für vor

das Bubenstück schläft das Verbrechen ist im nächtlichen Dunkel verborgen

Wilde (schwäbisch) Wildnis

Deine Mahlzeit ist bereitet. → Seite 207

Moor *sachte zurücktretend.* Was soll das bedeuten?

Eine Stimme *aus dem Schloss.* Wer pocht da? He? Bist du's Hermann mein Rabe?

mein Rabe → Seite 207

Hermann Bin's Hermann, dein Rabe. Steig herauf ans Gitter und iss. *Eulen schreien.* Fürchterlich trillern deine Schlafkameraden Alter – dir schmeckt?

schmeckt? schmeckt es?

Die Stimme Hungerte mich sehr. Habe Dank, Rabensender fürs Brot in der Wüste! – Und wie geht's meinem lieben Kind, Hermann?

Rabensender Gott (vgl. oben, ›mein Rabe‹)

Hermann Stille – Horch – Geräusch wie von Schnarchenden! hörst du nicht was?

Stimme Wie? hörst du etwas?

Hermann Den seufzenden Windlaut durch die Ritzen des Turms – Eine Nachtmusik davon einem die Zähn klappern, und die Nägel blau werden – Horch noch einmal – Immer ist mir, als hört ich ein Schnarchen. – Du hast Gesellschaft Alter – Hu hu hu!

Stimme Siehst du etwas?

Hermann Leb wohl – leb wohl – Grausig ist diese Stätte – Steig ab ins Loch – droben dein Helfer, dein Rächer – verfluchter Sohn! –
Will fliehen.

Moor *mit Entsetzen hervortretend.* Steh!

Hermann *schreiend.* Oh mir!

Oh mir! Oh weh mir!

Moor Steh, sag ich!

Hermann Weh! Weh! Weh! Nun ist alles verraten!

Moor Steh! Rede! Wer bist du? Was hast du hier zu tun! Rede!

Hermann Erbarmen o Erbarmen gestrenger Herr – Nur ein Wort höret an, eh Ihr mich umbringt.

Moor *indem er den Degen zieht.* Was werd ich hören?

Hermann Wohl habt Ihr mir's beim Leben verboten – Ich konnt nicht anders – durft nicht anders – im Himmel ein

Gott – Euer leiblicher Vater dort – mich jammerte sein – Stecht mich nieder.

mich jammerte sein sein Schicksal ließ mir keine Ruhe, ich erbarmte mich seiner

Moor Hier steckt ein Geheimnis – heraus! Sprich! Ich will alles wissen.

Die Stimme *aus dem Schloss.* Weh! Weh! Bist du's Hermann der da redet? Mit wem redst du Hermann?

Moor Drunten noch jemand – Was geht hier vor? *Läuft dem Turme zu.* Ist's ein Gefangener den die Menschen abschüttelten – Ich will seine Ketten lösen. – Stimme! noch einmal! wo ist die Türe?

Hermann O habt Barmherzigkeit Herr – dringt nicht weiter, Herr – geht aus Erbarmen vorüber. *Verrennt ihm den Weg.*

Verrennt Versperrt

Moor Vierfach geschlossen! Weg da – Es muss heraus – Itzt zum ersten Mal komm mir zu Hülfe, Dieberei. *Er nimmt Brechinstrumente, und öffnet das Gittertor. Aus dem Grunde steigt ein Alter, ausgemergelt wie ein Gerippe.*

Der Alte Erbarmen einem Elenden! Erbarmen!

Moor *springt erschrocken zurück.* Das ist meines Vaters Stimme!

Der alte Moor Habe Dank, o Gott! Erschienen ist die Stunde der Erlösung.

Moor Geist des alten Moors! Was hat dich beunruhigt in deinem Grab? Hast du eine Sünde in jene Welt geschleppt, die dir den Eingang in die Pforten des Paradieses verrammelt? Ich will Messen lesen lassen, den irrenden Geist in seine Heimat zu senden. Hast du das Gold der Witwen und Waisen unter die Erde vergraben, das dich zu dieser mitternächtlichen Stunde heulend herumtreibt, ich will den unterirdischen Schatz aus den Klauen des Zauberdrachen reißen, und wenn er tausend rote Flammen auf mich speit, und seine spitzen Zähne gegen meinen Degen bleckt, oder kommst du auf meine Fragen die Rätsel der Ewigkeit zu entfalten? Rede, rede! ich bin der Mann der bleichen Furcht nicht.

Der alte Moor Ich bin kein Geist. Taste mich an, ich lebe, oh ein elendes erbärmliches Leben!

Moor Was? Du bist nicht begraben worden?

Der alte Moor Ich bin begraben worden – das heißt: ein toter Hund liegt in meiner Väter Gruft; und ich – drei volle Monde schmacht ich schon in diesem finstern unterirdischen Gewölbe, von keinem Strahle beschienen, von keinem warmen Lüftchen angeweht, von keinem Freunde besucht, wo wilde Raben krächzen, und mitternächtliche Uhus heulen –

Monde Monate

Moor Himmel und Erde! Wer hat das getan?

Der alte Moor Verfluch ihn nicht! – Das hat mein Sohn Franz getan.

Moor Franz? Franz? Oh ewiges Chaos!

Der alte Moor Wenn du ein Mensch bist, und ein menschliches Herz hast, Erlöser, den ich nicht kenne, o so höre den Jammer eines Vaters, den ihm seine Söhne bereitet haben – drei Monden schon hab ich's tauben Felsenwänden zugewinselt, aber ein hohler Widerhall äffte meine Klagen nur nach. Darum, wenn du ein Mensch bist, und ein menschliches Herz hast –

Moor Diese Aufforderung könnte die wilden Bestien aus ihren Löchern hervorrufen!

Der alte Moor Ich lag eben auf dem Siechbett, hatte kaum angefangen aus einer schweren Krankheit etwas Kräfte zu sammeln, so führte man einen Mann zu mir, der vorgab, mein Erstgeborener sei gestorben in der Schlacht, und mit sich brachte ein Schwert, gefärbt mit seinem Blut, und sein letztes Lebewohl, und dass ihn mein Fluch gejagt hätte in Kampf und Tod und Verzweiflung.

Siechbett Krankenlager, Krankenbett

Moor *heftig von ihm abgewandt.* Es ist offenbar!

Der alte Moor Höre weiter! ich ward unmächtig bei der Bottschaft. Man muss mich für tot gehalten haben, denn als ich wieder zu mir selber kam, lag ich schon in der Bahre, und ins Leichentuch gewickelt wie ein Toter. Ich kratzte an dem Deckel der Bahre. Er ward aufgetan. Es war finstere Nacht, mein Sohn Franz stand vor mir, – Was? rief er mit entsetzlicher Stimme, willst du dann ewig leben? – und gleich flog der Sargdeckel wieder zu. Der Donner dieser Worte hatte mich meiner Sinne beraubt, als ich wieder erwachte, fühlt ich den Sarg erhoben und fortgeführt in einem Wagen eine halbe Stunde lang. Endlich ward er geöffnet – ich stand am Eingang dieses Gewölbes, mein Sohn vor mir, und der Mann, der mir das blutige Schwert von Karln gebracht hatte – zehnmal umfasst ich seine Knie, und bat und flehte, und umfasste sie und beschwur – das Flehen seines Vaters reichte nicht an sein Herz – hinab mit dem Balg! donnerte es von seinem Munde, er hat genug gelebt, und hinab ward ich gestoßen ohn Erbarmen, und mein Sohn Franz schloss hinter mir zu.

Moor Es ist nicht möglich, nicht möglich! Ihr müsst Euch geirrt haben.

Der alte Moor Ich kann nicht geirrt haben. Höre weiter, aber zürne doch nicht! So lag ich zwanzig Stunden, und kein Mensch gedachte meiner Not. Auch hat keines Menschen Fußtritt je diese Einöde betreten, denn die allgemeine Sage geht, dass die Gespenster meiner Väter in diesen Ruinen rasselnde Ketten schleifen, und in mitternächtlicher Stunde ihr Totenlied raunen. Endlich hört ich die Tür wieder aufgehen, dieser Mann brachte mir Brot und Wasser, und entdeckte mir, wie ich zum Tod des Hungers verurteilt gewesen, und wie er sein Leben in Gefahr set-

unmächtig ohnmächtig (vgl. auch S. 144, Z. 28)

Bahre Sarg (vgl. unten, Z. 9 und 11)

Balg eigentlich eine verächtliche Bezeichnung für Kinder oder Huren (Adelung)

ze, wenn es herauskäm, dass er mich speise. So ward ich kümmerlich erhalten diese lange Zeit, aber der unaufhörliche Frost – die faule Luft meines Unrats, – der grenzenlose Kummer – meine Kräfte wichen, mein Leib schwand, tausendmal bat ich Gott mit Tränen um den Tod, aber das Maß meiner Strafe muss noch nicht gefüllet sein – oder muss noch irgendeine Freude meiner warten, dass ich so wunderbarlich erhalten bin. Aber ich leide gerecht – Mein Karl! mein Karl! – und er hatte noch keine graue Haare.

Moor Es ist genug. Auf! ihr Klötze, ihr Eisklumpen! Ihr trägen fühllosen Schläfer! Auf! will keiner erwachen? *Er tut eine Pistolschuss über die schlafenden Räuber.*

Die Räuber *aufgejagt.* He, holla! holla! was gibt's da?

Moor Hat euch die Geschichte nicht aus dem Schlummer gerüttelt? der ewige Schlaf würde wach worden sein! Schaut her, schaut her! die Gesetze der Welt sind Würfelspiel worden, das Band der Natur ist entzwei, die alte Zwietracht ist los, der Sohn hat seinen Vater erschlagen.

die alte Zwietracht ist los das Chaos ist wieder ausgebrochen (vgl. Seite 182)

Die Räuber Was sagt der Hauptmann!

Moor Nein, nicht erschlagen! das Wort ist Beschönigung! – der Sohn hat den Vater tausendmal gerädert, gespießt, gefoltert, geschunden! die Worte sind mir zu menschlich – worüber die Sünde rot wird, worüber der Kannibale schaudert, worauf seit Äonen kein Teufel gekommen ist. – Der Sohn hat seinen eigenen Vater – oh seht her, seht her! er ist in Unmacht gesunken, – in dieses Gewölbe hat der Sohn seinen Vater – Frost, – Blöße, – Hunger, – Durst – oh seht doch, seht doch! – es ist mein eigner Vater, ich will's nur gestehn.

geschunden die Haut abgezogen

Kannibale → Seite 207

Äonen (griech.) Zeitalter, Ewigkeiten

Die Räuber *springen herbei und umringen den Alten.* Dein Vater? dein Vater?

Schweizer *tritt ehrerbietig näher, fällt vor ihm nieder.* Vater meines Hauptmanns! Ich küsse dir die Füße! du hast über meinen Dolch zu befehlen.

Moor Rache, Rache, Rache dir! grimmig beleidigter, entheiligter Greis! So zerreiß ich von nun an auf ewig das brüderliche Band. *Er zerreißt sein Kleid von oben bis unten.* So verfluch ich jeden Tropfen brüderlichen Bluts im Antlitz des offenen Himmels! Höre mich Mond und Gestirne! Höre mich mitternächtlicher Himmel! der du auf die Schandtat herunterblicktest! Höre mich dreimal schröcklicher Gott, der da oben über dem Monde waltet, und rächt und verdammt über den Sternen, und feuerflammt über der Nacht! Hier knie ich – hier streck ich empor die drei Finger in die Schauer der Nacht – hier schwör ich, und so speie die Natur mich aus ihren Grenzen wie eine bösartige Bestie aus, wenn ich diesen Schwur verletze, schwör ich das Licht des Tages nicht mehr zu grüßen, bis des Vatermörders Blut, vor diesem Steine verschüttet, gegen die Sonne dampft.
Er steht auf.

sein Kleid seine Kleidung

Die Räuber Es ist ein Belialsstreich! Sag einer, wir seien Schelmen! Nein bei allen Drachen! So bunt haben wir's nie gemacht!

Belialsstreich Belial oder Beliar ist in der Bibel ein Beiname des Teufels (vgl. 2. Korintherbrief 6, 15).

Moor Ja! und bei allen schröcklichen Seufzern derer, die jemals durch eure Dolche sturben, derer, die meine Flamme fraß und mein fallender Turm zermalmte, – eh soll kein Gedanke von Mord oder Raub Platz finden in eurer Brust, bis euer aller Kleider von des Verruchten Blute scharlachrot gezeichnet sind – das hat euch wohl niemals geträumet, dass ihr der Arm höherer Majestäten seid? der verworrene Knäul unsers Schicksals ist aufgelöst! Heute, heute hat eine unsichtbare Macht unser Handwerk geadelt! Betet an vor dem, der euch dies erhabene

Los gesprochen, der euch hieher geführt, der euch gewürdiget hat die schröckliche Engel seines finstern Gerichtes zu sein! Entblößet eure Häupter! Kniet hin in den Staub, und stehet geheiliget auf!

Sie knien.

Gebeut Gebietet

Schweizer Gebeut Hauptmann! was sollen wir tun?

Moor Steh auf Schweizer! Und rühre diese heilige Locken an! *Er führt ihn zu seinem Vater und gibt ihm eine Locke in die Hand.* Du weißt noch, wie du einsmals jenem böhmischen Reuter den Kopf spaltetest, da er eben den Säbel über mich zuckte, und ich atemlos und erschöpft von der Arbeit in die Knie gesunken war? dazumal verhieß ich dir eine Belohnung, die königlich wäre, ich konnte diese Schuld bisher niemals bezahlen, –

von der Arbeit vom mörderischen Kampf

dazumal damals

Schweizer Das schwurst du mir, es ist wahr, aber lass mich dich ewig meinen Schuldner nennen!

Moor Nein, itzt will ich bezahlen. Schweizer, so ist noch kein Sterblicher geehrt worden wie du! – Räche meinen Vater!

Schweizer steht auf.

Schweizer Großer Hauptmann! Heut hast du mich zum ersten Mal stolz gemacht! – Gebeut, wo, wie, wann soll ich ihn schlagen?

schlagen töten

geweiht kostbar

lies wähle … aus

zerr … liegt! → Seite 207

in den Armen der Wollust bei einer Frau

kränkt beschädigt (Adelung)

Moor Die Minuten sind geweiht, du musst eilends gehn – lies dir die Würdigsten aus der Bande, und führe sie gerade nach des Edelmanns Schloss! zerr ihn aus dem Bette, wenn er schläft, oder in den Armen der Wollust liegt, schlepp ihn vom Mahle weg, wenn er besoffen ist, reiß ihn vom Kruzifix, wenn er betend vor ihm auf den Knien liegt! Aber ich sage dir, ich schärf es dir hart ein, liefr' ihn mir nicht tot! dessen Fleisch will ich in Stücken reißen, und hungrigen Geiern zur Speise geben, der ihm nur die Haut ritzt, oder ein Haar kränkt! Ganz muss ich ihn haben, und wenn du ihn ganz und lebendig bringst, so sollst du eine Million zur Belohnung haben, ich will sie einem Könige mit Gefahr meines Lebens stehlen, und du sollst frei ausgehn, wie die weite Luft – hast du mich verstanden, so eile davon!

Schweizer Genug Hauptmann – Hier hast du meine Hand darauf: Entweder, du siehst zwei zurückkommen, oder gar keinen. Schweizers Würgengel kommt.
Ab mit einem Geschwader.

Moor Ihr Übrigen zerstreut euch im Wald – I c h bleibe.

Würgeengel zum Töten ausgesandte Engel → Seite 207

Geschwader (schwäbisch) Schar

Fünfter Akt

Erste Szene

Aussicht von vielen Zimmern.

Finstre Nacht.
Daniel *kommt mit einer Laterne und einem Reisebündel.*

der Herr seliger der verstorbene Herr (der alte Graf)

Port Hafen, Zufluchtsort

Elieser → Seite 208

Leer Mittellos, ohne Vermögen

Daniel Lebe wohl, teures Mutterhaus – Hab so manch Guts und Liebs in dir genossen, da der Herr seliger noch lebete – Tränen auf deine Gebeine du lange Verfaulter. Das verlangt er von einem alten Knecht – es war das Obdach der Waisen, und der Port der Verlassenen, und dieser Sohn hat's gemacht zur Mördergrube – Lebe wohl du guter Boden! wie oft hat der alte Daniel dich abgefegt – Lebe wohl du lieber Ofen, der alte Daniel nimmt schweren Abschied von dir – es war dir alles so vertraut worden – wird dir weh tun, alter Elieser – Aber Gott bewahre mich in Gnaden vor dem Trug und List des Argen – Leer kam ich hieher – leer zieh ich wieder hin – aber meine Seele ist gerettet.

Wie er gehen will kömmt **Franz** *im Schlafrock hereingestürzt.*

Daniel Gott steh mir bei! Mein Herr! *Löscht die Laterne aus.*

Franz Verraten! Verraten! Geister ausgespien aus Gräbern – Losgerüttelt das Totenreich aus dem ewigen Schlaf brüllt wider mich M ö r d e r ! M ö r d e r ! – wer regt sich da?

Daniel *ängstlich.* Hilf heilige Mutter Gottes! seid Ihr's gestrenger Herre, der so grässlich durch die Gewölbe schreit, dass alle Schläfer auffahren?

Franz Schläfer? Wer heißt euch schlafen? Fort zünde Licht an.

Daniel ab, es kommt ein andrer **Bedienter**.

Franz Es soll niemand schlafen in dieser Stunde. Hörst du? Alles soll auf sein – in Waffen – alle Gewehre geladen – Sahst du sie dort den Bogengang hinschweben?

Bedienter Wen gnädiger Herr?

Franz Wen, Dummkopf, wen? So kalt, so leer fragst du, wen? hat mich's doch angepackt wie der Schwindel? wen, Eselskopf! wen? Geister und Teufel! wie weit ist's in der Nacht?

Bedienter Eben itzt ruft der Nachtwächter Zwei an.

Franz Was? will diese Nacht währen bis an den Jüngsten Tag? hörtest du keinen Tumult in der Nähe? Kein Siegsgeschrei? Kein Geräusch galoppierender Pferde? wo ist Kar – der Graf, will ich sagen?

Bedienter Ich weiß nicht, mein Gebieter.

Franz Du weißt's nicht? Du bist auch unter der Rotte? Ich will dir das Herz aus den Rippen stampfen! mit deinem verfluchten: ich weiß nicht! Fort, hole den Pastor!

Du bist auch unter der Rotte? Du gehörst auch zu der Schar (der Treulosen, der Aufsässigen)?

Bedienter Gnädiger Herr!

Franz Murrst du? zögerst du? *Erster Bedienter eilend ab.* Was? auch Bettler wider mich verschworen? Himmel, Hölle! alles wider mich verschworen?

Daniel *kommt mit dem Licht.*

Daniel Mein Gebieter –

Franz Nein! ich zittere nicht! Es war ledig ein Traum. Die Toten stehen noch nicht auf – wer sagt, dass ich zittere und bleich bin? Es ist mir ja so leicht, so wohl.

ledig lediglich

Daniel Ihr seid totenbleich, Eure Stimme ist bang und lallet.

zur Ader lassen → Seite 208

Franz Ich habe das Fieber. Sage du nur, wenn der Pastor kommt, ich habe das Fieber. Ich will morgen zur Ader lassen, sage dem Pastor.

Lebensbalsam → Seite 208

Daniel Befehlt Ihr, dass ich Euch Lebensbalsam auf Zucker tröpfle?

Franz Tröpfle mir auf Zucker! der Pastor wird nicht sogleich da sein. Meine Stimme ist bang und lallet, gib Lebensbalsam auf Zucker!

Daniel Gebt mir erst die Schlüssel, ich will drunten holen im Schrank –

Franz Nein, nein, nein! Bleib! oder ich will mit dir gehn. Du siehst, ich kann nicht allein sein! wie leicht könnt ich, du siehst ja – unmächtig – wenn ich allein bin. Lass nur, lass nur! Es wird vorübergehen, du bleibst.

Daniel Oh Ihr seid ernstlich krank.

Träume … nichts → Seite 208

Franz Ja freilich, freilich! das ist's alles. – Und Krankheit verstöret das Gehirn, und brütet tolle und wunderliche Träume aus – Träume bedeuten nichts – nicht wahr, Daniel? Träume kommen ja aus dem Bauch, und Träume bedeuten nichts – ich hatte soeben einen lustigen Traum. *Er sinkt unmächtig nieder.*

eine Urkund (schwäbisch) ein Lebenszeichen

Maria, Magdalena und Joseph! → Seite 209

nimmt nehmt

Daniel Jesus Christus! was ist das? Georg! Conrad! Bastian! Martin! so gebt doch nur eine Urkund von Euch! *Rüttelt ihn.* Maria, Magdalena und Joseph! so nimmt doch nur Vernunft an! So wird's heißen, ich hab ihn totgemacht, Gott erbarme sich meiner!

Franz *verwirrt.* Weg – weg! was rüttelst du mich so, scheußliches Totengeripp? – die Toten stehen noch nicht auf –

Daniel O du ewige Güte! Er hat den Verstand verloren.

Franz *richtet sich matt auf.* Wo bin ich? – du Daniel? was hab ich gesagt? merke nicht drauf! ich hab eine Lüge gesagt, es sei was es wolle – komm! hilf mir auf! – es ist nur ein Anstoß von Schwindel – weil ich – weil ich – nicht ausgeschlafen habe.

Daniel Wär nur der Johann da! Ich will Hülfe rufen, ich will nach Ärzten rufen.

Franz Bleib! setz dich neben mich auf diesen Sofa – so – du bist ein gescheuter Mann, ein guter Mann. Lass dir erzählen!

Daniel Itzt nicht, ein ander Mal! Ich will Euch zu Bette bringen, Ruhe ist Euch besser.

Franz Nein, ich bitte dich, lass dir erzählen, und lache mich derb aus! – Siehe mir dauchte, ich hätte ein königlich Mahl gehalten, und mein Herz wär guter Dinge, und ich läge berauscht im Rasen des Schlossgartens, und plötzlich – es war zur Stunde des Mittags – plötzlich, aber ich sage dir, lache mich derb aus! –

Daniel Plötzlich?

Franz Plötzlich traf ein ungeheurer Donner mein schlummerndes Ohr, ich taumelte bebend auf, und siehe da war mir's, als säh ich aufflammen den ganzen Horizont in feuriger Lohe, und Berge und Städte und Wälder, wie Wachs im Ofen zerschmolzen, und eine heulende Windsbraut fegte von hinnen Meer Himmel und Erde – da erscholl's wie aus ehernen Posaunen: Erde gib deine Toten, gib deine Toten, Meer! und das nackte Gefild begonn zu kreißen, und aufzuwerfen Schädel und Rippen und Kinnbacken und Beine, die sich zusammenzogen in menschliche Leiber, und daherströmten unübersehlich, ein lebendiger Sturm: Damals sah ich aufwärts, und siehe, ich stand am Fuß des donnernden Sina, und über mir Gewimmel und unter mir, und oben auf der Höhe des Bergs auf drei rauchenden Stühlen drei Männer, vor deren Blick flohe die Kreatur –

Anstoß Anfall

gescheuter gescheiter, kluger

Ruhe ist Euch besser Ihr solltet besser Bettruhe halten

dauchte Nebenform zu: deuchte, dünkte

Plötzlich … verworfen! (S. 153, Z. 10) → Seite 209

Lohe mit Rauch vermischte Spitze der Flamme

Windsbraut altertümlich für: Sturm

kreißen gebären

Sina der Berg Sinai, wo Gott im Alten Testament mit Mose spricht

Konterfei Abbild

Gezeuge Nebenform von: Zeug

Aufgang und Niedergang … der Sonne; also Osten und Westen

Daniel Das ist ja das leibhaft Konterfei vom Jüngsten Tage.

Franz Nicht wahr? das ist tolles Gezeuge? – Da trat hervor Einer, anzusehen wie die Sternennacht, der hatte in seiner Hand einen eisernen Siegelring, den hielt er zwischen Aufgang und Niedergang und sprach: Ewig, heilig, gerecht, unverfälschbar! Es ist nur E i n e Wahrheit, es ist nur E i n e Tugend! Wehe, wehe, wehe dem zweifelnden Wurme! – da trat hervor ein Zweiter, der hatte in seiner Hand einen blitzenden Spiegel, den hielt er zwischen Aufgang und Niedergang, und sprach: Dieser Spiegel ist Wahrheit; Heuchelei und Larven bestehen nicht – da erschrak ich und alles Volk, denn wir sahen Schlangen- und Tiger- und Leopardengesichter zurückgeworfen aus dem entsetzlichen Spiegel. – Da trat hervor ein Dritter, der hatte in seiner Hand eine eherne Waage, die hielt er zwischen Aufgang und Niedergang, und sprach: tretet herzu, ihr Kinder von Adam – ich wäge die Gedanken in der Schale meines Zornes! und die Werke mit dem Gewicht meines Grimms! –

Schale meines Zornes! → Seite 209

Daniel Gott erbarme sich meiner.

Franz Schneebleich stunden alle, ängstlich klopfte die Erwartung in jeglicher Brust. Da war mir's, als hört ich meinen Namen zuerst genannt aus den Wettern des Berges, und mein innerstes Mark gefror in mir, und meine Zähne klapperten laut. Schnell begonn die Waage zu klingen, zu donnern der Fels, und die Stunden zogen vorüber, eine nach der andern an der links hangenden Schale, und eine nach der andern warf eine T o d s ü n d e hinein –

Daniel O Gott vergeb Euch!

Franz Das tat er nicht! – die Schale wuchs zu einem Gebirge, aber die andere voll vom Blut der Versöhnung hielt sie noch immer hoch in den Lüften – zuletzt kam

Blut der Versöhnung → Seite 209

ein alter Mann, schwer gebeuget von Gram, angebissen den Arm von wütendem Hunger, aller Augen wandten sich scheu vor dem Mann, ich kannte den Mann, er schnitt eine Locke von seinem silbernen Haupthaar, warf sie hinein in die Schale der Sünden, und siehe, sie sank, sank plötzlich zum Abgrund, und die Schale der Versöhnung flatterte hoch auf! – Da hört ich eine Stimme schallen aus dem Rauche des Felsen: Gnade, Gnade jedem Sünder der Erde und des Abgrunds! du allein bist verworfen! – *Tiefe Pause.* Nun, warum lachst du nicht?

Daniel Kann ich lachen, wenn mir die Haut schaudert? Träume kommen von Gott.

Franz Pfui doch, pfui doch! sage das nicht! Heiß mich einen Narren, einen aberwitzigen, abgeschmackten Narren! Tu das, lieber Daniel, ich bitte dich drum, spotte mich tüchtig aus!

Daniel Träume kommen von Gott. Ich will für Euch beten.

Franz Du lügst, sag ich – geh den Augenblick, lauf, spring, sieh, wo der Pastor bleibt, heiß ihn eilen, eilen, aber ich sage dir, du lügst.

den Augenblick sogleich, auf der Stelle

Daniel *im Abgehn.* Gott sei Euch gnädig!

Franz Pöbelweisheit, Pöbelfurcht! – Es ist ja noch nicht ausgemacht, ob das Vergangene nicht vergangen ist, oder ein Auge findet über den Sternen – hum, hum! wer raunte mir das ein? Rächet denn droben über den Sternen einer? – Nein, nein! Ja, ja! Fürchterlich zischelt's um mich: Richtet droben einer über den Sternen! Entgegengehen dem Rächer über den Sternen diese Nacht noch! Nein! sag ich – Elender Schlupfwinkel, hinter den sich deine Feigheit verstecken will – öd, einsam, taub ist's droben über den Sternen – wenn's aber doch etwas mehr wäre?

taub leer

Nein, nein, es ist nicht! Ich befehle, es ist nicht! wenn's aber doch wäre? Weh dir, wenn's nachgezählt worden wäre! wenn's dir vorgezählt würde diese Nacht noch! – warum schaudert mir so durch die Knochen? – Sterben! warum packt mich das Wort so? Rechenschaft geben dem Rächer droben über den Sternen – und wenn er gerecht ist, Waisen und Witwen, Unterdrückte, Geplagte heulen zu ihm auf, und wenn er gerecht ist? – warum haben sie gelitten, warum hast du über sie triumphieret? –

Pastor Moser *tritt auf.*

Moser Ihr ließt mich holen, gnädiger Herr. Ich erstaune. Das erste Mal in meinem Leben! Habt Ihr im Sinn über die Religion zu spotten, oder fangt Ihr an vor ihr zu zittern?

Franz Spotten oder zittern, je nachdem du mir antwortest. – Höre Moser, ich will dir zeigen, dass du ein Narr bist, oder die Welt fürn Narren halten willst, und du sollst mir antworten. Hörst du? Auf dein Leben sollst du mir antworten.

Moser Ihr fordert einen Höheren vor Euren Richterstuhl. Der Höhere wird Euch dermaleins antworten.

Franz Itzt will ich's wissen, itzt, diesen Augenblick, damit ich nicht die schändliche Torheit begehe, und im Drange der Not den Götzen des Pöbels anrufe, ich hab's dir oft mit Hohnlachen beim Burgunder zugesoffen: Es ist kein Gott! – Itzt red ich im Ernste mir dir, ich sage dir: es ist keiner! du sollst mich mit allen Waffen widerlegen, die du in deiner Gewalt hast, aber ich blase sie weg mit dem Hauch meines Mundes.

Götzen des Pöbels falschen Gott der Menge

Moser Wenn du auch ebenso leicht den Donner wegblasen könntest, der mit zehntausendfachem Zentnergewicht auf deine stolze Seele fallen wird! dieser allwissende Gott, den du Tor und Bösewicht mitten aus seiner Schöpfung zernichtest braucht sich nicht durch den Mund des Staubes zu rechtfertigen. Er ist ebenso groß in deinen Tyranneien, als irgend in einem Lächeln der siegenden Tugend.

Franz Ungemein gut Pfaffe! So gefällst du mir.

Moser Ich stehe hier in den Angelegenheiten eines größeren Herrn, und rede mit einem, der Wurm ist wie ich, dem ich nicht gefallen will. Freilich müsst ich Wunder tun können, wenn ich deiner halsstarrigen Bosheit das Geständnis abzwingen könnte, – aber wenn deine Überzeugung so fest ist? warum ließest du mich rufen, sage mir doch, warum ließest du mich in der Mitternacht rufen?

Franz Weil ich Langeweile hab, und eben am Schachbrett keinen Geschmack finde. Ich will mir einen Spaß machen, mich mit Pfaffen herumzubeißen. Mit dem leeren Schrecken wirst du meinen Mut nicht entmannen. Ich weiß wohl, dass derjenige auf Ewigkeit hofft, der hier zu kurz gekommen ist: aber er wird garstig betrogen. Ich hab's immer gelesen, dass unser Wesen nichts ist als Sprung des Geblüts, und mit dem letzten Blutstropfen zerrinnt auch Geist und Gedanke. Er macht alle Schwachheiten des Körpers mit, wird er nicht auch aufhören bei seiner Zerstörung? nicht bei seiner Fäulung verdampfen? Lass einen Wassertropfen in deinem Gehirne verirren, und dein Leben macht eine plötzliche Pause, die zunächst an das Nichtsein grenzt, und ihre Fortdauer ist der Tod. Empfindung ist Schwingung einiger Saiten, und das zerschlagene Klavier tönet nicht mehr. Wenn ich meine sieben Schlösser schleifen lasse, wenn ich diese Venus zerschlage, so ist's Symmetrie und

eben momentan

Sprung des Geblüts Pulsieren des Blutes

zunächst am nächsten

schleifen dem Erdboden gleichmachen

Venus → Seite 209

Schönheit *gewesen*. Siehe da! das ist eure unsterbliche Seele!

Moser Das ist die Philosophie Eurer Verzweiflung. Aber Euer eigenes Herz, das bei diesen Beweisen ängstlich bebend wider Eure Rippen schlägt, straft Euch Lügen. Diese Spinnweben von Systemen zerreißt das einzige Wort: du musst sterben! – ich fordere Euch auf, das soll die Probe sein, wenn Ihr im Tode annoch feste steht, wenn Euch Eure Grundsätze auch da nicht im Stiche lassen, so sollt Ihr gewonnen haben; wenn Euch im Tode nur der mindeste Schauer anwandelt, weh Euch dann! Ihr habt Euch betrogen.

annoch altertümlich für: noch

Franz *verwirrt.* Wenn mich im Tode ein Schauer anwandelt?

Moser Ich habe wohl mehr solche Elende gesehn, die bis hieher der Wahrheit Riesentrotz boten; aber im Tode selbst flattert die Täuschung dahin. Ich will an Eurem Bette stehn, wenn Ihr sterbet – ich möchte so gar gern einen Tyrannen sehen dahinfahren – ich will dabeistehn, und Euch starr ins Auge fassen, wenn der Arzt Eure kalte nasse Hand ergreift, und den verloren schleichenden Puls kaum mehr finden kann, und aufschaut, und mit jenem schröcklichen Achselzucken zu Euch spricht: menschliche Hülfe ist umsonst! Hütet Euch dann, o hütet Euch ja, dass Ihr da nicht ausseht wie Richard und Nero!

Franz Nein, nein!

Moser Auch dieses Nein wird dann zu einem heulenden Ja – ein innerer Tribunal, den Ihr nimmermehr durch skeptische Grübeleien bestechen könnt, wird itzo erwachen, und Gericht über Euch halten. Aber es wird ein Erwachen sein, wie des lebendig Begrabenen im Bauche des Kirchhofs, es wird ein Unwille sein wie des Selbstmörders, wenn er den tödlichen Streich schon getan hat

Richard der englische König Richard III. (1452–1485) in Shakespeares Tragödie »Richard III.«

Nero der römische Kaiser Nero (37–68 n. Chr.)

Tribunal Gerichtshof

und bereut, es wird ein Blitz sein, der die Mitternacht Eures Lebens zumal überflammt, es wird Ein Blick sein, und wenn Ihr da noch feste steht, so sollt Ihr gewonnen haben!

zumal mit einem Mal

Franz *unruhig im Zimmer auf und ab gehend.* Pfaffengewäsche, Pfaffengewäsche!

Moser Itzt zum ersten Mal werden die Schwerter einer Ewigkeit durch Eure Seele schneiden, und itzt zum ersten Mal zu spät. – Der Gedanke Gott weckt einen fürchterlichen Nachbar auf, sein Name heißt Richter. Sehet Moor, Ihr habt das Leben von Tausenden an der Spitze Eures Fingers, und von diesen Tausenden habt Ihr neunhundertneunundneunzig elend gemacht. Euch fehlt zu einem Nero nur das Römische Reich, und nur Peru zu einem Pizarro. Nun glaubt Ihr wohl, Gott werde es zugeben, dass ein einziger Mensch in seiner Welt wie ein Wütrich hause, und das Oberste zuunterst kehre? Glaubt Ihr wohl, diese neunhundertundneunundneunzig seien nur zum Verderben, nur zu Puppen Eures satanischen Spieles da? Oh glaubt das nicht! Er wird jede Minute, die Ihr ihnen getötet, jede Freude, die Ihr ihnen vergiftet, jede Vollkommenheit, die Ihr ihnen versperret habt, von Euch fodern dereinst, und wenn Ihr darauf antwortet, Moor, so sollt Ihr gewonnen haben.

an … Fingers … wie ein Marionettenspieler die Fäden seiner Puppen

Peru … Pizarro → Seite 209

Franz Nichts mehr, kein Wort mehr! willst du, dass ich deinen schwarzlebrigen Grillen zu Gebot steh?

Moser Sehet zu, das Schicksal der Menschen stehet unter sich in fürchterlich schönem Gleichgewicht. Die Waagschale dieses Lebens sinkend wird hochsteigen in jenem, steigend in diesem wird in jenem zu Boden fallen. Aber was hier zeitliches Leiden war, wird dort ewiger Triumph, was hier endlicher Triumph war, wird dort ewige unendliche Verzweiflung.

schwarzlebrigen Grillen → Seite 209

zu Gebote steh ihr Opfer werde

Franz *wild auf ihn losgehend.* Dass dich der Donner stumm mache, Lügengeist du! Ich will dir die verfluchte Zunge aus dem Munde reißen!

Moser Fühlt Ihr die Last der Wahrheit so früh? Ich habe ja noch nichts von Beweisen gesagt. Lasst mich nur erst zu den Beweisen –

Franz Schweig, geh in die Hölle mit deinen Beweisen! zernichtet wird die Seele, sag ich dir, und sollst mir nicht darauf antworten!

Moser Darum winseln auch die Geister des Abgrunds, aber der im Himmel schüttelt das Haupt. Meint Ihr, dem Arm des Vergelters im öden Reich des Nichts zu entlaufen? und führet Ihr gen Himmel, so ist er da! und bettetet Ihr Euch in die Hölle, so ist er wieder da! und sprächet Ihr zu der Nacht: verhülle mich! und zu der Finsternis: birg mich! so muss die Finsternis leuchten um Euch, und um den Verdammten die Mitternacht tagen – aber Euer unsterblicher Geist sträubt sich unter dem Wort, und siegt über den blinden Gedanken.

und führet … tagen → Seite 210

Franz Ich will aber nicht unsterblich sein – sei es, wer da will, ich will's nicht hindern. Ich will ihn zwingen, dass er mich zernichte, ich will ihn zur Wut reizen, dass er mich in der Wut zernichte. Sag mir, was ist die größte Sünde, und die ihn am grimmigsten aufbringt?

Moser Ich kenne nur zwo. Aber sie werden nicht von Menschen begangen, auch ahnden sie Menschen nicht.

ahnden sühnen, rächen

Franz Diese zwo! –

Moser *sehr bedeutend.* Vatermord heißt die eine, Brudermord die andere – Was macht Euch auf einmal so bleich?

Franz Was Alter? Stehst du mit dem Himmel oder mit der Hölle im Bündnis? Wer hat dir das gesagt?

Moser Wehe dem, der sie beide auf dem Herzen hat! Ihm wäre besser, dass er nie geboren wäre! Aber seid ruhig, Ihr habt weder Vater noch Bruder mehr!

Franz Ha! – was, du kennst keine drüber? Besinne dich nochmals – Tod, Himmel, Ewigkeit, Verdammnis schwebt auf dem Laut deines Mundes – keine einzige drüber?

Moser Keine einzige drüber.

Franz *fällt in einen Stuhl.* Zernichtung! Zernichtung!

Moser Freut Euch, freut Euch doch! preist Euch doch glücklich! – Bei allen Euren Greueln seid Ihr noch ein Heiliger gegen den Vatermörder. Der Fluch, der Euch trifft, ist gegen den, der auf diesen lauert, ein Gesang der Liebe – die Vergeltung –

Franz *aufgesprungen.* Geh in tausend Grüfte, du Eule! wer hieß dich hieher kommen? geh, sag ich, oder ich stoß dich durch und durch!

Moser Kann das Pfaffengewäsche so einen Philosophen in Harnisch jagen? Blast es doch weg mit dem Hauch Eures Mundes!

in Harnisch jagen in Wut versetzen

Geht ab.

Franz *wirft sich in seinem Sessel herum in schröcklichen Bewegungen, tiefe Pause.*

Ein **Bedienter** *eilig.*

Bedienter Amalia ist entsprungen, der Graf ist plötzlich verschwunden.

Daniel *kommt ängstlich.*

Daniel Gnädiger Herr, jagt ein Trupp feuriger Reuter die Steig herab, schreien Mordjo, Mordjo – das ganze Dorf in Alarm.

feuriger Reuter Reiter mit Fackeln

Steig (schwäbisch) ansteigende Fahrstraße

Franz Geh lass alle Glocken zusammen läuten alles soll in die Kirche – auf die Knie fallen alles – beten für mich – alle Gefangne sollen los sein und ledig, ich will den Armen alles doppelt und dreifach wiedergeben, ich will – so geh doch – so ruf doch den Beichtvater, dass er mir meine Sünden hinwegsegne – bist du noch nicht fort? *Das Getümmel wird hörbarer.*

los sein und ledig in Freiheit gesetzt werden

Daniel Gott verzeih mir meine schwere Sünde! Wie soll ich das wieder reimen? Ihr habt ja immer das liebe Gebet über alle Häuser hinausgeworfen, habt mir so manche Postill und Bibelbuch an den Kopf gejagt, wenn Ihr mich ob dem Beten ertapptet –

reimen zusammenreimen, verstehen

über alle Häuser hinausgeworfen ganz abgelehnt und verachtet (schwäbische Redensart)

Postill → Seite 210

ob dem über dem, beim

Franz Nichts mehr davon – Sterben! siehst du? Sterben? – Es wird zu spät. *Man hört Schweizern toben.* Bete doch! Bete!

Daniel Ich sagt's Euch immer – Ihr verachtet das liebe Gebet so – aber gebt Acht, gebt Acht! wenn die Not an Mann geht, wenn Euch das Wasser an die Seele geht, Ihr werdet alle Schätze der Welt um ein christliches Seufzerlein geben – Seht Ihr's? Ihr verschimpftet mich! Da habt Ihr's nun! Seht Ihr's?

Franz *umarmt ihn ungestüm.* Verzeih lieber, goldner Perlendaniel verzeih – ich will dich kleiden von Fuß auf – so bet doch – ich will dich zum Hochzeiter machen – ich will – so bet doch – ich beschwöre dich – auf den Knien beschwör ich dich – Ins T–ls Namen! so bet doch! *Tumult auf den Straßen, Geschrei – Gepolter –*

Hochzeiter Bräutigam

Schweizer *auf der Gasse.* Stürmt! Schlagt tot! Brecht ein! Ich sehe Licht! dort muss er sein.

Franz *auf den Knien.* Höre mich beten Gott im Himmel! – Es ist das erste Mal – soll auch gewiss nimmer geschehen – Erhöre mich Gott im Himmel.

Daniel Mein doch! Was treibt Ihr? Das ist ja gottlos gebetet.

Mein doch! Ausruf der Verwunderung

Volksauflauf.

Volk Diebe! Mörder! wer lärmt so grässlich in dieser Mitternachtsstunde?

Schweizer *immer auf der Gasse.* Schlag sie zurück Kamerad – der Teufel ist's und will euren Herrn holen – wo ist der Schwarz mit seinen Haufen? – Postier dich ums Schloss Grimm – Lauf Sturm wider die Ringmauer!

Postier dich ums Schloss Stelle rings um das Schloss Posten auf

Grimm Holt ihr Feuerbrände – wir hinauf oder er herunter – Ich will Feuer in seine Säle schmeißen.

Franz *betet.* Ich bin kein gemeiner Mörder gewesen mein Herrgott – hab mich nie mit Kleinigkeiten abgegeben mein Herrgott –

Daniel Gott sei uns gnädig. Auch seine Gebete werden zu Sünden.

Es fliegen Steine und Feuerbrände. Die Scheiben fallen. Das Schloss brennt.

Franz Ich kann nicht beten – hier hier! *Auf Brust und Stirn schlagend.* Alles so öd – so verdorret. *Steht auf.* Nein ich will auch nicht beten – diesen Sieg soll der Himmel nicht haben, diesen Spott mir nicht antun die Hölle –

Ich kann nicht beten → Seite 210

Daniel Jesus Maria! helft – rettet – das ganze Schloss steht in Flammen!

Franz Hier nimm diesen Degen. Hurtig. Jag mir ihn hinterrücks in den Bauch, dass nicht diese Buben kommen und treiben ihren Spott aus mir.

Hier … aus mir. → Seite 210

Das Feuer nimmt überhand.

Daniel Bewahre! Bewahre! Ich mag niemand zu früh in den Himmel fördern, viel weniger zu früh – *Er entrinnt.*

fördern befördern

Franz *ihm grass nachstierend, nach einer Pause.* In die Hölle wolltest du sagen? – Wirklich! ich wittere so etwas – *Wahnsinnig.* Sind das ihre hellen Triller? hör ich euch zischen ihr Nattern des Abgrunds? – Sie dringen her-

Triller (schwäbisch) Pfiffe

auf – Belagern die Türe – warum zag ich so vor dieser bohrenden Spitze? – die Türe kracht – stürzt – unentrinnbar – Ha! so erbarm du dich meiner! *Er reißt seine goldene Hutschnur ab, und erdrosselt sich.*

Schweizer *mit seinen Leuten.*

Schweizer Mordkanaille wo bist du? – Saht ihr wie sie flohen? – hat er so wenig Freunde? – Wohin hat sich die Bestie verkrochen?

Grimm *stößt an die Leiche.* Halt! was liegt hier im Weg? Zündet hieher –

Zündet hieher (schwäbisch) Leuchtet hierher

Er hat das Prävenire gespielt. Er ist uns zuvorgekommen (von frz. ›prévenir‹).

Schwarz Er hat das Prävenire gespielt. Steckt eure Schwerter ein, hier liegt er wie eine Katze verreckt.

Schweizer Tot! was? tot? ohne mich tot – Erlogen sag ich – Gebt Acht wie hurtig er auf die Beine springt? *Rüttelt ihn.* Heh du! Es gibt einen Vater zu ermorden.

Grimm Gib dir keine Müh. Er ist maustot.

Schweizer *tritt von ihm weg.* Ja! Er freut sich nicht – Er ist maustot – Gehet zurück und saget meinem Hauptmann: Er ist maustot – mich sieht er nicht wieder.
Schießt sich vor die Stirn.

Zweite Szene

Der Schauplatz, wie in der letzten Szene des vorigen Akts.

Der alte Moor *auf einem Stein sitzend.* **Räuber Moor** *gegenüber.* **Räuber** *hin und her im Wald.*

Räuber Moor Er kommt noch nicht? *Schlägt mit dem Dolch auf einen Stein dass es Funken gibt.*

Der alte Moor Verzeihung sei seine Strafe – meine Rache verdoppelte Liebe.

Räuber Moor Nein, bei meiner grimmigen Seele. Das soll nicht sein. Ich will's nicht haben. Die große Schandtat soll er mit sich in die Ewigkeit hinüber schleppen! – Wofür hab ich ihn dann umgebracht?

Der alte Moor *in Tränen ausbrechend.* O mein Kind.

Räuber Moor Was? – du weinst um ihn – an diesem Turme?

Der alte Moor Erbarmung! o Erbarmung! *Heftig die Hände ringend.* Itzt – itzt wird mein Kind gerichtet!

Räuber Moor *erschrocken.* Welches?

Der alte Moor Ha! was ist das für eine Frage?

Räuber Moor Nichts. Nichts.

Der alte Moor Bist du kommen Hohngelächter anzustimmen über meinen Jammer?

Räuber Moor Verrätrisches Gewissen! – Merket nicht auf meine Rede.

Der alte Moor Ja ich hab einen Sohn gequält, und ein Sohn musste mich wieder quälen, das ist Gottes Finger – o mein Karl! mein Karl! wenn du um mich schwebst im Gewand des Friedens. Vergib mir. Oh vergib mir!

Räuber Moor *schnell.* Er vergibt Euch. *Betroffen.* Wenn er's wert ist Euer Sohn zu heißen – Er muss Euch vergeben.

Der alte Moor Ha! Er war zu herrlich für mich – Aber ich will ihm entgegen mit meinen Tränen, meinen schlaflosen Nächten, meinen quälenden Träumen, seine Knie will ich umfassen – rufen – laut rufen: Ich hab gesündigt im Himmel, und vor dir. Ich bin nicht wert, dass du mich Vater nennst.

Ich hab … nennst. → Seite 210

Räuber Moor *sehr gerührt.* Er war Euch lieb Euer andrer Sohn?

Der alte Moor Du weißt es o Himmel. Warum ließ ich mich doch durch die Ränke eines bösen Sohnes betören? Ein

Ränke Intrigen, Machenschaften

gepriesener Vater ging ich einher unter den Vätern der Menschen. Schön um mich blühten meine Kinder voll Hoffnung. Aber – o der unglückseligen Stunde! – der böse Geist fuhr in das Herz meines zweiten, ich traute der Schlange – verloren meine Kinder beide. *Verhüllt sich das Gesicht.*

Räuber Moor *geht weit von ihm weg.* Ewig verloren.

Der alte Moor Oh ich fühl es tief was mir Amalia sagte, der Geist der Rache sprach aus ihrem Munde. Vergebens ausstrecken deine sterbenden Hände wirst du nach einem Sohn, vergebens wähnen zu umfassen die warme Hand deines Karls, der nimmermehr an deinem Bette steht –

Räuber Moor *reicht ihm die Hand mit abgewandtem Gesicht.*

Der alte Moor Wärst du meines Karls Hand! – Aber er liegt fern im engen Hause, schläft schon den eisernen Schlaf, höret nimmer die Stimme meines Jammers – weh mir! Sterben in den Armen eines Fremdlings – Kein Sohn mehr – kein Sohn mehr, der mir die Augen zudrücken könnte –

im engen Hause im Grab

Räuber Moor *in der heftigsten Bewegung.* Itzt muss es sein – itzt – verlasst mich. *Zu den Räubern.* Und doch – Kann ich ihm denn seinen Sohn wieder schenken? – Ich kann ihm seinen Sohn doch nicht mehr schenken – Nein! Ich will's nicht tun.

Der alte Moor Wie Freund? Was hast du da gemurmelt?

Räuber Moor Dein Sohn – Ja alter Mann – *Stammelnd.* Dein Sohn – ist – ewig verloren.

Der alte Moor Ewig?

Räuber Moor *in der fürchterlichsten Beklemmung gen Himmel sehend.* O nur diesmal – Lass meine Seele nicht matt werden – nur diesmal halte mich aufrecht.

Der alte Moor Ewig sagst du?

Räuber Moor Frage nichts weiter. Ewig, sagt ich.

Der alte Moor Fremdling! Fremdling! Warum zogst du mich aus dem Turme?

Räuber Moor Und wie? – Wenn ich jetzt seinen Segen weghaschte – haschte wie ein Dieb, und mich davonschlich mit der göttlichen Beute – Vatersegen sagt man, geht niemals verloren.

Wenn … verloren. → Seite 210

Der alte Moor Auch mein Franz verloren? –

Räuber Moor *stürzt vor ihm nieder.* Ich zerbrach die Riegel deines Turms – Gib mir deinen Segen.

Der alte Moor *mit Schmerz.* Dass du den Sohn vertilgen musstest Retter des Vaters! – Siehe die Gottheit ermüdet nicht im Erbarmen, und wir armseligen Würmer gehen schlafen mit unserm Groll. *Legt seine Hand auf des Räubers Haupt.* Sei so glücklich, als du dich erbarmest.

Räuber Moor *weichmütig aufstehend.* O – wo ist meine Mannheit? Meine Sehnen werden schlapp, der Dolch sinkt aus meinen Händen.

Mannheit altertümlich für: Tapferkeit

Der alte Moor Wie köstlich ist's wenn Brüder einträchtig beisammen wohnen, wie der Tau der vom Hermon fällt auf die Berge Zion – Lern diese Wollust verdienen junger Mann, und die Engel des Himmels werden sich sonnen in deiner Glorie. Deine Weisheit sei die Weisheit der grauen Haare, aber dein Herz – dein Herz sei das Herz der unschuldigen Kindheit.

Wie köstlich … Berge Zion → Seite 210

Hermon Bergmassiv an der Nordgrenze des biblischen Reiches Israel; heute im Grenzgebiet zwischen Israel, Libanon und Syrien

Räuber Moor O einen Vorschmack dieser Wollust. Küsse mich göttlicher Greis!

Der alte Moor *küsst ihn.* Denk es sei Vaterskuss, so will ich denken ich küsse meinen Sohn – du kannst auch weinen?

Räuber Moor Ich dacht, es sei Vaterskuss! – Weh mir, wenn sie ihn jetzt brächten!

Schweizers Gefährten *treten auf im stummen Trauerzug, mit gesenkten Häuptern, und verhüllten Gesichtern.*

Räuber Moor Himmel! *Tritt scheu zurück, und sucht sich zu verbergen. Sie ziehen an ihm vorüber. Er sieht weg von ihnen. Tiefe Pause. Sie halten.*

Grimm *mit gesenktem Ton.* Mein Hauptmann.

Räuber Moor antwortet nicht und tritt weiter zurück.

Schwarz Teurer Hauptmann.

Räuber Moor weicht weiter zurück.

Grimm Wir sind unschuldig mein Hauptmann.

Räuber Moor *ohne nach ihnen hinzuschaun.* Wer seid ihr?

Grimm Du blickst uns nicht an. Deine Getreuen.

Räuber Moor Weh euch wenn ihr mir getreu wart!

Grimm Das letzte Lebewohl von deinem Knecht Schweizer – er kehrt nie wieder dein Knecht Schweizer.

Räuber Moor *aufspringend.* So habt ihr ihn nicht gefunden?

Schwarz Tot gefunden.

Räuber Moor *froh emporhüpfend.* Habe Dank Lenker der Dinge – Umarmet mich meine Kinder – Erbarmung sei von nun an die Losung – Nun wär auch das überstanden – Alles überstanden.

Neue Räuber. Amalia.

superber prachtvoller, herausragender

Räuber Heisa, heisa! Ein Fang, ein superber Fang!

Amalia *mit fliegenden Haaren.* Die Toten schreien sie, seien erstanden auf seine Stimme – mein Oheim lebendig – in diesem Wald – wo ist er? Karl! Oheim! – Ha! *Stürzt auf den Alten zu.*

Der alte Moor Amalia! Meine Tochter! Amalia! *Hält sie in seinen Armen gepresst.*

Räuber Moor *zurückspringend.* Wer bringt dies Bild vor meine Augen?

Amalia *entspringt dem Alten, und springt auf den Räuber zu, und umschlingt ihn entzückt.* Ich hab ihn, o ihr Sterne! Ich hab ihn! –

Räuber Moor *sich losreißend, zu den Räubern.* Brecht auf ihr! Der Erzfeind hat mich verraten!

Erzfeind Teufel

Amalia Bräutigam, Bräutigam, du rasest! Ha! Vor Entzückung! Warum bin ich auch so fühllos, mitten im Wonnewirbel so kalt?

Der alte Moor *sich aufraffend.* Bräutigam? Tochter! Tochter! Ein Bräutigam?

Amalia Ewig sein! Ewig, ewig, ewig mein! – Oh ihr Mächte des Himmels! Entlastet mich dieser tödlichen Wollust, dass ich nicht unter der Bürde vergehe!

mich dieser mich von dieser

Räuber Moor Reißt sie von meinem Halse! Tötet sie! Tötet ihn! mich! euch! alles! Die ganze Welt geh zu Grunde! *Er will davon.*

Amalia Wohin? was? Liebe Ewigkeit! Wonn Unendlichkeit, und du fliehst?

Wonn Unendlichkeit Ewige Wonne

Räuber Moor Weg, weg! – Unglückseligste der Bräute! – Schau selbst, frage selbst, höre! – Unglückseligster der Väter! Lass mich immer ewig davonrennen!

Amalia Haltet mich! Um Gottes willen, haltet mich! – Es wird mir so Nacht vor den Augen – Er flieht!

Räuber Moor Zu spät! Vergebens! Dein Fluch, Vater, – frage mich nichts mehr! – ich bin, ich habe – dein Fluch – dein vermeinter Fluch! – Wer hat mich hergelockt? *Mit gezogenem Degen auf die Räuber losgehend.* Wer von euch hat mich hiehergelockt, ihr Kreaturen des Abgrunds? So vergeh dann, Amalia! – Stirb Vater! Stirb durch mich zum dritten Mal! – Diese deine Retter sind Räuber und Mörder! Dein Karl ist ihr Hauptmann. *Der alte Moor gibt*

vermeinter vermeintlicher

seinen Geist auf. Amalia steht stumm, und starr wie eine Bildsäule. Die ganze Bande in fürchterlicher Pause.

Räuber Moor *wider eine Eiche rennend.* Die Seelen derer, die ich erdrosselte im Taumel der Liebe – derer, die ich zerschmetterte im heiligen Schlaf, derer, – hahaha! Hört ihr den Pulverturm knallen über der Kreißenden Stühlen? Seht ihr die Flammen schlagen an den Wiegen der Säuglinge? das ist Brautfackel, das ist Hochzeitmusik – oh er vergisst nicht, er weiß zu knüpfen – darum von mir die Wonne der Liebe! darum mir zur Folter die Liebe! das ist Vergeltung!

der Kreißenden Stühlen den Gebärstühlen

Amalia Es ist wahr! Herrscher im Himmel! Es ist wahr. – Was hab ich getan, ich unschuldiges Lamm? Ich hab diesen geliebt!

Räuber Moor Das ist mehr als ein Mann erduldet. Hab ich doch den Tod aus mehr denn tausend Röhren auf mich zupfeifen gehört, und bin ihm keinen Fuß breit gewichen, soll ich itzt erst lernen beben wie ein Weib? beben vor einem Weib? – Nein, ein Weib erschüttert meine Mannheit nicht – Blut, Blut! Es ist nur ein Anstoß vom Weibe – Blut muss ich saufen, es wird vorübergehen. *Er will davonfliehn.*

Röhren Gewehrläufe

ein Anstoß vom Weibe eine Anfechtung, ein Moment der Schwäche durch die Nähe des Weiblichen

Amalia *fällt ihm in die Arme.* Mörder! Teufel! Ich kann dich Engel nicht lassen.

Räuber Moor *schleudert sie von sich.* Fort falsche Schlange, du willst einen Rasenden höhnen, aber ich poche dem Tyrannen-Verhängnis – was, du weinest? Oh ihr losen boshaften Gestirne! Sie tut als ob sie weine, als ob um mich eine Seele weine. *Amalia fällt ihm um den Hals.* Ha was ist das? Sie speit mich nicht an, stößt mich nicht von sich – Amalia! Hast du vergessen? weißt du auch, wen du umarmest, Amalia?

poche dem Tyrannen-Verhängnis trotze dem tyrannischen Schicksal (oder: dem Schicksal, das Tyrannen blüht)

losen leichtsinnigen

Amalia Einziger, Unzertrennlicher!

Räuber Moor *aufblühend in ekstatischer Wonne.* Sie vergibt mir, sie liebt mich! Rein bin ich wie der Äther des Himmels, sie liebt mich. – Weinenden Dank dir, Erbarmer im Himmel! *Er fällt auf die Knie und weinet heftig.* Der Friede meiner Seele ist wiedergekommen, die Qual hat ausgetobt, die Hölle ist nicht mehr – Sieh, o sieh, die Kinder des Lichts weinen am Hals der weinenden Teufel – *Aufstehend zu den Räubern.* So weinet doch auch! weinet, weinet, ihr seid ja so glücklich – O Amalia! Amalia! Amalia! *Er hängt an ihrem Mund, sie bleiben in stummer Umarmung.*

die Kinder des Lichts → Seite 211

Ein Räuber *grimmig hervortretend.* Halt ein Verräter! – Gleich lass diesen Arm fahren – oder ich will dir ein Wort sagen, dass dir die Ohren gellen, und deine Zähne vor Entsetzen klappern! *Streckt das Schwert zwischen beide.*

Ein alter Räuber Denk an die böhmischen Wälder! Hörst du, zagst du? – an die böhmischen Wälder sollst du denken! Treuloser, wo sind deine Schwüre? Vergisst man Wunden so bald? da wir Glück, Ehre und Leben in die Schanze schlugen für dich? Da wir dir standen wie Mauren, auffingen wie Schilder die Hiebe, die deinem Leben galten, – hubst du da nicht deine Hand zum eisernen Eid auf, schwurest, uns nie zu verlassen, wie wir dich nicht verlassen haben? – Ehrloser! Treuvergessener! Und du willst abfallen, wenn eine Metze greint?

da als

Mauren Mauern (vgl. Seite 32)

eisernen ewigen

Metze greint Hure heult

Ein dritter Räuber Pfui, über den Meineid! der Geist des geopferten Rollers, den du zum Zeugen aus dem Totenreich zwangest, wird erröten über deine Feigheit, und gewaffnet aus seinem Grabe steigen, dich zu züchtigen.

Die Räuber *durcheinander, reißen ihre Kleider auf.* Schau her, schau! Kennst du diese Narben? du bist unser! Mit unserem Herzblut haben wir dich zum Leibeigenen angekauft,

Erzengel Michael → Seite 211

Moloch vgl. Seite 198 unten

unser bist du, und wenn der Erzengel Michael mit dem Moloch ins Handgemeng kommen sollte! – Marsch mit uns, Opfer um Opfer! Amalia für die Bande!

Räuber Moor *lässt ihre Hand fahren.* Es ist aus! – Ich wollte umkehren und zu meinem Vater gehn, aber der im Himmel sprach, es soll nicht sein. *Kalt.* Blöder Tor ich, warum wollt ich es auch? Kann denn ein großer Sünder noch umkehren? Ein großer Sünder kann nimmermehr umkehren, das hätt ich längst wissen können – Sei ruhig, ich bitte dich, sei ruhig! so ist's ja auch recht – Ich habe nicht gewollt, da er mich suchte, itzt da ich ihn suche, will Er nicht, was ist billiger? – Rolle doch deine Augen nicht so – er bedarf ja meiner nicht. Hat er nicht Geschöpfe die Fülle, Einen kann er so leicht missen, und dieser Eine bin nun ich. – Kommt Kameraden!

billiger angemessener, gerechter

Amalia *reißt ihn zurück.* Halt, halt! Einen Stoß! einen Todesstoß! Neu verlassen! Zeuch dein Schwert, und erbarme dich!

Zeuch alte oberdeutsche Form von: Zieh

Räuber Moor Das Erbarmen ist zu den Bären geflohen, – ich töte dich nicht!

Amalia *seine Knie umfassend.* Oh um Gottes willen, um aller Erbarmungen willen! Ich will ja nicht Liebe mehr, weiß ja wohl, dass droben unsere Sterne feindlich voneinander fliehen, – Tod ist meine Bitte nur. – Verlassen, verlassen! Nimm es ganz in seiner entsetzlichen Fülle, verlassen! Ich kann's nicht überdulden. Du siehst ja, das kann kein Weib überdulden. Tod ist meine Bitte nur! Sieh, meine Hand zittert! Ich habe das Herz nicht zu stoßen. Mir bangt vor der blitzenden Schneide – dir ist's ja so leicht, so leicht, bist ja Meister im Morden, zeuch dein Schwert, und ich bin glücklich!

überdulden erdulden

Räuber Moor Willst du allein glücklich sein? Fort, ich töte kein Weib!

Amalia Ha Würger! du kannst nur die Glücklichen töten, die Lebenssatten gehst du vorüber. *Kriecht zu den Räubern.* So erbarmet euch meiner, ihr Schüler des Henkers! – Es ist ein so blutdürstiges Mitleid in euren Blicken, das dem Elenden Trost ist – euer Meister ist ein eitler feigherziger Prahler.

die an den

Räuber Moor Weib, was sagst du?

Die Räuber wenden sich ab.

Amalia Kein Freund? auch unter diesen nicht ein Freund? *Sie steht auf.* Nun denn, so lehre mich Dido sterben!

so lehre mich Dido sterben!
→ Seite 211

Sie will gehen, ein Räuber zielt.

Räuber Moor Halt! Wag es – Moors Geliebte soll nur durch Moor sterben!

Er ermordet sie.

Die Räuber Hauptmann, Hauptmann! Was machst du, bist du wahnsinnig worden?

Räuber Moor *auf den Leichnam mit starrem Blick.* Sie ist getroffen! Dies Zucken noch, und dann wird's vorbei sein – Nun, seht doch! habt ihr noch was zu fordern? Ihr opfertet mir ein Leben auf, ein Leben, das schon nicht mehr euer war, ein Leben voll Abscheulichkeit und Schande – ich hab euch einen Engel geschlachtet. Wie, seht doch recht her! Seid ihr nunmehr zufrieden?

Grimm Du hast deine Schuld mit Wucher bezahlt. Du hast getan, was kein Mann würde für seine Ehre tun. Komm itzt weiter!

mit Wucher mit Zinsen

Räuber Moor Sagst du das? Nicht wahr, das Leben einer Heiligen um das Leben der Schelmen, es ist ungleicher Tausch? – O ich sage euch, wenn jeder unter euch aufs Blutgerüste ging, und sich ein Stück Fleisch nach dem andern mit glühender Zange abzwicken ließ, dass die Marter eilf Sommertäge dauerte, es wiege diese Tränen nicht auf. *Mit bitterem Gelächter.* Die Narben, die böhmischen Wälder! Ja ja! Dies musste freilich bezahlt werden.

Schwarz Sei ruhig, Hauptmann! Komm mit uns, der Anblick ist nicht für dich. Führe uns weiter!

Räuber Moor Halt – noch ein Wort eh wir weitergehn – Merket auf ihr schadenfrohe Schergen meines barbarischen Winks – Ich höre von diesem Nun an auf euer Hauptmann zu sein – Mit Scham und Grauen leg ich hier diesen blutigen Stab nieder worunter zu freveln ihr euch berechtiget wähntet, und mit Werken der Finsternis dies himmlische Licht zu besudeln – Gehet hin zur Rechten und Linken – Wir wollen ewig niemals gemeine Sache machen.

Schergen meines barbarischen Winks wohl: verächtliche Vollstrecker meines unmenschlichen Einfalls

Nun Moment

gemeine gemeinsame

Räuber Ha Mutloser! Wo sind deine hochfliegende Plane? Sind's Seifenblasen gewesen, die beim Hauch eines Weibes zerplatzen?

Räuber Moor O über mich Narren, der ich wähnete die Welt durch Greuel zu verschönern, und die Gesetze durch Gesetzlosigkeit aufrechtzuhalten. Ich nannte es Rache und Recht – Ich maßte mich an, o Vorsicht die Scharten deines Schwerts auszuwetzen und deine Parteilichkeiten gutzumachen – aber – O eitle Kinderei – da steh ich am Rand eines entsetzlichen Lebens, und erfahre nun mit Zähnklappern und Heulen, dass zwei Menschen wie ich den ganzen Bau der sittlichen Welt zu Grund richten würden. Gnade – Gnade dem Knaben, der Dir vorgreifen wollte – Dein eigen allein ist die Rache. Du bedarfst nicht des Menschen Hand. Freilich steht's nun in meiner Macht nicht mehr die Vergangenheit einzuholen – schon bleibt verdorben, was verdorben ist – was ich gestürzt habe steht ewig niemals mehr auf – Aber noch blieb mir etwas übrig, womit ich die beleidigte Gesetze versöhnen, und die misshandelte

o Vorsicht o göttliche Vorsehung

mit Zähnklappern und Heulen → Seite 211

Dein eigen allein ist die Rache. → Seite 211

Ordnung wiederum heilen kann. Sie bedarf eines Opfers – Eines Opfers, das ihre unverletzbare Majestät vor der ganzen Menschheit entfaltet – dieses Opfer bin ich selbst. Ich selbst muss für sie des Todes sterben.

Räuber Nimmt ihm den Degen weg – Er will sich umbringen.

Räuber Moor Toren ihr! Zu ewiger Blindheit verdammt! Meinet ihr wohl gar eine Todsünde werde das Äquivalent gegen Todsünden sein, meinet ihr die Harmonie der Welt werde durch diesen gottlosen Misslaut gewinnen? *Wirft ihnen seine Waffen verächtlich vor die Füße.* Er soll mich lebendig haben. Ich geh, mich selbst in die Hände der Justiz zu überliefern.

Räuber Legt ihn an Ketten! Er ist rasend worden.

Räuber Moor Nicht, als ob ich zweifelte sie werde mich zeitig genug finden, wenn die obere Mächte es so wollen. Aber sie möchte mich im Schlaf überrumpeln, oder auf der Flucht ereilen, oder mit Zwang und Schwert umarmen, und dann wäre mir auch das einige Verdienst entwischt, dass ich mit Willen für sie gestorben bin. Was soll ich gleich einem Diebe ein Leben länger verheimlichen, das mir schon lang im Rat der himmlischen Wächter genommen ist?

Räuber Lasst ihn hinfahren. Es ist die Großmannsucht. Er will sein Leben an eitle Bewunderung setzen.

Räuber Moor Man könnte mich darum bewundern. *Nach einigem Nachsinnen.* Ich erinnere mich einen armen Schelm gesprochen zu haben als ich herüberkam, der im Taglohn arbeitet und eilf lebendige Kinder hat – Man hat tausend Louisdore geboten, wer den großen Räuber lebendig liefert – dem Mann kann geholfen werden.
Er geht ab.

Äquivalent Gegenwert

Todsünden → Seite 211

Harmonie der Welt → Seite 211

möchte könnte

einige einzige

verheimlichen verbergen

im Rat der himmlischen Wächter → Seite 211

sein Leben an eitle Bewunderung setzen sein Leben riskieren, um sich dafür bewundern zu lassen

armen Schelm hier: armen Kerl, armen Schlucker

Louisdore vgl. Seite 32

Zur Textgestalt

Schillers erstes Drama ist in den letzten Jahren seiner Schul- und Studienzeit auf der Militärakademie (Hohen Karlsschule) des württembergischen Herzogs Carl Eugen entstanden. Begonnen hat Schiller das Stück wohl 1777, also mit knapp 18 Jahren. Manches deutet darauf hin, dass er aber erst seit November 1779 kontinuierlich daran arbeitete. Ende 1780 waren »Die Räuber« fertig. Da es den Schülern der Hohen Karlsschule nicht erlaubt war, ohne Genehmigung des Herzogs mit eigenen Schriften an die Öffentlichkeit zu treten, ließ Schiller sein Werk unter dem Titel »Die Räuber. Ein Schauspiel« anonym erscheinen. Es wurde in Stuttgart, wahrscheinlich im März 1781, gedruckt. Noch während der Drucklegung verfasste Schiller eine neue Vorrede. Die Druckkosten bestritt er selbst. Die hierfür aufgenommenen Schulden drückten ihn noch lange Jahre.

Ein Exemplar des Stückes schickte Schiller an den Mannheimer Verleger Christian Friedrich Schwan. Dem erschien das Werk zwar zu unkonventionell und zu wild in seiner Anprangerung gesellschaftlicher Missstände, als dass er es hätte in Verlag nehmen wollen. Aber er schätzte es als aufregend und bühnenwirksam ein und machte daher den Leiter des 1777 in Mannheim errichteten ›Nationaltheaters‹, Wolfgang Heribert Freiherr von Dalberg, und einige weitere Theaterleute darauf aufmerksam. Auch dort fand das Stück Anklang. Es wurde beschlossen, es in Mannheim aufzuführen, allerdings nur in einer überarbeiteten und inhaltlich abgemilderten Fassung. Schiller erklärte sich zu diesem Kompromiss bereit und legte im Oktober eine neue Fassung unter einem veränderten – später wieder verworfenen – Titel vor: »Hier erscheint der ›Verlorne Sohn‹, oder die umgeschmolzenen Räuber.« Dalberg war aber immer noch nicht zufrieden und verlangte nun, dass die Handlung ins 16. Jahrhundert verlegt und aus den Räubern Raubritter werden sollten. Schiller wehrte sich unter Hinweis auf die Modernität seiner Figuren gegen eine solche tiefgreifende Veränderung, musste aber schließlich hinnehmen, dass Dalberg und seine Mitarbeiter den Text für die Uraufführung – die am 13. Januar 1782 in Anwesenheit Schillers stattfand und ein großer Erfolg wurde – nach ihren Vorstellungen einrichteten. Diese Bühnenfassung wurde die Grundlage der bei Schwan erscheinenden Ausgabe des Stückes, die Schiller, nachdem er manches wieder in seinem Sinne geändert hatte, Anfang Februar nach Mannheim schickte und die Mitte April herauskam. Der Titel lautete nun: »Die Räuber. Ein Trauerspiel von Friedrich Schiller. Neue für die Mannheimer Bühne verbesserte Auflage«.

Textgrundlage der vorliegenden Ausgabe ist die 1871 anonym erschienene Erstausgabe des Stückes (die ›Schauspielfassung‹). Sie gilt allgemein als die Fassung, die Schillers Absichten am besten entspricht. Auch Schiller selbst hat sich verschiedentlich in diesem Sinne geäußert.

Die Rechtschreibung ist in der vorliegenden Ausgabe an den heutigen Stand angepasst. Zeichensetzung und Lautstand blieben jedoch unangetastet, wie es mittlerweile bei Neuausgaben älterer Werke üblich ist. So sind beispielsweise folgende Formen unverändert aus dem Originaltext übernommen: »dörfen« (»dörft«), »schröcklich« (»schröckt«, »wegzuschröcken«), »Gebürge« (»Heimatgebürgen«), »Hülfe« (»hülflosen«), »Küssen« (neben der ebenfalls vorkommenden Form »Kissen«), »kützelt«, »eilf Sommertäge« (statt: »elf«), »Plane« (statt: »Pläne«), »gescheuter«, »Reuter«, »stickt« (statt: »steckt«), »schwurst« (»schwurest«, »beschwur«), »hubst«, »ruftest«, »sturben«, »stunden«, »bankrutt« (neben: »bankerott«), »fürnehm«, »Sündflut«, »unmächtig« (»Unmacht«), »Rube« (statt: »Rübe«), »lucker« (statt: »locker«), »begonn« (statt: »begann«), »Hollunken« (statt: »Halunken«), »Ahndung« (»Schreckenahndung«, »ahndete«), »Bauren« (statt: »Bauern«), »Mauren« (statt: »Mauern«), »Trauren« (»traurenden«), »bedauren«, »lauren« (»laurenden«), »Müttergen« (statt: »Mütterchen«), »Brüdergen«, »Mädgen« (neben, vereinzelt: »Mädchen«), »Märgen« (»Weihnachtsmärgen«), »Häusgen«, »Fläschgen«, »Pülvergen«, »Zettelgen«, »Titelgen«, »Tiergen«, »bissgen«, »zakichte«, »runzlichte«, »buschichtes«, »blattrichten« (also: »blattrigen«, »von Blattern entstellten«), »eitrichten«, »sandigte«, »grasigte«, »staubigte«, »Gezeller« (»zettert«, »Zettergeschrei«, »Kriegsgezetter«), »Budel« (statt: »Pudel«), »eckelt« (statt: »ekelt«), »Lacken« und »Bettlacken« (statt: »Laken«), »Mäckler« (statt: »Makler«), »Käficht«, »Pulverturn« (neben: »Pulverturm«), »Teutschland«, »dardurch«, »darzu«, »hieher« (»hiehergelockt«), »fodern« (neben: »fordern«), »Vorschmack«, »willt« (statt: »willst«), »geradeswegs« (neben: »geradenwegs«), »verwundernd« oder »sechszig« und »sechszehente«.

Da man nicht immer weiß, wie sich die Schreibung auf die damalige Aussprache der Wörter ausgewirkt hat (Reimwörter bieten da – allerdings auch nicht immer zuverlässige – Anhaltspunkte), lässt es sich nicht in allen Fällen zweifelsfrei entscheiden, wo die ursprüngliche Schreibung bewahrt werden sollte und wo nicht. Ein Beispiel ist das aus dem Französischen stammende Wort »Revanche«, das Schiller »Revange« schreibt. In der Annahme, dass es dennoch als Fremdwort ausgesprochen worden ist, steht im Text dieser Ausgabe »Revanche« (vgl. S. 28, Z. 17). Unproblematisch sind Fälle wie »Tyger« (»Tiger«), »Tyber« (»Tiber«), »Schedel« (»Schädel«) oder »gebehrdete« (»gebärdete«). Zweifelhaft hingegen sind folgende Beispiele: »Brod« (»Brot«), »Schwerder« (»Schwerter«), »Lunden« (»Lunten«), »Ernde« (»Ernte«), »Borden« (»Borten«) oder »gescheide« (»gescheite«); ebenso »weiser« (»weißer«). Hier wie in den Zusammensetzungen »Todenstille«, »Todenreich«, »todenbleich«, »Todengeripp«, »Todenlied« und so fort ist in dieser Ausgabe die heutige Rechtschreibung angewendet.

Die Schreibung der Namen »Herrmann« und »Moriz« (Spiegelberg) wurde – in Übereinstimmung mit den meisten neueren Ausgaben – in die heute vertrauteren Formen »Hermann« und »Moritz« verändert.

Schillers Zeichensetzung entspricht zu einem Teil den – allerdings damals noch nicht sehr verbindlichen – Konventionen des späten 18. Jahrhunderts und bringt zu einem anderen Teil auf individuelle Weise zum Ausdruck, wo der Fluss der Rede strömen und wo er stocken soll; ferner, wie sich der Autor die Intonation der jeweiligen Passage vorstellt (wenn beispielsweise am Ende eines Fragesatzes kein Fragezeichen, sondern ein Punkt steht). Daher ist es wichtig, bei literarischen Werken jener Zeit die originale Zeichensetzung beizubehalten, auch wenn diese dem heutigen Leser manchmal etwas Mühe bereitet und zudem durchaus nicht überall aussagekräftig, sondern – wie damals allgemein üblich – vielfach schlicht unsystematisch und nachlässig gehandhabt ist.

Besondere Betonungen einzelner Wörter oder Wendungen hat Schiller durch gesperrte Schrift oder durch Großschreibung (vgl. etwa S. 39, Z. 20: »Einem«, S. 83, Z. 7: »Ich«, oder S. 116, Z. 14: »Mich«) angezeigt. Manchmal hat er auch beide Mittel kombiniert (vgl. etwa S. 28, Z. 32: »Nein«, S. 54, Z. 13: »Ihn und Ihn«, S. 101, Z. 12: »Eine«, S. 157, Z. 2: »Ein«, oder S. 170, Z. 12: »Er«). All diese Hervorhebungen sind originalgetreu in die vorliegende Ausgabe übernommen worden.

Erläuterungen

S. 4 Hippocrates Der griechische Arzt Hippokrates (460–370 v. Chr.) war der Begründer einer systematischen Heilkunde.

Quae … sanat. Aus den Aphorismen des Hippokrates: Was Heilmittel nicht heilen, heilt das *Eisen*; was das Eisen nicht heilt, heilt das *Feuer*.

S. 5 Amalia von Edelreich Das Personenverzeichnis der zweiten Auflage enthält den Zusatz: »Nichte des Grafen«.

Libertiner (frz.) ›libertin‹: ›Freigeist‹, ›Freidenker‹; aber auch: amoralisch handelnder, (sexuell) zügelloser Mensch

Bastard »Ein außer der Ehe erzeugtes Kind, dessen Vater aber bekannt ist, ein natürliches Kind« (Johann Christoph Adelung [1732 bis 1806]: »Grammatisch-kritisches Wörterbuch der Hochdeutschen Mundart«, 1774–1786; zweite Ausgabe: 1793–1801)

Pastor Moser Diese Figur ist eine Hommage (Huldigung) an den Pastor Ulrich Moser (1720–1792), der Schiller 1765 und 1766 in Lorch Religionsunterricht sowie Unterricht im Griechischen und Lateinischen erteilt und als Persönlichkeit stark auf den Jungen gewirkt hat.

Teutschland Deutschland. Schillers Hauptquelle für sein Schauspiel war der etwa sechs Druckseiten lange Text »Zur Geschichte des menschlichen Herzens« von Christian Friedrich Daniel Schubert (1739–1791), einem schwäbischen Journalisten, Dichter und Musiker, der die Zustände in Württemberg in verschiedenen Schriften scharf kritisiert und von Herzog Carl Eugen (1728–1793) dafür – ohne Anklage, Prozess und Urteil – ab 1777 zehn Jahre lang auf der Festung Hohenasperg bei Ludwigsburg gefangen gehalten wurde, wo ihn Schiller im November 1781 besuchte. Schubart hatte seine Erzählung mit dem Hinweis versehen, sie könne von einem Genie wohl für die Theaterbühne bearbeitet werden, solle dann aber nach Möglichkeit »auf teutschem Grund und Boden« spielen.

die Zeit ohngefähr zwei Jahre Das Stück spielt während der ersten Jahre des Siebenjährigen Krieges (1756–1763). Die Handlung beginnt im Mai 1756 (vgl. I, 1, S. 14, Z. 18, und I, 2, S. 31, Z. 31 f.); in II, 1 und II, 2 wird die Schlacht bei Prag am 6. Mai 1757 erwähnt (vgl. S. 55 und 60 f.); das Stück endet etwa ein Vierteljahr später.

S. 7 die Seele gleichsam bei ihren geheimsten Operationen zu ertappen Den Ausdruck »Operationen der Seele« fand Schiller in dem Buch »Grundsätze der Moralphilosophie« (»Uebersetzt und mit einigen Anmerkungen versehen von Christian Garve«, Leipzig 1772, S. 72) des schottischen Historikers Adam Ferguson (1723 bis 1816), der oft als einer der Gründerväter der Soziologie angesehen wird.

drei außerordentliche Menschen Welchen dritten »außerordentliche[n] Menschen«– neben Karl und Franz von Moor – Schiller hier meint, darüber herrscht in der Forschung Uneinigkeit. Manche Interpreten plädieren für Spiegelberg, andere für Amalia.

vielleicht tausend Räderchen Mit dieser Metapher gibt Schiller zu verstehen, dass das innere Leben des Menschen auf einer Vielzahl komplizierter Wechselwirkungen beruhe. Er bezieht sich mit dieser Vorstellung auf eine materialistische Strömung innerhalb des aufklärerischen Denkens, die wesentlich von dem französischen Arzt und Philosophen Julien Offray de La Mettrie (1709–1751) geprägt worden war, den Friedrich II. von Preußen als Leibarzt und Vorleser an seinen Hof berufen hatte. Das Hauptwerk dieses Aufklärers trägt den Titel »L'Homme Machine« (1748).

Aristoteles Die »Poetik« des griechischen Philosophen Aristoteles (384–322 v. Chr.) – des Lehrers und Erziehers Alexander des Großen – galt bis in Schillers Epoche hinein als maßgebliches Gesetzbuch der dramatischen Kunst. Besonders einflussreich wurde die Lehre von den drei Einheiten – der Handlung, des Ortes und der Zeit – in der Tragödie, auch wenn diese in der »Poetik« gar nicht so ausdrücklich und streng gefordert werden, wie sie unter Berufung auf Aristoteles dann viele Jahrhunderte lang gehandhabt wurden.

Batteux Der französische Theologe und Philosoph Charles Batteux (1713–1780) forderte in seinen Schriften zur Literatur die strenge Einhaltung der drei Einheiten im Drama.

idealische Affektationen unnatürliche, die Wirklichkeit übersteigende und nur eingebildete Gefühlsregungen und Ziererereien

Kompendienmenschen Menschen, wie sie nicht im wirklichen Leben, sondern nur in Lehrbüchern und Leitfäden, eben in Kompendien, vorkommen

S. 8 ein Brutus oder ein Catilina der um 500 v. Chr. lebende erste Konsul Roms, Lucius Junius Brutus, ein unerbittlich rechtlich denkender und handelnder Mann, sowie der römische Politiker Lucius Sergius Catilina (um 108 bis 62 v. Chr.), der im Jahre 63 eine Verschwörung gegen den römischen Senat anzettelte, von Cicero öffentlich angeklagt wurde, mit seinen Anhängern floh und im Jahre 62 in der Schlacht bei Pistoria ums Leben kam

S. 9 Don Quixote … nur allein Ritter geißelt Don Quijote, die Titelfigur des berühmten (in zwei Teilen, 1605 und 1615, veröffentlichten) Romans des spanischen Schriftstellers Miguel de Cervantes (1547–1616), ist eine komische Figur, ein Phantast, der aufgrund seiner exzessiven Lektüre von Ritterromanen der Realität nicht mehr gewachsen ist und, indem er den von ihm bewunderten Romanhelden nacheifert, nur Unheil anrichtet.

Genie schöpferischer, das Althergebrachte verwerfender und eigene Regeln und Maßstäbe setzender Mensch; das ›Originalgenie‹ ist eine Leitvorstellung der Dichter des sogenannten Sturm und Drang (ca. 1770–1780); ›Genie‹ ist hier aber allgemeiner im Sinne von ›moderner Geist‹, ›fortschrittlicher Mensch‹ gemeint.

Satyr Gestalt der griechischen Mythologie: gehörnter, bocksbeiniger Waldgott, der die Menschen durch sein plötzliches Auftauchen zu erschrecken liebt; in übertragener Bedeutung: Um sich als moderner Geist zu beweisen, muss man provozieren und sich insbesondere über die Rückständigkeit des traditionellen Glaubens und die Unglaubwürdigkeit der Bibel lustig machen.

Klopstocks Adramelech Teufelsgestalt in Friedrich Gottlieb Klopstocks (1724–1803) Versepos »Der Messias« (1748–1773); im zweiten Gesang tritt er als Gegenspieler Satans in Erscheinung, den er im Bösen noch zu übertreffen versucht.

Miltons Satan Zentralgestalt in dem Versepos »Paradise Lost« (1667) des englischen Dichters John Milton (1608–1674), das 1732 von dem Schweizer Literaturhistoriker Johann Jakob Bodmer (1698 bis 1783) ins Deutsche übersetzt worden war

S. 10 das unwegsame Chaos Das Chaos ist in der griechischen Mythologie der Urzustand der Welt.

Die Medea der alten Dramatiker Überliefert sind Medea-Dramen des griechischen Tragödiendichters Euripides (ca. 480 bis ca. 406 v. Chr.) und des römischen Schriftstellers Seneca (ca. 4 v. bis 65 n. Chr.). Die Königin und Zauberin Medea gehört in den griechischen Sagenkreis der Argonauten. Als sie von Jason, ihrem Mann, verlassen wird, tötet sie aus Rache die zwei gemeinsamen Kinder.

Shakespeares Richard Titelfigur aus William Shakespeares (1564 bis 1616) Historiendrama »The Tragedy of King Richard the Third« (erschienen 1597, uraufgeführt 1633). Richard, ein missgebildeter, äußerlich abstoßender Mensch, kompensiert das ihm von der Natur aufgezwungene Schicksal eines Außenseiters durch skrupellosen Machthunger. Die Figur diente Schiller in mancher Hinsicht als Vorbild für den Franz von Moor.

S. 11 Abdera … erschöpfen Schiller spielt hier auf Christoph Martin Wielands (1733–1813) satirischen Roman »Die Abderiten. Eine sehr wahrscheinliche Geschichte von Herrn Hofrath Wieland« an, der zwischen 1774 und 1780 in Wielands eigener Zeitschrift »Der Teutsche Merkur« in Fortsetzungen erschienen war. Das erste Buch des Romans (»Demokritus unter den Abderiten«) handelt von den sich immer wiederholenden (daher »das ewige Dacapo«, von dem Schiller spricht) Auseinandersetzungen zwischen dem weitgereisten und welterfahrenen Demokrit und den Bürgern seiner Heimatstadt Abdera, deren enger Horizont und allgemeine Unwissenheit sie nicht daran hindert, sich selbst für besonders schlau zu halten. Im zweiten Buch (»Hippokrates in Abdera«) rufen die Abderiten den berühmten Arzt Hippokrates in ihre Stadt, damit er Demokrit für verrückt erklärt. Der Schuss geht jedoch noch hinten los: Hippokrates bildet sich mühelos ein Urteil über die wahren Verhältnisse, sagt den Abderiten auf den Kopf zu, dass sie selbst die Kranken seien, und verordnet jedem Einwohner der Stadt große Mengen der Heilpflanze Nieswurz (Hellebarnus).

wenn Sonne und Mond sich wandeln vgl. Joel 3, 4: »Die Sonne soll in Finsternis und der Mond in Blut verwandelt werden, ehe denn der große und schreckliche Tag des HERRN kommt.«

Himmel und Erde veralten wie ein Kleid nach Psalm 102, 27: »Sie werden vergehen, aber du bleibest. Sie werden alle veralten wie ein Gewand, sie werden verwandelt wie ein Kleid, wenn du sie verwandeln wirst.«

Käfer Gemeint ist der Mistkäfer, der gezielt eingesetzt wurde, um Perlen zu gewinnen: Er legte das Muschelfleisch frei, das die Perle einschließt.

stört »stören«: »auf ungebührliche oder unordentliche Art in etwas herum fahren. Alles [...] unordentlich herum werfen, um etwas darin zu suchen. [...] In alten Schriften stören, verächtlich für suchen. In ein Wespennest stören« (Adelung).

Ostermesse große Leipziger Buchmesse, die jeweils am dritten Sonntag nach Ostern (Jubilate) stattfand; zur Ostermesse oder zur Michaelismesse (Michaelis ist der Namenstag des Erzengels Michael am 29. September) brachten die Verleger ihre wichtigeren Neuerscheinungen auf den Markt.

S. 14 Die Sünden ... Glied vgl. 2. Mose, 20, 5: »Denn ich bin der Herr, dein Gott, bin ein eifriger Gott, der da heimsucht der Väter Missetat an den Kindern bis in das dritte und vierte Glied [...].«

S. 15 Dukaten Dukaten waren ursprünglich venezianische Goldmünzen, die seit Mitte des 16. Jahrhunderts auch in Deutschland (bis 1871) als offizielle Währung in Gebrauch waren.

S. 16 Geschichte des bußfertigen Tobias Das Buch Tobias gehört zu den Apokryphen, zu den nicht in den Kanon der biblischen Texte aufgenommenen Schriften: Tobias erblindet, erträgt sein Schicksal aber – ähnlich wie Hiob – geduldig, vertraut weiter auf Gott und tut Buße; zuletzt kann er wieder sehen.

Phryne Phryne hieß eine im Athen des vierten vorchristlichen Jahrhunderts lebende Hetäre (gebildete, in hohem Ansehen stehende Prostituierte), die mit dem Bildhauer Praxiteles befreundet war. In einem Prozess wegen Erregung öffentlichen Ärgernisses soll sie freigesprochen worden sein, nachdem ihr Verteidiger vor den Richtern ihre Brüste entblößt hatte, um ihre Schönheit zu demonstrieren.

S. 17 Cartouches und Howards Cartouche war der Spitzname des französischen Räubers Louis Dominique Bourgignon (1693–1721), des wohl berühmtesten Banditen seiner Zeit, dessen Leben oft beschrieben worden ist und als Vorlage für viele Räubergeschichten diente. – Zachary Howard ist der Name eines englischen Straßenräubers, der 1651 mit 32 Jahren am Galgen geendet haben soll. Ob er wirklich existiert hat, ist zweifelhaft.

auf dem Leipziger Marktplatz im Porträt gesehen haben Steckbriefe von Verbrechern wurden am Pranger, der sich meistens auf dem Marktplatz befand, oder am Galgen öffentlich ausgehängt.

Und auch du mein Franz auch du? Anspielung auf die – möglicherweise nicht authentischen – letzten Worte Julius Cäsars, als er Brutus unter seinen Mördern sah (»Et tu, Brute«).

Grenzsteinen die Steine, die den Grundbesitz markieren

Universalkopfs ein Mensch mit einem alle Grenzen sprengenden, überragenden Horizont und Intellekt; ähnlich wie ›Originalgenie‹ ein Modeausdruck der jungen Generation der Stürmer und Dränger um 1775

dass er nicht ist wie dieser vgl. Lukas 11, 18: »Der Pharisäer stund und betet bei sich selbst also: Ich danke dir Gott, dass ich nicht bin wie die andern Leute [...].«

S. 19 ärgert … aus vgl. Matthäus 5, 29: »ärgert dich aber dein rechtes Aug, so reiß es aus und wirfs von dir. Es ist besser, dass eins deiner Glieder verderbe und nicht der ganze Leib in die Hölle geworfen werde.«

Der Herr hat's ihm geheißen! vgl. 2. Samuel 16, 11: »[…] Siehe, mein Sohn, der von meinem Leibe gekommen ist, trachtet mir nach meinem Leben; warum nicht auch jetzt der Benjaminiter? Lasst ihn ruhig fluchen, denn der HERR hat's ihn geheißen.«

S. 21 Tröste dich Alter vgl. den Monolog Richards in der ersten Szene von Shakespeares »The Tragedy of King Richard the Third«

S. 23 Wer nichts … alles fürchtet. Vgl. Odoardo Galottis Monolog in der Szene V, 4 von Gotthold Ephraim Lessings Trauerspiel »Emilia Galotti« (1772): »Wer kein Gesetz achtet, ist ebenso mächtig, als wer kein Gesetz hat.«

S. 25 Plutarch Die Doppelbiographien, in denen der griechische Geschichtsschreiber Plutarch (46–125 n. Chr.) jeweils das Leben zweier bedeutender Persönlichkeiten beschrieb und beide miteinander verglich (22 solcher Doppelbiographien sind überliefert), waren während der Schulzeit auf der Militärakademie zeitweise Schillers Lieblingslektüre.

Josephus Flavius Josephus (ca. 37 bis ca. 100 n. Chr.) war ein römisch-jüdischer Historiker, dessen Nachruhm sich vor allem auf seine »Geschichte des jüdischen Krieges« (75–79) gründete

Prometheus Gestalt der antiken griechischen Mythologie aus dem Geschlecht der Titanen; ein Freund der Menschen und ein Rebell gegen die Götter. Diesen stiehlt er das Feuer und bringt es den Menschen. Zur Strafe wird er vom Göttervater Zeus an einen Felsen geschmiedet, wo ihm ein Adler immer wieder die (sich zwischendurch regenerierende) Leber aus dem Leib hackt. Im Sturm und Drang wurde Prometheus zur Symbolfigur des Dichtergenies und des künstlerischen Freiheitsdrangs. Diese Auffassung findet in Goethes Hymne in freien Rhythmen »Prometheus« (1773) ihren stärksten Ausdruck.

Bärlappenmehl Aus der moosähnlichen Farnpflanze Bärlapp (Lycopodium) wurde ein Pulver gewonnen, mit dessen Hilfe Theaterblitze und kaltes Feuer erzeugt werden konnten. Schiller kannte diesen Effekt von Opernaufführungen im Ludwigsburger Schlosstheater.

Abbé (frz.) Weltgeistlicher (katholischer Geistlicher in weltlicher beruflicher Position) in Frankreich

Salmiakgeist Klares Destillat aus Salmiak und Alkohol. Der Salmiak ist »ein flüchtiges Mittelsalz, welches aus der Säure des gemeinen Kochsalzes und einem flüchtigen Alkali bestehet, und einen dem Kochsalze ähnlichen, aber doch schärfern und urinösen Geschmack hat. Der natürliche kommt aus dem Lande der Kalmucken, wo er an den Felsen ausschlagen soll. Der künstliche wird in Ägypten aus dem Ruße des verbrannten Thiermistes bereitet. Der Nahme ist aus dem Latein. Sal Ammoniacus zusammen gezogen. [...] in Europa [gewinnt man ihn] durch chymische Prozesse aus allen möglichen Arten thierischer Abgänge, als Hörnern, Klauen, Knochen, Mist, Urin, u. dgl.« (Adelung)

Kollegium (lat.) Universitätsvorlesung (vgl. auch Seite 188 f.)

fischen Phrases fischen einzelne isolierte Sätze aus der berühmten Beschreibung der Schlacht von Cannae durch den römischen Historiker Titus Livius (ca. 59 v. bis 17 n. Chr.) heraus, ohne sie zu verstehen

Schlacht bei Cannä 216 v. Chr. erzielte der karthagische Feldherr Hannibal (246–183 v. Chr.) im Zweiten Punischen Krieg (218–201 v. Chr.) in der Schlacht bei Cannae (Süditalien) einen wichtigen Sieg über die Römer.

Siege des Scipio Der römische Staatsmann und Feldherr Scipio Africanus maior (235–183 v. Chr.) schlug Hannibals Truppen im Jahre 202 v. Chr.

alexandrinisch geflennt Spiegelberg macht sich über Moors pathetische Rede lustig. Der Alexandriner, ein sechshebiger ungereimter Jambus mit Zäsur nach dem dritten Versfuß, ist der Vers der klassischen französischen Tragödie (Pierre Corneille und Jean Racine). Er wurde von seinen Kritikern (wie die klassische französische Tragödie als Ganzes) als hochtrabend, steif und ungeeignet, natürliche Gefühle auszudrücken, empfunden.

S. 26 **französischen Tragödienschreiber ... zu werden** Fortsetzung der Polemik gegen die klassische französische Tragödie, ihre angeblich hohltönende Verssprache (»auf Stelzen geschraubt«) und unlebendigen Figuren (»mit Drahtfäden gezogen«; der Bühnenautor als Marionettenspieler und ›Maschinist‹)

Ihro »das Possessivum ihr, nach der alten Oberdeutschen Form, wo es in allen Endungen, Zahlen und Geschlechtern unverändert ihro hat [...] und noch [...] in dem Hof-[...]Style gebraucht wird. 1. Als ein Conjunctivum, wo es vor den Abstractis Majestät, Hoheit, Durchlaucht, Excellenz u. s. f. gesetzt wird, und eigentlich nur alsdann stehen sollte, wenn es sich auf eine Person weiblichen Geschlechtes beziehet. Ihro Kaiserliche Majestät, von einer Kaiserinn. Ihro Königliche Hoheit, von einer Prinzessin. [...] Ihro Gnaden gehorsamer Diener. Allein im Oberdeutschen und vielen nach dem Oberdeutschen gemodelten Hochdeutschen Kanzelleyen gebraucht man es auch von männlichen Personen, und zwar nicht nur, wenn man von ihnen in der dritten Person spricht, sondern auch, wenn man sie unmittelbar anredet.« (Adelung)

Unterbett »dasjenige große Stück Bett, welches unter dem Körper lieget; zum Unterschiede von dem Deck- oder Oberbette« (Adelung)

Sadduzäer konservativ-liberale Gruppierung innerhalb des Judentums zur Zeit Jesu

S. 27 **Schnürbrust** Korsett; neben Perücke und Zopf ein Symbol für Absolutismus, Unfreiheit und gesellschaftliche Rückständigkeit

der Geist Hermanns ›Hermann der Cherusker‹ (eigentlich Arminius, Fürst der Cherusker, ca. 17. v. bis ca. 21 n. Chr.), der im Jahre 9. n. Chr. in der sogenannten Varusschlacht (benannt nach dem römischen Statthalter und Feldherrn Publius Quinctilius Varus) dem römischen Weltreich im Teutoburger Wald eine seiner empfindlichsten Niederlagen zufügte; vor und um 1800 wurde Hermann als ›deutscher Nationalheld‹ eine wichtige Identifikationsfigur (auch gegenüber der kulturellen und politischen Vormacht Frankreich, dem ›neuen Rom‹) und Held zahlreicher Dichtungen.

eine Republik Adelung definiert die Republik »[i]m weitesten Verstande« als »eine jede bürgerliche, aus mehrern häuslichen Gesellschaften zur Erhaltung äußerer Sicherheit zusammengesetzte Gesellschaft, welche auch ein Staat genannt wird«, und im engeren Sinne als »eine solche bürgerliche Gesellschaft, in welcher die höchste Gewalt mehrern anvertrauet ist«.

Vorhaut Moor spielt darauf an, dass Spiegelberg beschnitten ist. Ob Schiller damit zu verstehen geben wollte, dass Spiegelberg ein Jude sei, ist in der Forschung umstritten.

Barbier Barbier ist hier ein anderes Wort für Bader, der zu Schillers Zeit nicht nur Inhaber einer Badestube, Bartscherer sowie Friseur, sondern zumeist auch Wundarzt oder / und Chirurg war.

zitieren nach Palästina, was kein Schweinefleisch isst rufen alle Juden auf, nach Palästina zu kommen

Herodes der Vierfürst Mehrere Könige von Judäa trugen den Namen Herodes. Vierfürst ist die deutsche Übersetzung von ›Tetrarch‹: ›Herrscher über den vierten Teil eines Landes‹.

S. 28 Kollegio Dativ von lat. ›collegium‹. Das Collegium ist »eine jede Versammlung oder Gesellschaft gleicher Personen, diese Personen selbst als ein Ganzes betrachtet, und der Ort, wo sich dieselben versammeln. [...] Das Cabinetts-Collegium, Kammer-Collegium, Justiz-Collegium u. s. f. an den Höfen [...]. Das Schul-Collegium, das Kirchen-Collegium, die sämmtlichen an einer Schule oder Kirche befindlichen Lehrer, Geistlichen und Aufseher. Das Raths-Collegium u. s. f. Auf Universitäten ist Collegium, nicht nur die Zusammenkunft der Studirenden, den Unterricht eines Lehrers zu hören, sondern auch [das] Gebäude, worin die lehrenden und lernenden wohnen, und worin Unterricht in den Künsten und Wissenschaften ertheilet wird. [...] Ja der Vortrag des Lehrers selbst bekommt sehr oft diesen Nahmen. Daher, ein Collegium lesen, nachschreiben, u. s. f.« (Adelung)

Schießen zu Hornberg Die Redewendung »Es geht aus wie beim Hornberger Schießen« steht für eine ergebnislose Unternehmung und geht angeblich auf ein Wettschießen der Hornberger zurück, das abgesagt werden musste, weil sie das Pulver vergessen hatten. Hornberg ist ein Städtchen im Schwarzwald.

S. 29 Batzen »Eine Oberdeutsche Münzsorte, welche meisten Theils vier Kreuzer oder sechzehn Pfennige gilt. Figürlich, im gemeinen Leben auch so viel, als Geld. Er hat Batzen.« (Adelung)

Leichenpomp schwäbischer Ausdruck für ein prunkvolles Leichenbegängnis (vgl. frz. ›pompe‹: ›feierlicher Aufzug‹)

Carmina Plural von lat. ›carmen‹: ›Lied‹; Trauergedichte und Trauergesänge

Raufdegen »ein großer langer Degen mit einem großen Stichblatte, sich damit zu raufen, d. i. im Ernste zu fechten; ein Raufer, Schläger« (Adelung)

S. 30 vermaledeite verfluchte; umgangssprachliche Verstümmelung des lateinischen ›maledicere‹: ›lästern, schmähen, beleidigen‹

S. 31 Dein Pfund vergraben? vgl. das biblische Gleichnis »Von den anvertrauten Pfunden« (Lukas 19, 11–27)

die Östreicher … gejagt Anspielung auf den Siebenjährigen Krieg (1756–1763) zwischen Preußen und Österreich, in dem Friedrich II. das zu Österreich gehörende Schlesien eroberte; wichtige Siege über das Habsburgerreich errang Preußen in den Schlachten bei Leuthen (1757) und Liegnitz (1760).

S. 32 Kropfpulver Mittel gegen die Vergrößerung der Schilddrüse, die zur Ausbildung eines Kropfes am Hals führt

die Sullys Maximilian de Béthume, Herzog von Sully (1559–1641), war 1597 bis 1611 Finanzminister von Heinrich IV. von Frankreich.

Schandsäulen Die Schandsäule ist »[e]in Pfahl, an welchem die Verbrecher zur öffentlichen Beschimpfung ausgestellet werden; der Pranger, das Halsreifen, die Schandsäule.« (Adelung)

S. 33 Sankt-Veits-Tanz volkstümliche Bezeichnung für eine Nervenkrankheit, die sich in unkontrollierbarem Gliederzucken äußert; die Erkrankten riefen den heiligen Veit um Hilfe an.

S. 34 bis deine Haare … werden vgl. Daniel 4, 30: »Und er ward von den Leuten verstoßen, und er aß Gras wie Ochsen und sein Leib lag unter dem Tau des Himmels und ward nass bis sein Haar wuchs so groß wie Adlers Federn und seine Nägel wie Vogelklauen wurden.«

S. 35 lichten »Jemanden an den lichten Galgen henken, in den niedrigen Sprecharten, an den öffentlichen Galgen, der von jedermann gesehen wird.« (Adelung)

böhmischen Wäldern Böhmen ist eine Region im östlichen Mitteleuropa unterhalb von Sachsen und Schlesien und oberhalb von Bayern und Österreich. Das Königreich Böhmen war lange Bestandteil des Heiligen Römischen Reiches Deutscher Nation. Heute gehört Böhmen zum Staatsgebiet der Tschechischen Republik.

zum Kalbsfell schwören Der Diensteid wurde auf der Trommel abgelegt, die mit Kalbfell bespannt war.

milzsüchtigen Laune hypochondrischen Gemütsverfassung; in der Klostermedizin des Mittelalters galt die Milz als Sitz der Schwarzen Galle, die nach der Medizin der Antike (Galen) Melancholie auslöste.

Korporal niedrigster Dienstgrad eines Unteroffiziers

bei klingendem Spiel nach dem Takt der Trommel spazieren gehen zu den Klängen des (militärischen) Spielmannszugs marschieren bzw. exerzieren

S. 36 im Galliotenparadies … hinterherschleifen im Paradies eines Galeerensklaven: Paradies ist hier eine ironische Bezeichnung für das Bagno, das Zuchthaus, in dem die Gefangenen an eine massive Kette – mit einer schweren Eisenkugel an deren Ende – geschmiedet waren (»das ganze Eisenmagazin Vulkans [des Schmiedegottes in der römischen Mythologie] hinterherschleifen«).

Taschenbuch »ein kleines Buch, welches man bequem in der Tasche bey sich tragen kann« (Adelung); Taschenbücher (mit festen

Umschlägen) kamen damals neu auf und fanden viel Anklang; entsprechend groß war die Nachfrage nach Autoren, die diese Taschenbücher mit unterhaltsamen Inhalten füllten.

Almanach ursprünglich ein Kalender, zu Schillers Zeit aber bereits ein jährlich erscheinendes Buch mit vermischten Beiträgen, in welchem »die voran gehenden Kalender-Nachrichten nur zur Empfehlung dienen. Ein Musen-Almanach, Theater-Almanach, Kriegs-Almanach [...]« (Adelung).

Pietist Die Pietisten bildeten eine Glaubensgemeinschaft innerhalb des Protestantismus, die ein stark verinnerlichtes, von ständiger Gewissensprüfung geprägtes Christentum praktizierte. Besonders in Schillers Heimat Württemberg fand der Pietismus viele Anhänger.

ließen unser Buch durch den Schinder verbrennen Schriften, die von der Zensur als gefährlich für Religion, Sitte oder Obrigkeit eingestuft wurden, wurden öffentlich verbrannt. ›Schinder‹ ist eine andere, etwas verächtlich gemeinte Bezeichnung für ›Abdecker‹. Der Abdecker war für die Beseitigung toter Tiere zuständig. – Schillers Jugendfreund Friedrich Scharffenberg (1758–1817) berichtete, Schiller habe während der Entstehung der »Räuber« über sein Erstlingsdrama gesagt, er wolle »ein Buch machen, das aber durch den Schinder absolut verbrannt werden muss« (»Erinnerungen aus akademischen und Jugendjahren, vorzüglich in Bezug auf Schiller«. In: »Morgenblatt für gebildete Stände«. Cotta Verlag, Tübingen. Ausgabe vom 8. März 1837).

Quecksilber Die Syphilis, die im Volksmund auch als Franzosen-Krankheit bezeichnet wurde (vgl. Z. 17), wurde im 18. Jahrhundert mit Quecksilberinjektionen behandelt.

S. 37 Kostgänger »eine Person, welche bey einer andern die Kost, d. i. den Unterhalt, gegen die Bezahlung genießet. Kostgänger haben oder halten« (Adelung).

teure Zeit vgl. Matthäus 24,7: »Denn es wird sich empören ein Volk über das andere [...] und werden sein Pestilenz und teure Zeit und Erdbeben hin und wieder.«

Und endlich … schweben zuletzt am Galgen aufgehängt werden; ›trutz‹ ist eine Nebenform von ›trotz‹.

Engel mit Schwänzen ironisch für Teufel, die sich dem Aberglauben zufolge am Galgen einfinden, um sich die Seelen der Verdammten zu sichern

S. 38 Schindanger ›Anger‹ bedeutet: mit Gras bewachsener Platz. Auf dem Schindanger häutete der Abdecker (Schinder) das tote Vieh (vgl. S. 191). Später wurden hier auch die hingerichteten Verbrecher begraben, die keinen Platz auf dem Kirchhof erhalten hatten.

Acheron unterirdischer Fluss in der griechischen Mythologie, den die Verstorbenen in einer Fähre überqueren mussten, um ins Totenreich, in den Hades, zu gelangen

Katechismus Lehr- und Abfragebuch für den Unterricht im christlichen Glauben; hier: Glaubensbekenntnis

Orpheus Gestalt der griechischen Mythologie, ein Sänger, der mit seinem Gesang Götter wie Menschen betört und befriedet

Si omnes … Komma. Der lateinische Satz lautet übersetzt: »Wenn alle zustimmen, widerspreche ich nicht.« Mit Komma nach »non« hätte der Satz die entgegengesetzte Bedeutung: »Wenn auch alle zustimmen, ich stimme nicht zu, sondern widerspreche.«

S. 40 Megäre (griech.) »der neidische Zorn«; eine der drei Rachegöttinnen der griechischen Mythologie, schrecklich anzusehen durch ihr Schlangenhaar; in einem weiter gefassten Sinn werden auch zum Rasen gebrachte Frauen als Megären bezeichnet.

S. 41 Otterbrut vgl. Matthäus 3,7: »Als er [Johannes der Täufer] nun viele Pharisäer und Sadduzäer sah zu seiner Taufe kommen, sprach er zu ihnen: Ihr Schlangenbrut, wer hat denn euch gewiss gemacht, dass ihr dem künftigen Zorn entrinnen werdet?«

So wahr meine Seele lebt vgl. 1. Samuel 20,3: »Wahrlich, so wahr der Herr lebt, und so wahr diese meine Seele lebt.«

S. 42 Rad besonders grausame Hinrichtungsart (›rädern‹), bei der dem Delinquenten die Glieder zerschlagen und in die Speichen eines großen Wagenrads ›geflochten‹ wurden

S. 43 Eider »ein Vogel, der zu den Gänsen gerechnet wird, sich auf den kalten Klippen des beeiseten Islandes und Grönlandes aufhält, und der Lüsternheit der Reichen die weichen Flaumfedern liefert, die unter dem Nahmen der Eiderdunen bekannt sind« (Adelung)

S. 46 Aesopischen Krüppel Der wohl im sechsten vorchristlichen Jahrhundert lebende griechische Fabeldichter Aesop war der Überlieferung zufolge körperlich verkrüppelt.

S. 51 Eumenide ›Eumeniden‹ (›die Wohlwollenden‹) ist ein – von dem Dramatiker Aischylos (525–456 v. Chr.) eingeführter – beschönigender Name für die Erinnyen, die drei Rachegöttinnen der griechischen Mythologie.

S. 52 Grazien die drei Göttinnen der Anmut in der römischen Mythologie

Füllhorn ein Horn (ähnlich einem Trinkhorn), aus dem Früchte und Blumen quellen; Sinnbild der Fülle und des Überflusses in der antiken Mythologie

Deus ex machina! (lat.) Der Gott aus der Maschine! Sprichwörtlich gewordene Bezeichnung für eine überraschende glückliche Wendung in der Handlung eines Dramas; in der antiken Tragödie leitete dabei der überraschende Auftritt eines Gottes die Lösung des dramatischen Konflikts ein.

Ich hab Proben davon. Das habt Ihr bereits bei anderer Gelegenheit bewiesen.

S. 55 dem Treffen bei Prag der Schlacht bei Prag vom 6. Mai 1757, in der die preußischen Truppen unter Friedrich II. einen Sieg über die Österreicher errangen (vgl. S. 180 oben)

S. 58 Willst dich … im Lethe nicht! Das Lied greift eine Situation aus dem Trojanischen Krieg auf, die allerdings in der »Ilias« nicht unmittelbar geschildert wird: Hektor nimmt von seiner Frau Andromache Abschied, bevor er sich in den Zweikampf mit Achilleus begibt, der für ihn tödlich enden wird.

S. 59 Cocytus von Friedrich Gottlieb Klopstock (1724–1803) in seinem Versepos »Der Messias« verwendete Bezeichnung für den Fluss

Styx, der in der griechischen Mythologie das Reich der Lebenden von dem der Toten trennt

Lethe Nebenfluss des Styx, Strom des Vergessens in der Unterwelt der griechischen Mythologie

S. 61 Regimenter »Im Kriegswesen ist das Regiment eine in mehrere Battallions, Compagnien oder Schwadronen getheilte und der Anführung eines Obersten anvertraute Schar Soldaten« (Adelung).

S. 65 es wird mir schneiden … ein Schwert vgl. Lukas 2,35: »und auch durch deine Seele wird ein Schwert dringen […].«

seraphischen Die Seraphim sind Engel mit sechs Flügeln, die lobsingend den Thron Gottes umstehen (vgl. Jesaja 6,2–6).

S. 68 hatte nichts … Jordan ging vgl. 1. Mose 32,11: »[…] denn ich hatte nicht mehr als diesen Stab, als ich hier über den Jordan ging.«

S. 69 vierzig Meilen Eine deutsche Landmeile bzw. preußische Meile entspricht gut 7,5 Kilometern.

Wurmdoktor »ein herum reisender Arzt oder Marktschreyer, welcher Mittel wider die Würmer im menschlichen Leibe verkauft« (Adelung); hier wohl auch allgemeiner für: Kurpfuscher, ungebildeter und unfähiger Arzt

in seiner Glorie da paradieren spöttisch: in seiner ganzen Pracht da zur Schau gestellt (Adelung erläutert ›paradieren‹ mit ›prangen, prunken‹)

deutet … Eselsohren vermutlich: gibt den gelehrten Herren der Justizbehörden zu verstehen, dass sie Esel sind

diem perdidi Ausspruch, der dem römischen Kaiser Titus (39–81 n. Chr.) zugeschrieben wird. Er soll, wenn er an einem Tag einmal nicht genug Gutes getan zu haben glaubte, zu seinen Gefährten gesagt haben: »Amici, diem perdidi« (»Freunde, ein verlorener Tag«).

S. 70 wenigen Edlen Gemeint sind wohl die letzten Zähne im Mund der alten Frau. Die Formulierung stammt aus Klopstocks »Messias« (IV, 20), steht dort aber in einem ganz anderen Kontext: Sie dient der Würdigung nicht korrupter jüdischer Priester.

Mastdarm letzter Abschnitt des Dickdarms, der am After endet

S. 71 Prälatsbauch Ein Prälat ist »ein vornehmer Geistlicher, besonders in der Römischen Kirche, wo man Bischöfe und [...] Äbte Prälaten zu nennen pflegt« (Adelung). Seit dem Mittelalter war die Ansicht weit verbreitet, dass Geistliche gerade in hohen Ämtern ein komfortables und hemmungsloses Leben führten, sich den Bauch vollschlugen und keineswegs keusch lebten.

das man freilich nicht in der Gerste frisst das man allerdings nicht mit der Muttermilch einsaugt, sondern sich selbst aneignen muss

Weidenstotzen ›Stotz‹ bedeutet im schwäbischen Dialekt ›Pfahl‹ oder ›Pflock‹.

ins Graubünder Land, das ist das Athen der heutigen Gauner Nach Angabe von Schillers Lehrer auf der Hohen Karlsschule Jakob Friedrich Abel (1751–1829) wollte Schiller mit dieser Passage einen bei den Schülern unbeliebten Aufseher, der aus Graubünden stammte, abstrafen. Die Schweiz hatte allerdings auch traditionell – bis ins 17. Jahrhundert hinein – einen zweifelhaften Ruf als angeblicher Zufluchtsort von unehrlichen Leuten. ›Schweizer‹ wurde daher lange Zeit als Synonym für ›Schelm‹ (ehrloser, verbrecherischer Mensch) gebraucht. – Die polemische Textstelle rief Proteste in Zeitungen und Zeitschriften hervor und führte zu Forderungen an Schiller, seine unbegründete Beleidigung des Kantons Graubünden zu widerrufen. Nachdem der württembergische Herzog Carl Eugen von der Sache erfahren hatte, verbot er Schiller jede weitere schriftstellerische Tätigkeit.

S. 72 Bettelvögten, Stadtpatrollanten und Zuchtknechten ›Bettelvögte‹ ist »eine verächtliche Benennung derjenigen Knechte oder Diener der Polizey, die zur Abhaltung und Aufhebung der Bettelleute bestellt sind; Gassenvögte, Armenvögte, Armenwächter« (Adelung). – ›Stadtpatrollanten‹ sind städtische Wächter. Die ›Patrolle‹ ist »die umher gehende Soldatenwache, um die öffentliche Ruhe und Sicherheit zu unterhalten. Patrollen ausschicken.« (Adelung) – Der Ausdruck ›Zuchtknechte‹ findet sich nicht bei Adelung. Gemeint sind Gefängnisaufseher.

Physiognomik Der Zürcher Pfarrer und vielseitige Gelehrte Johann Caspar Lavater (1741–1801) hatte zwischen 1775 und 1778 seine »Physiognomischen Fragmente, zur Beförderung der Menschenkenntniß und Menschenliebe« herausgebracht, in denen der systematische Versuch unternommen wurde, Charaktereigenschaften aus Merkmalen der Gesichtszüge abzuleiten. Goethe, der mit Lavater befreundet war, hatte ein wenig an dem Werk mitgearbeitet, das für Aufsehen sorgte und gleichermaßen Zustimmung und Widerspruch hervorrief. Schiller lehnte Lavaters Ansatz ab. Möglicherweise hatte er Lavater 1774 persönlich erlebt, als dieser zu Studienzwecken auch der Hohen Karlsschule einen Besuch abgestattet hatte. Im ersten Band der »Physiognomischen Fragmente« schrieb Lavater: »Die meisten eifern wider die Physiognomik, weil sie das Licht derselben scheuen [...]. Nicht alle, die wider die Physiognomik eifern, sind böse Menschen [...]. Aber das darf ich behaupten: Beynahe alle böse, schlimme Menschen eifern darwider.« (Leipzig und Winterthur 1775, S. 89)
den Pelikan ansetzen die Zange zum Zähneziehen ansetzen, die ihren Namen ihrer Form verdankte, welche an den Schnabel eines Pelikans erinnerte
so hat's der Teufel gesehen Redensart; gemeint ist: so gebe ich den Kandidaten verloren; so ist mit diesem nichts anzufangen.
Diogenes der griechische Philosoph Diogenes von Sinope (412 bis 323 v. Chr.), der am helllichten Tag mit einer brennenden Laterne in der Hand nach dem »wahren Menschen« Ausschau gehalten haben soll
ausgelernter Praktikus jemand, der sein Geschäft sehr gut versteht
Hamen Der Hamen »ist ein beutelförmiges Netz, dessen Öffnung an einem Reifen mit einem Stiele befestiget ist. Die Jäger bedienen sich desselben zum Hühnerfange, da es denn auch ein Treibezeug genannt wird, die Fischer aber zum Fischfange« (Adelung).

S. 73 Kupfergesicht möglicherweise das vom gewohnheitsmäßigen Alkoholgenuss gerötete Gesicht

Tausendsackerment! blasphemischer Fluch, der sich auf das spätlateinische ›sacramentum‹ (›geweihte Hostie‹) bezieht; das ›Tausend‹ dient dabei schlicht der Verstärkung.

den Zopf hinaufschlagen Die Bedeutung dieser Wendung ist umstritten. Vermutlich soll sie den Entschluss veranschaulichen, die korrekten Sitten und das angepasste Leben (wofür der Zopf steht) aufzugeben und fortan nach eigenen Gesetzen zu leben.

S. 74 Mäckler Makler, Unterhändler, aber auch: ein Mensch, der an allem etwas auszusetzen hat. Adelung zufolge ist ein »Mäkler« »ein Unterhändler der Kaufleute, der ihre Waaren zu verkaufen sucht, [...]. Zuweilen wird auch einer, der auf eine wucherhafte Art mit etwas im Kleinen handelt, ein Mäkler genannt, daher der Geldmäkler alsdann ein Geldwechsler ist. An andern Orten führen die Trödler den Nahmen der Mäkler.« In der zweiten Bedeutung ist ein »Mäkler« »ein Tadler, tadelsüchtiger Mensch« (Adelung).

S. 76 Extrapost vgl. den Anfang des Monologs von Gloster, dem späteren König Richard III., am Ende der ersten Szene von Shakespeares »The Tragedy of King Richard the Third«: »Er kann nicht leben, hoff ich; darf nicht sterben, / Eh Georg mit Extrapost gen Himmel fährt.« (Übersetzung von August Wilhelm Schlegel)

Kapuzinerskutte Der in der ersten Hälfte des 16. Jahrhunderts gegründete Orden der Kapuziner gehört zur Ordensgemeinschaft der Franziskaner. Der Name leitet sich von der auffälligen Mütze der franziskanischen Ordenstracht ab. Die Kapuziner sind ein sogenannter Bettelorden; ihre Mitglieder leben bedürfnislos und suchen die Nähe zum einfachen Volk und zu den Mittellosen.

die Leber Nach antiker und mittelalterlicher Vorstellung war die Leber der Sitz der Emotionen, also auch der Furcht.

S. 77 Rabensteine Der Rabenstein ist ein »erhabener [erhöht gelegener] gemauerter Platz, auf welchem man die Missethäter zu enthaupten pflegt, vermuthlich auch, so fern sich die Raben gern daselbst versammeln, zumahl da ein solcher Richtplatz gemeiniglich nicht weit von dem Galgen zu seyn pflegt« (Adelung).

S. 78 der Stab war … gebrochen! Vor einer Hinrichtung wurde ein kleiner Stab, Symbol der richterlichen Vollmacht über Leben und Tod, zerbrochen.

Schoß Abrahams vgl. Lukas 16, 22: »Es begab sich aber, dass der Arme starb, und er wurde von den Engeln getragen in Abrahams Schoß. […]«

auf die Anatomie verhandelt Die Leichname von Selbstmördern und Verbrechern, denen ein christliches Begräbnis versagt worden war, landeten oft zum Zwecke wissenschaftlicher Forschung auf dem Seziertisch von Medizinern und Anatomen.

S. 79 Galgenpsalm Galgenpsalme waren geistliche Lieder, die von Schulkindern vor und nach der Hinrichtung angestimmt wurden.

Mordbleu Eindeutschung bzw. Verballhornung des französischen Fluchs ›à la mort de Dieu‹: ›beim Tod Gottes‹

Klafter Der Klafter ist »ein Längenmaß, so lang, als eine Person mit beyden ausgespannten Armen greifen kann, welches ungefähr sechs Pariser Fuß beträgt. So werden in der Seefahrt die Längen der Seile und Taue, und im gemeinen Leben verschiedene andere Arten der Längen nach Klaftern gerechnet. Besonders ist es ein Maß des Scheitholzes, ein solcher […] Haufen dieses Holzes, welcher eine Klafter hoch und eine Klafter breit ist« (Adelung).

S. 80 wie Gomorrha und Sodom vgl. 1. Mose 19, 24–26: »Da ließ der HERR Schwefel und Feuer regnen vom Himmel herab auf Sodom und Gomorra und vernichtete die Städte und die ganze Gegend und alle Einwohner der Städte und was auf dem Lande gewachsen war. Und Lots Weib sah hinter sich und ward zur Salzsäule.«

Himmelfass Das Bild greift die alte Vorstellung von einem festen Himmelsgewölbe auf, das die (als flach gedachte) Erde überformt.

S. 81 Molochs Moloch ist der Name einer heidnischen Gottheit im Alten Testament. In Miltons »Paradise Lost« und in Klopstocks »Messias« ist Moloch ein kriegerischer Teufel.

über den alten Kaiser zu plündern Die Redensart bezieht sich auf den Stauferkaiser Friedrich I. (ca. 1122–1190), genannt Barbarossa, und bedeutet: etwas tun, ohne sich Gedanken über die Folgen zu machen.

Batzenstrick schwäbischer Ausdruck für einen einfachen Strick, der nur einen Batzen – eine Münze von geringem Wert – kostet

S. 82 **Kindbetterinnen** Frauen im sogenannten Kind- bzw. Wochenbett, die das Bett hüten müssen, um sich von den Anstrengungen der Entbindung zu erholen

die besorgten ... zu brennen wohl: die die abergläubische Furcht hegten, ihre ungeborenen Kinder ungewollt zu einem Verbrecherleben zu verdammen, wenn sie ihrer Sensationslust nachgaben und der Hinrichtung beiwohnten

S. 83 **Keule** Keile; der Donnerkeil ist das Attribut Jupiters, des Göttervaters in der römischen Mythologie.

S. 84 **Oh! ... in Jerusalem.** Der Hinweis auf Jerusalem, aber auch die sprachliche Form des Satzes deuten darauf hin, dass Schiller zu verstehen geben wollte, Spiegelberg sei ein Jude.

S. 85 **in eine Sauhaut nähen ... lassen** Auch diese Drohung spricht dafür, dass Spiegelberg als ein Jude dargestellt werden soll. Da Juden kein Schweinefleisch essen, stellt die Drohung Schweizers eine besondere Provokation dar (sofern Spiegelberg ein Jude ist).

S. 86 **Otternbrut, die im Finstern schleicht** vgl. Psalm 91, 4 f.: »Seine Wahrheit ist Schirm und Schild, dass du nicht erschrecken müsstest [...] vor der Pestilenz, die im Finstern schleicht.«

S. 87 **Beutelschneider** »ein listiger Dieb, der andern die Geldbeutel unvermerkt abzuschneiden oder zu entwenden weiß« (Adelung)

Ganz ähnlich ... Verdammnis zog der gegen Gott aufbegehrende und aus dem Himmel vertriebene Lucifer; vgl. Offenbarung des Johannes 12, 9 und 19, 20: »Und es wurde hinausgeworfen der große Drache, die alte Schlange, die da heißt: Teufel und Satan, der die ganze Welt verführt, und er wurde auf die Erde geworfen, und seine Engel wurden mit ihm dahin geworfen. [...] Lebendig wurden diese beiden in den feurigen Pfuhl geworfen, der mit Schwefel brannte.«

Blut … Wasser vgl. Hesekiel 39, 17: »[…] findet euch zusammen von überall her zu meinem Schlachtopfer […] auf den Bergen Israels, und fresst Fleisch und sauft Blut!«

hebe … mir! vgl. Matthäus 10, 4: »Da sprach Jesus zu ihm: Hebe dich weg von mir, Satan! […]«

letzten Posaune vgl. 1. Korinther 15, 51 f.: »Siehe, ich sage euch ein Geheimnis: Wir werden nicht alle entschlafen, wir werden aber alle verwandelt werden; und das plötzlich, in einem Augenblick, zur Zeit der letzten Posaune. Denn es wird die Posaune erschallen, und die Toten werden auferstehen unverweslich, und wir werden verwandelt werden.«

S. 89 Tränen der Waisen huben ihn auf. Vermutlich: Sein Glück, seine Macht, seine hohe Stellung waren mit den Tränen derjenigen erkauft, die er zu Waisen gemacht hatte, indem er ihre Väter auf seinem Weg nach oben vernichtete.

Ehrenstellen Als Ehrenstelle bezeichnet Adelung »ein Amt, welches mit Ehre und Würde verbunden ist«; also kein gemeinnütziges unbezahltes Ehrenamt im heutigen Sinne, sondern vielmehr eine herausgehobene, einträgliche Stellung, die wenig wirkliche Gegenleistung (in Form von Arbeit) verlangte.

Pharao König Ägyptens; gemeint ist der Pharao des Alten Testaments, unter dessen Herrschaft das Volk Israel versklavt wurde.

Rotte Korah Im Alten Testament (4. Mose 16) wird berichtet, wie Korah mit einer Gruppe (Rotte) von Gesinnungsgenossen gegen den Führungsanspruch von Moses über das Volk Israel rebelliert. Gott sorgt daraufhin dafür, dass sich die Erde auftut und die gesamte Rotte Korah verschlingt.

Argus In der griechischen Mythologie ist Argos ein vieläugiger Riese, der im Auftrag der eifersüchtigen Göttermutter Hera die Tochter des Flussgottes Inachos, Io, bewacht, in die sich ihr Gemahl, der Göttervater Zeus, verliebt hat. Im Auftrag von Zeus tötet daraufhin der listige Hermes Argos, nachdem er ihn mit seinem Flötenspiel eingeschläfert hat.

S. 90 haben Peru … gespannt Anspielung auf die von Goldgier getriebene grausame Herrschaft der Spanier in Peru um 16. Jahrhundert

Ischariot … verraten Jesus wurde von seinem Jünger Judas Ischariot verraten, der dafür 30 Silberlinge erhielt (vgl. Matthäus 26, 14 f.).

Pharisäer vgl. Matthäus 22, 13: »Weh euch, Schriftgelehrte und Pharisäer, ihr Heuchler, die ihr das Himmelreich zuschließt vor den Menschen! Ihr geht nicht hinein, und die hinein wollen, lasst ihr nicht hineingehen.« Die Pharisäer waren altjüdische Schriftgelehrte, die auf die strenge Einhaltung der religiösen Vorschriften pochten. Im allgemeinen Sprachgebrauch wird ein selbstgerechter Mensch, ein Heuchler, als Pharisäer bezeichnet.

das Ungeheuer am Nilus das Krokodil (Nilus ist der Nil), das Karl von Moor bereits in I, 2 als Sinnbild für die Verderbtheit des gesamten Menschengeschlechtes angeführt hat (vgl. S. 40, Z. 2 f.)

S. 91 euch verlorne Schafe vgl. Matthäus 15, 24: »Er antwortete aber und sprach: Ich bin nur gesandt zu den verlorenen Schafen des Hauses Israel.«

S. 92 Wie heißt … aus ihm spricht? vgl. Markus 5, 8 f.: »Denn er hatte zu ihm gesagt: Fahre aus, du unreiner Geist, von dem Menschen! Und er fragte ihn: Wie heißt du? Und er sprach: Legion heiße ich; denn wir sind viele.«

S. 94 Walhalla »Halle der Gefallenen« in der nordischen Mythologie, in der der Hauptgott Wodan (Odin) die in der Schlacht gefallenen Helden empfängt und mit ihnen zecht

S. 96 girrender Seladon Céladon ist ein verliebter Schäfer in dem Roman »L'Astrée« (vier Teile, 1607–1627) des französischen Schriftstellers Honoré d'Urfée (1568–1625). Sein Name wurde sprichwörtlich für den Typus des schmachtenden (girrenden) Liebhabers.

Arkadiens Arkadien ist eine Region im Süden Griechenlands. In der Literatur steht sie prototypisch für eine naturhafte Idylle.

Basiliskenanblick Der Basilisk ist ein mythisches Tier aus der mittelalterlichen Fabelwelt, das oft mit einem Hahnenkopf und dem Unterleib einer Schlange dargestellt wird. Der Sage nach ist der Blick dieses Zwitterwesens, das für Tod, Teufel und Antichrist steht, tödlich. Das mythische Tier wurde später zum Namensgeber einer Leguanart in Südamerika.

gleich dem verzauberten Hund, der auf unterirdischen Goldkästen liegt Märchenmotiv, auf das Franz auch schon zu Beginn des zweiten Aktes angespielt hat (vgl. II, 1, S. 50, Z. 10–12)

Aussteuer »alles dasjenige, womit ein Kind ausgesteuert wird, besonders dasjenige, was bey Verheirathung einer Tochter derselben mitgegeben auf die Hochzeit, Kleider u. s. f. verwendet wird, die Ausstattung« (Adelung)

S. 99 Meine Glieder … eine Scherbe. vgl. Psalm 22, 15 f.: »Ich bin ausgeschüttet wie Wasser, alle meine Knochen haben sich voneinander gelöst; […] Meine Kräfte sind vertrocknet wie eine Scherbe, und meine Zunge klebt mir am Gaumen, und du legst mich in des Todes Staub.« Mit ›Scherbe‹ ist ein kleines Gefäß gemeint.

aber ihr … in den Tod vgl. Richter 16, 16: »Da sie ihn aber drängte mit ihren Worten alle Tage und ihn zerplagte, ward seine Seele matt bis an den Tod.«

Schläuchen Wein wurde seit der Antike vielfach in Schläuchen gelagert und vor allem transportiert; vgl. auch die Redewendung ›neuer Wein in alten Schläuchen‹.

Bestimmung Kernbegriff der Aufklärung; das Buch »Über die Bestimmung des Menschen« (1748) des protestantischen Theologen Johann Joachim Spalding (1714–1804) war eines der wirkungsmächtigsten Werke der Epoche.

S. 101 Abbadona der gefallene und von Reue ergriffene Engel in Klopstocks »Messias«, der sich als »Abscheu / dieser herrlichen Welt« betrachtet

S. 102 zehn rheinländische Schuhe altes überregional geltendes Längenmaß; ein »rheinländischer Fuß« oder auch »Schuh« wurde im 18. Jahrhundert mit 31,4 Zentimetern veranschlagt.

S. 103 dieser Revier »eine Gegend, ein Bezirk. Das Stadt-Revier, das Gebieth der Stadt. Im Forstwesen wird der einem Förster zur Aufsicht anvertraute Bezirk ein Revier oder Forst-Revier genannt, so wie ein Jagdbezirk [...]. In einigen, besonders Oberdeutschen Gegenden, ist es weiblichen Geschlechtes, die Reviere« (Adelung).

S. 104 den Mann mit dem vernichtenden Blicke ... auf den Ruinen von Karthago Der von Schiller wie auch von seiner Dramenfigur Karl von Moor gleichermaßen geschätzte griechische Geschichtsschreiber Plutarch (vgl. S. 185) berichtet in seiner Biographie des römischen Feldherrn und Staatsmannes Gaius Marius (157–86 v. Chr.), eines angeheirateten Onkels von Julius Cäsar, er habe den Boten, der ihm mitgeteilt habe, dass er Afrika nicht mehr betreten dürfe, grimmig angeblickt und ihm schließlich gesagt, er solle in Rom mitteilen, dass er Gaius Marius als Flüchtling auf den Ruinen von Karthago habe sitzen sehen.

Ostindien Im 17. und 18. Jahrhundert – als sich die früheren Kolonialmächte Portugal und Spanien, die auf die brutale Ausbeutung der von ihnen beherrschten Gebiete in Südamerika gesetzt hatten, auf dem absteigenden Ast befanden – gründeten England, Holland, Dänemark, Schweden, Frankreich und das Deutsche Reich nacheinander sogenannte Ostindien-Kompanien, die den Handel mit Indien und Ostasien (dort vor allem mit dem Kaiserreich China) vorantreiben sollten.

S. 105 Marschall von Sachsen Hermann Moritz Graf von Sachsen, genannt »Maréchal de Saxe« (1696–1750), ein berühmter Feldherr und Kriegstheoretiker im Dienste der französischen Krone.

S. 106 Geschichte des Robins Gemeint ist Robin Hood, der legendäre edle Räuber aus der Zeit Richards I. (›Löwenherz‹) von England (1157–1199) und seines Bruders Johann ›Ohneland‹ (1167–1216); Robins angebliche Taten dienten seit dem späten Mittelalter als stoffliche Vorlage für Balladen, Erzählungen und Dramen.

Seneca Kosinskys Sinnspruch (vgl. Z. 19) atmet den Geist des römischen Staatsmanns und Philosophen Lucius Annaeus Seneca des Jüngeren (4. v. bis 65 n. Chr.), der als Vertreter der stoischen Schule der Philosophie für furchtlose Gelassenheit eintrat.

S. 110 Treffen bei Arbela Im Jahre 331 v. Chr. besiegte das Heer der Makedonier unter Alexander dem Großen bei Arbela in Assyrien die Perser unter König Darius III.

S. 115 Er versammle … seines Vaters in der bildhaften Sprache der Bibel für: Er sterbe; vgl. 1. Mose 25, 8: »Und Abraham verschied und starb in einem guten Alter, als er alt und lebenssatt war, und wurde zu seinen Vätern versammelt.«

S. 118 brennende Durst … zu saufen vgl. 2. Könige 18, 27: »[…] dass sie mit euch ihren eigenen Mist fressen und ihren Harn saufen.«

hab … geehret vgl. 2. Mose 20, 12: »Du sollst deinen Vater und deine Mutter ehren […].«

Hellers Ein Heller war eine Münze von sehr geringem Wert, die in Schwäbisch Hall (60 Kilometer nordöstlich von Stuttgart) geprägt wurde; daher der Name ›Häller‹ oder ›Heller‹.

S. 119 Gehorsam ist besser, denn Opfer. vgl. 1. Samuel 15, 22: »Siehe, Gehorsam ist besser denn Opfern.« Das ›denn‹ ist hier in der Bedeutung von ›als‹ gebraucht.

S. 121 Wucherer jemand, der »von seinem Eigenthume im Handel und Wandel übermäßigen Gewinn zu ziehen sucht, und zu ziehen gewohnt ist« (Adelung)

S. 123 Jemini Zusammenziehung aus lat. »o Jesu domine« (»o Herr Jesus«); volkstümlicher Seufzer, besonders im Schwäbischen

Schweißfuchsen »eine Art Füchse, d. i. röthlicher Pferde, deren dunkeles Haar mit weiß so schattiret ist, daß sie mit Schweiße bedeckt zu seyn scheinen« (Adelung)

ein Eimer zwanzig Wein Ein ›Eimer‹ war ein altes, in deutschsprachigen Ländern gebräuchliches Volumenmaß für Flüssigkeiten, dessen Menge zwischen 60 (›Deutsches Maß‹) und 300 (›Württembergisches Maß‹) Litern variierte.

S. 124 fahret … gesehen! vgl. Lukas 2, 29 f.: »Herr, nun lässt du deinen Diener in Frieden fahren, wie du gesagt hast; denn meine Augen haben deinen Heiland gesehen.«

Herr Jerem Klageruf, aus lat. »Jesu domine« (vgl. oben)

S. 130 als ... Mitternacht ist vgl. Psalm 103, 12: »So fern der Morgen ist vom Abend, lässt er unsere Übertretung von uns sein.«

S. 131 Merkurius lateinischer Name des Götterboten (griechisch: Hermes) in der griechisch-römischen Mythologie, der zugleich der Gott der Kaufleute und auch der Gott der Diebe war

Pächtern Pächter sind Leute, die den Besitz eines anderen gegen Entgelt für eine vertraglich vereinbarte Frist nutzen; beispielsweise Pächter von Gutshöfen.

S. 132 Und wenn ... davon. vgl. Johannes 2,4, Matthäus 6,2 und Psalm 90,10: »Meine Stund ist noch nicht kommen.« »Wahrlich ich sage euch, sie haben ihren Lohn dahin.« »[...] denn es fähret schnell dahin, als flögen wir davon.«

S. 134 den Bettel nicht unterbrechen Bettel als »schlechte, geringe Sache, im verächtlichen Sinne« (Adelung). Bettel könnte aber auch, wie verschiedentlich vermutet worden ist, für das schwäbische Kartenspiel Bettelbrand stehen. Das würde bedeuten, dass sich die anderen Räuber die Zeit mit Kartenspielen vertreiben.

Racker In den »niedrigen Sprecharten ist es oft ein Schimpfwort auf eine im höchsten Grade verächtliche oder hassenswürdige Person«. Im engeren Sinne ist ›Racker‹ eine umgangssprachliche Bezeichnung für den »Abdecker oder Schinder, und in weiterer Bedeutung auch de[n] Henker oder Henkersknecht« (Adelung).

Hundsfötter ›Hundsfott‹ ist »ein sehr niedriges Schimpfwort eines nichtswürdigen, besonders eines feigen Menschen, welches für die höchste wörtliche Beschimpfung gehalten wird.« Es sei »wohl gewiss, dass es eigentlich einen Hundsvogt oder Hundswärter bedeutet, welches nach der damahligen Denkungsart der Franken wohl das verächtlichste« für einen freien Mann war (Adelung).

S. 135 Nemesis Göttin des »gerechten Zorns« und der »ausgleichenden Gerechtigkeit« und damit auch Göttin der Rache in der griechischen Mythologie

Sirenenlied vgl. den unwiderstehlich betörenden Gesang der Sirenen im zwölften Gesang von Homers »Odyssee«

S. 136 Brutus … gehn. Der »Römergesang« (Z. 2) Karl von Moors schildert eine Begegnung zwischen Brutus und dem Geist des im Jahre 44 v. Chr. von Brutus und seinen Mitverschwörern ermordeten Julius Cäsar. Diese Begegnung findet hier nach der Schlacht von Philippi statt, bei der im Jahre 42 v. Chr. Marc Anton und Octavian (der spätere Kaiser Augustus) die Cäsar-Mörder Brutus und Cassius besiegten. Brutus trifft auf den Geist Cäsars, als er sich nach der verlorenen Schlacht darauf vorbereitet, vor Minos, einem der Richter der Unterwelt (allerdings in der griechischen Mythologie), zu erscheinen. In der Brutus-Biographie von Plutarch nennt Brutus den bereits toten Cassius »den letzten Römer«. Shakespeare übernimmt diese Bezeichnung in seinem Drama »The Tragedy of Julius Caesar« (1599). Sowohl bei Plutarch wie auch bei Shakespeare (dort IV, 3) findet sich auch die Begegnung zwischen Brutus und dem Geist Cäsars, die in beiden Werken jedoch vor der Schlacht bei Philippi stattfindet.

Auch du – Brutus – du? vgl. Seite 184 (›Und auch du mein Franz auch du?‹)

Lethes Strande vgl. Seite 194

Schwarzer Schiffer der greise Fährmann Charon der griechischen Mythologie, der die Toten über den Totenfluss Acheron setzt (vgl. Seite 192)

Geh … gehn. vgl. 1. Mose 13, 8 f.: »Da sprach Abraham zu Lot: […] Steht dir nicht alles Land offen? Trenne dich doch von mir! Willst du zur Linken, so will ich zur Rechten, oder willst du zur Rechten, so will ich zur Linken.«

S. 138 Bürge »in der weitesten Bedeutung, eine jede Person, welche die Verbindlichkeit einer andern übernimmt, im Falle diese sie nicht erfüllet. Einen Bürgen stellen, oder geben. Bürge für jemanden werden. Wer ist mir Bürge dafür?« (Adelung)

Warum … bratet? Der griechische Erzgießer Perilaos soll im sechsten vorchristlichen Jahrhundert dem Tyrannen Phalaris von Agrigent (einer Stadt bzw. einem kleinen Reich an der Südküste Siziliens) einen hohlen Ochsen aus Erz zum Geschenk gemacht haben, in dessen Innerem Feinde oder Verbrecher verbrannt werden sollten.

S. 139 Lebensfäden In der griechischen und römischen Mythologie dient das Bild des Lebensfadens als Symbol für die menschliche Existenz. Der Lebensfaden des Menschen wird von den drei Schicksalsgöttinnen, den Moiren bzw. Parzen, gesponnen. Sie bestimmen, wie lange das Leben dauert und wie glücklich oder unglücklich es verläuft.

Deine Mahlzeit ist bereitet. vgl. Matthäus 22, 4: »Abermals sandte er andere Knechte aus und sprach: Sagt den Gästen: Siehe, meine Mahlzeit habe ich bereitet, [...].«

S. 140 mein Rabe Anklang an das Erste Buch der Könige im Alten Testament, in dem der Prophet Elias auf das Geheiß Gottes hin von Raben mit Essen versorgt wird; vgl. 1. Könige 17, 4–6: »Und du sollst aus dem Bach trinken, und ich habe den Raben geboten, dass sie dich dort versorgen sollen. Er aber ging hin und tat nach dem Wort des HERRN und setzt sich nieder am Bach Krit, der zum Jordan fließt. Und die Raben brachten ihm Brot und Fleisch des Morgens und des Abends, und er trank aus dem Bach.«

S. 144 Kannibale Nach Adelung ist der ›Canibal‹ »ein Einwohner der Karibischen Inseln, welche ihre Feinde zu essen pflegen. Figürlich, ein wilder, grausamer Mensch. Daher Cannibalisch, im höchsten Grade grausam. Cannibalische Wuth.«

S. 146 zerr ... liegt! vgl. Hamlets Monolog in III, 3 von Shakespeares »The Tragedy of Hamlet, Prince of Denmark« (1602): »[...] Hinein, du Schwert! sei schrecklicher gezückt! / Wenn er berauscht ist, schlafend, in der Wut, / In seines Betts blutschänderischen Freuden, / Beim Doppeln, Fluchen oder anderm Tun, / Das keine Spur des Heiles an sich hat: / Dann stoß ihn nieder, dass gen Himmel er / Die Fersen bäumen mag und seine Seele / So schwarz und so verdammt sei wie die Hölle, / Wohin er fährt.« (August Wilhelm Schlegel)

S. 147 Würgeengel vgl. etwa 2. Mose 12, 23, oder: Brief an die Hebräer 11, 28. In neueren Bibelübersetzungen steht oft ›Verderber‹.

S. 148 Elieser Elieser ist im Alten Testament der treuste und vertrauteste Diener Abrahams, der Vorsteher seines Hauses; vgl. 1. Mose 15, 5: »Abram sprach aber: HERR, mein Gott, was willst du mir geben? Ich gehe dahin ohne Kinder, und mein Knecht Elieser von Damaskus wird mein Haus besitzen.«

S. 150 zur Ader lassen Der Aderlass, das Abzapfen von Blut – zumeist mithilfe von Blutegeln – kam in der früheren Medizin als eine Art von Allheilmittel bei ganz unterschiedlichen Krankheitssymptomen zum Einsatz.

Lebensbalsam In Georg Friedrich Mosts (1794–1845) »Encyklopädie der Volksmedicin« (Leipzig 1843) wird zwischen Lebensbalsam für äußere und Lebensbalsam für innere Beschwerden unterschieden: »Es gibt 1) einen Balsamum vitae externum, welcher als stärkendes Mittel gegen alte Geschwülste, Gliederlähmung, Gelenkgicht, Verhärtungen etc. gute Dienste leistet. Man bereitet ihn aus Terpentinöl, gestoßener spanischer Seife, von jedem ein Pfund, Pottasche, 4 Loth. 2) Balsamum vitae internum Hoffmanni, aus Muskatnuss-, Zimt-, Cedro-, Nelken-, Majoran- und Lavendelöl, von jedem 1 Scrupel, Bernsteinöl und Rautenöl, von jedem 10 Tropfen, Perubalsam, ein halbes Quentchen, rectificirten Weingeist, 20 Loth. In Fällen von heftigen Blähungen und nervöse Colik bei blassen, krampfhaften Personen, bei Hysterischen und Hypochondristen kann man von diesem Balsam zehn bis zwanzig Tropfen mit etwas Wein oder Branntwein nehmen lassen.« Gesunde bedürften jedoch keines solchen »Lebensbalsams aus der Apotheke. Für diese ist Frohsinn, Heiterkeit, Seelenruhe und Zufriedenheit, welche die Grundlage alles Glücks, aller Gesundheit und des langen Lebens, und die schönen Früchte eines rechtschaffenen Lebenswandels und guten Gewissens sind, – der beste Lebensbalsam, der auch in allen Krankheiten nützt.«

Träume … nichts Alpträume sind für Franz von Moor Symptome einer körperlichen Erkrankung. Diese Auffassung wurde von der materialistischen Religionskritik der Aufklärung vertreten.

Maria, Magdalena und Joseph! Während Franz zunächst nach seinen Bedienten ruft (vgl. Z. 23 f.), ruft er nun katholische Schutzheilige an: die Eltern des Erlösers und Maria Magdalena bzw. Maria von Magdala, die Zeugin der Auferstehung Jesu.

S. 151 Plötzlich … verworfen! In der Traumerzählung von Franz von Moor sind verschiedene Motive aus der Bibel verarbeitet: Gerhard Kluge nennt im Kommentar zu seiner Ausgabe der »Räuber« im Deutschen Klassiker Verlag (Friedrich Schiller: »Werke und Briefe in zwölf Bänden«. Band 2: »Die Räuber. Fiesko. Kabale und Liebe«. Frankfurt am Main 1988) folgende in Frage kommende Bibelstellen: »1. Sam. 25, 36 (das Mahl); Micha 1, 4 (die aufbrechenden Berge und Täler); 2. Petr. 3, 12 (die Elemente zerschmelzen); Offenb. Joh. 8, 2 (die Posaunenengel); Offenb. Joh. 15, 7 (die Schalen voll Gottes Zorn, der von Ewigkeit zu Ewigkeit ist); Offenb. Joh. 20, 13 (die auferstehenden Toten, die gerichtet werden); 2. Mose 19, 16–18 (das Erscheinen Gottes, die Posaune); Dan. 5, 27 (die Waage)«. Zudem seien folgende Verse aus Klopstocks »Messias« als Anregung denkbar: »IV 60–65, V 351–353, VII 601 f., XI 1121 f., XIII 187 f.« (S. 1107).

S. 152 Schale meines Zornes! vgl. die Offenbarung des Johannes 16, 1: »Und ich hörte eine große Stimme aus dem Tempel, die sprach zu den sieben Engeln: Geht hin und gießt aus die sieben Schalen des Zornes Gottes auf die Erde!«

Blut der Versöhnung Nach christlicher Vorstellung hat Jesus durch seinen Tod am Kreuz und das dabei vergossene Blut die Sünden der Welt auf sich genommen.

S. 155 Venus Gemeint ist offenbar eine Statue der römischen Göttin der Liebe.

S. 157 Peru … Pizarro Der spanische Conquistador (›Eroberer‹) Francisco Pizarro (ca. 1476–1541) eroberte zusammen mit seinen drei Halbbrüdern das Reich der Inka (vgl. auch Seite 201 oben).

schwarzlebrigen Grillen melancholischen Anwandlungen; korrekter wäre: schwarzgalligen (vgl. auch Seite 190). Die aufklärerische Religionskritik betrachtete den Pessimismus und die allgemeine

Lebensfurcht schwarzgallig bzw. melancholisch veranlagter Menschen als eine entscheidende Ursache alles Gottesglaubens.

S. 158 und führet … tagen vgl. Psalm 139, 8–12: »Führe ich gen Himmel, so bist du da; bettete ich mich bei den Toten, siehe, so bist du auch da. / Nähme ich Flügel der Morgenröte und bliebe am äußersten Meer, / so würde auch dort deine Hand mich führen und deine Rechte mich halten. / Spräche ich: Finsternis möge mich decken und Nacht statt Licht um mich sein –, / so wäre auch Finsternis nicht finster bei dir, und die Nacht leuchtete wie der Tag. Finsternis ist wie das Licht.«

S. 160 Postill auch Postille; religiöses Erbauungsbuch, Sammlung von Predigten mit Auslegungen der Predigttexte zu Sonn- und Festtagen (von lat. ›post illa [textus verba]‹: ›nach jenen [Worten des Textes‹)

S. 161 Ich kann nicht beten vgl. den Monolog des Königs in Auftritt III, 3 von Shakespeares »Hamlet«

Hier … aus mir. vgl. 1. Samuel 31, 4: »Da sprach Saul zu seinem Waffenträger: Zieh dein Schwert und erstich mich damit, dass nicht diese Unbeschnittenen kommen und mich erstechen und treiben ihren Spott mit mir. Aber sein Waffenträger wollte nicht, denn er fürchtete sich sehr. Da nahm Saul das Schwert und stürzte sich hinein.«

S. 163 Ich hab … nennst. vgl. Lukas 15, 21: »Der Sohn aber sprach zu ihm: Vater, ich habe gesündigt gegen den Himmel und vor dir; ich bin hinfort nicht mehr wert, dass ich dein Sohn heiße.« Schiller vertauscht hier gegenüber dem Bibeltext die Rollen von Vater und Sohn.

S. 165 Wenn … verloren. vgl. 1. Mose 27, 1–40: Auf den Rat seiner Mutter Rebekka hin erschleicht sich Jakob den Segen seines greisen Vaters Isaak und betrügt damit seinen älteren Bruder Esau um das Erstgeburtsrecht.

Wie köstlich … Berge Zion vgl. Psalm 133, 1–3: »Segen der brüderlichen Eintracht. Von David, ein Wallfahrtslied. Siehe, wie fein und lieblich ist's, wenn Brüder einträchtig beieinander wohnen! / Es ist wie das feine Salböl auf dem Haupte Aarons, das herabfließt in seinen Bart, das herabfließt zum Saum seines Kleides, / wie der Tau, der vom Hermon herabfällt auf die Berge Zions! […]«

S. 169 die Kinder des Lichts vgl. etwa den ersten Brief an die Thessalonicher 5, 5: »Denn ihr alle seid Kinder des Lichtes und Kinder des Tages. […]«

S. 170 Erzengel Michael In der Apokalypse bezwingt der Erzengel Michael mit seinen Engeln den ›Drachen‹ Satan und dessen Engel und stürzt sie auf die Erde hinab (vgl. die Offenbarung des Johannes 12, 7–9).

S. 171 so lehre mich Dido sterben! Der römische Dichter Vergil (70 bis 19 v. Chr.) schildert im vierten Gesang seiner »Aeneis«, wie Dido, die Königin von Karthago, sich erdolcht, als der von ihr geliebte Aeneas sie auf Jupiters Befehl hin verlässt.

S. 172 mit Zähnklappern und Heulen vgl. Matthäus 8, 12: »aber die Kinder des Reichs werden hinausgestoßen in die Finsternis; da wird sein Heulen und Zähneklappern.« (Vgl. auch Matthäus 22, 13 und 24, 51)

Dein eigen allein ist die Rache. vgl. 5. Mose 32, 35: »Die Rache ist mein […].«

S. 173 Todsünden Nach Auffassung des Christentums ist der Selbstmord eine Todsünde.

Harmonie der Welt Anspielung auf die Vorstellung des griechischen Philosophen Pythagoras von Samos (um 570 bis nach 507 v. Chr.), die Weltkörper würden in gleichförmigen Bewegungen um ein großes Feuer kreisen und dabei kosmische Klänge, die ›Sphärenharmonie‹, hervorbringen.

im Rat der himmlischen Wächter vgl. Daniel 4, 14: »Dies ist im Rat der Wächter beschlossen und ist Gebot der Heiligen, damit die Lebenden erkennen, dass der Höchste Gewalt hat über die Königreiche der Menschen […].«

Leben und Werk im Überblick

Marbach am Neckar, Lorch, Ludwigsburg, 1759–1773

Johann Christoph Friedrich Schiller kommt am 10. November **1759** als zweites Kind von Johann Caspar (1722–1796) und Elisabeth Dorothea Schiller (geb. Kodweiß, 1732–1802) in Marbach am Neckar zur Welt. Der Vater entstammt einer schwäbischen Handwerkerfamilie, hat als Militärarzt am österreichischen Erbfolgekrieg (1740–1748) teilgenommen und sich dann als Wundarzt in Marbach niedergelassen, wo er 1749 die Tochter des Löwenwirts heiratete. Nachdem sich der Schwiegervater durch riskante Geschäfte finanziell ruiniert hat, tritt Johann Caspar Schiller 1753 in die württembergische Armee ein und wird zunächst im nahen Ludwigsburg stationiert. **Zwischen 1760 und 1763** folgt die Mutter mit den beiden Kindern (Friedrich und der zwei Jahre älteren Christophine) ihrem Mann nach Würzburg, Urach, Cannstatt, Ludwigsburg und Stuttgart. **Ende 1763** wird der Vater nach Schwäbisch Gmünd versetzt. Die Familie wohnt im etwas entfernten Dorf Lorch, wo die Lebenshaltungskosten niedriger sind. Schiller verlebt hier in ländlicher Idylle friedliche Kinderjahre. Die Predigten des Dorfpfarrers Philipp Ulrich Moser – dem er später in den »Räubern« ein Denkmal setzen wird – wecken in ihm den Wunsch, ebenfalls Pfarrer zu werden.

Im Spätjahr **1766** zieht die gesamte Familie in die Residenzstadt Ludwigsburg. **1767** tritt Schiller in die dortige Lateinschule ein. Der öfters kränkelnde Junge ist ein sehr guter Schüler. Daher fordert der Herzog von Württemberg Carl Eugen (1728–1793) den Vater mehrfach auf, Friedrich in die erst 1770 ins Leben gerufene Militärakademie (später: Hohe Karlsschule) zu geben, in der die künftigen Eliten für Armee und Verwaltung des Landes herangezogen werden sollen. Bei der dritten Anfrage schließlich beugt sich der Vater dem Wunsch des Fürsten und sein dreizehnjähriger Sohn wird im Januar **1773** in die »militärische Pflanzschule« aufgenommen.

Schloss Solitude, Stuttgart, 1773–1780

Schiller ist acht Jahre Schüler der Militärakademie, die zunächst im zwischen Ludwigsburg und Stuttgart gelegenen Schloss Solitude und ab **1775** in Stuttgart untergebracht ist. Der Vater wird für seinen Gehorsam belohnt und 1775 zum Intendanten der Hofgärtnerei des Herzogs ernannt, welches Amt er bis zu seinem Tod zwanzig Jahre später innehat. Schiller soll zunächst zum Juristen ausgebildet werden, wechselt aber **1775** zur Medizin über. Der Kontrollanspruch des Herzogs gegenüber den Zöglingen seiner Schule ist umfassend. Sie werden angehalten, sich gegenseitig zu bespitzeln, und haben kaum noch Kontakt zu ihren Familien: Seine im Mai 1773 geborene Schwester Beata Friederike, die nur ein halbes Jahr lebt, lernt Schiller nie kennen. Als 1774 seine fünfjährige Schwester Maria Charlotte stirbt, darf er nicht an der Beerdigung teilnehmen. Seine 1777 geborene jüngste Schwester Nanette lernt er erst nach der Entlassung aus der Karlsschule kennen.

Schlaksig und offenbar etwas unreinlich, durchlebt Schiller in den Jahren auf der Militärakademie Pubertätskrisen, schließt aber auch zahlreiche Freundschaften – so auch mit dem ein Jahr älteren Johann Heinrich Dannecker, der später ein gefragter Bildhauer werden und mit seinen Schillerbüsten die wirkungsmächtigsten Porträts des Dichters schaffen wird – und erhält eine gründliche und für die damalige Zeit sehr fortschrittliche Ausbildung. Sein noch junger Lehrer Jakob Friedrich Abel (1751–1829) vermittelt ihm in Literatur und Philosophie wichtige Anregungen. Schiller liest Shakespeare und arbeitet ab **1777** an einem eigenen Drama, den »Räubern«. **1779** fertigt er in lateinischer Sprache eine medizinisch-philosophische Dissertation (Doktorarbeit) an, die abgelehnt wird. Er schreibt eine zweite Arbeit und enthält Ende **1780** sein Abschlusszeugnis. Zu seiner Enttäuschung – denn sein herausragendes Talent ist dem Herzog nicht verborgen geblieben – wird ihm anschließend die reizlose Stelle eines Regimentsmedikus in Stuttgart zugewiesen. Ebenfalls Ende 1780 legt er letzte Hand an »Die Räuber«.

Die Hohe Karlsschule in Stuttgart. Kolorierter Stahlstich nach einer Zeichnung von Schillers Jugendfreund Karl Philipp Conz (1762–1827).

Stuttgart, Mannheim, Bauerbach, Mannheim, 1781–1785

Auf die Jahre der persönlichen Unfreiheit an der Karlsschule reagiert Schiller zunächst mit einer betont unordentlichen Lebensweise. Seine Dienstpflichten erledigt er unwillig. Er bringt »Die Räuber« anonym im Selbstverlag heraus.

Am Mannheimer Theater wird man auf das Stück aufmerksam. Die Uraufführung des von Schiller auf Verlangen des Mannheimer Intendanten umgearbeiteten Stückes wird Anfang **1782** ein großer Erfolg. Schiller hat sich ohne Genehmigung aus Stuttgart entfernt, um der Premiere beizuwohnen. Im Frühjahr gibt er eine Sammlung von Gedichten heraus und arbeitet an einem neuen Stück (»Die Verschwörung des Fiesco zu Genua«). Als er im Juli erneut unerlaubt nach Mannheim reist, verhängt der erboste Herzog einen zweiwöchigen Arrest und verbietet Schiller, sich weiter schriftstellerisch zu betätigen. Mithilfe eines Freundes, des Musikers Andreas Streicher, flieht Schiller daraufhin Ende September aus Württemberg. Nach Aufenthalten in Mannheim, Frankfurt und Oggersheim folgt er der Einladung einer Gönnerin, Henriette von Wolzogen, und verbringt ab Ende des Jahres ein gutes halbes Jahr auf ihrem Landsitz im thüringischen Bauerbach. Dort arbeitet er weiter am »Fiesco« sowie an einem Gegenwartsstück, dem fürstenkritischen bürgerlichen Trauerspiel »Luise Millerin«, das letztlich den Titel »Kabale und Liebe« erhält. Zudem entstehen erste Pläne und Entwürfe zu den Geschichtsdramen »Don Karlos« und »Maria Stuart«. Nicht zuletzt aufgrund einer unglücklichen Liebe zur Tochter seiner Gönnerin, Charlotte von Wolzogen, kehrt er im Juli wieder nach Mannheim zurück. Dort erhält er am Theater einen Einjahresvertrag als Theaterdichter. Eine schwere Malariaerkrankung kuriert er selbst, mit einer Radikalkur, die zu einer chronischen Entzündung des Magens führt. Anfang **1784** kommen »Fiesco« und »Kabale und Liebe« in Mannheim auf die Bühne. Obwohl letzteres Stück wieder ein begeistertes Publikum findet, wird Schillers Kontrakt als Theaterdichter nicht verlängert.

Leipzig und Dresden, 1785–1787

1785 folgt Schiller der Einladung von vier jungen Verehrerinnen und Verehrern – dem Juristen Christian Gottfried Körner (1756–1831) sowie Ludwig Ferdinand Huber und den Schwestern Minna und Dora Stock – und verbringt als Gast Körners gut zwei weitgehend sorgenfreie Jahre (April 1785 bis Juli 1787) in Leipzig und Dresden. Er setzt seine 1784 in Mannheim begonnene Zeitschrift »Thalia« fort, beendet das Drama »Don Karlos« und verfasst erzählende Prosa (»Der Verbrecher aus verlorener Ehre«). Als Gelegenheitswerk entsteht im Sommer 1785 das – von Schiller nie sonderlich geschätzte – Gedicht »An die Freude«, das Ludwig van Beethoven später im Finalsatz seiner 1824 uraufgeführten Neunten Symphonie vertont hat.

Weimar, Rudolstadt, Jena, Württemberg, 1787–1794

1787 reist Schiller nach Weimar, der Residenzstadt eines kleinen, vergleichsweise unbedeutenden Herzogtums, die aber seit einiger Zeit zu einem kulturellen Zentrum Deutschlands aufgestiegen ist.

Detailaufnahme (von 2008) des 1839 eingeweihten Schiller-Denkmals des dänischen Bildhauers Bertel Thorvaldsen (1770–1844) auf dem Stuttgarter Schillerplatz.

Goethe ist hier seit einem Jahrzehnt Minister, befindet sich aber gerade in Rom, wo er sich seit dem Vorjahr eine lange Auszeit nimmt. Schiller, der dabei ist, den Sturm und Drang seines Jugendwerkes hinter sich zu lassen und – wie zeitgleich auf anderem Wege auch Goethe – eine an der Antike orientierte, klassizistische Ästhetik zu entwickeln, sucht den Kontakt zu den Weimarer Größen wie Christoph Martin Wieland (1733–1813) und Johann Gottfried Herder (1744–1803). Zu Goethe, der die pathetischen und impulsiven Jugendwerke des zehn Jahre Jüngeren eher ablehnt, ergibt sich nach dessen Rückkehr 1788 vorerst kein näherer Kontakt.

Im **Winter 1787/1788** macht Schiller in Rudolstadt die Bekanntschaft der Schwestern Caroline und Charlotte von Lengefeld. Von **Mai bis August 1788** quartiert er sich in der Nähe ein und hat täglichen Umgang mit den beiden. Schriftstellerisch steht das Jahr **1788** im Zeichen der Geschichte: Schiller betreibt historische Studien und schreibt an einer »Geschichte des Abfalls der vereinigten Niederlande von der Spanischen Regierung«, die im Herbst erscheint. Im Dezember wird er, auch auf Goethes Fürsprache hin, als Professor für Geschichte an die (nur 20 Kilometer von Weimar entfernte) Landesuniversität Jena berufen. **1789** tritt er die Professur an und verlobt sich mit Charlotte von Lengefeld. Er arbeitet an einer »Geschichte des Dreißigjährigen Krieges«, die zwischen 1790 und 1793 erscheint. Im Februar **1790** heiratet er Charlotte. Anfang **1791** erleidet er einen gesundheitlichen Zusammenbruch, von dem er sich nie wieder ganz erholt. Die Unterleibskrankheit zwingt ihn, seine Lehrtätigkeit ruhen zu lassen und schließlich aufzugeben. Während der akuten Krankheit beginnt er, Immanuel Kants Werke zu studieren. Ab Dezember 1791 befreit ihn ein insgesamt fünfjähriges Stipendium des jungen Herzogs Friedrich Christian II. von Schleswig-Holstein-Augustenburg (1765–1814) zunächst von Geldsorgen. Auf der Grundlage seines Kantstudiums verfasst Schiller **ab 1793** eine Reihe ästhetischer Schriften (etwa »Über Anmut und Würde«, »Über die ästhetische Erziehung des Menschen« und »Über naive und sentimentalische Dichtung«), um seine künftige Dichtung theoretisch zu fundieren. **Von August 1793 bis Mai 1794** unternimmt er eine lange Reise ins Schwäbische und sieht auch seine Eltern und jüngeren Schwestern wieder. Im September 1793 bringt Charlotte in Ludwigsburg den Sohn Karl Friedrich Ludwig zur Welt. Schiller knüpft Beziehungen zu dem Tübinger Verleger Johann Friedrich Cotta (1764–1832) an, der in der Folge der wichtigste Verleger der Weimarer Klassik wird.

Jena, 1794–1799

Zurück in Jena, lädt Schiller Goethe ein, sich mit Beiträgen an seiner neuen Zeitschrift »Die Horen«, die bei Cotta erscheinen soll, zu beteiligen. Goethe reagiert positiv, woraufhin Schiller ihn auch persönlich weiter umwirbt. Von nun an reißt der Kontakt nicht mehr ab und wird immer intensiver und vertrauensvoller. Goethe und Schiller diskutieren bieflich wie mündlich Fragen der Kunst und Dichtung und spornen sich gegenseitig zu großen Werken an. Vor allem Goethe benötigt solche Impulse, während Schiller ein disziplinierter Arbeiter und anders als der aus wohlhabenden Verhältnissen stammende, mit einem Ministergehalt versehene Freund auch auf den finanziellen Ertrag seiner Werke angewiesen ist. Die übrige literarische Welt wird im »Xenien«-Kampf der Jahre **1796/97** durch kleine Spottverse in ihre Schranken gewiesen (was nicht überall gut ankommt).

Ab **1796** – dem Geburtsjahr seines zweiten Sohns Ernst Friedrich Wilhelm – kehrt Schiller wieder zur Dichtung zurück. Er gibt bis 1800 jährlich einen »Musenalmanach« heraus, in dem beispielsweise **1797** die großen Balladen Goethes und Schillers erscheinen. Zudem arbeitet er am »Wallenstein«. Der Stoff erweist sich als so umfangreich, dass Schiller ihn auf drei Dramen verteilt: das prologartige Stück »Wallensteins Lager«, das fünfaktige Drama »Die Piccolomini« und das Trauerspiel »Wallensteins Tod« (uraufgeführt am Weimarer Hoftheater unter Goethes Leitung im Oktober 1798, Januar 1799 und April desselben Jahrs). Schiller schreibt nun jedes Jahr ein großes Drama. Im Sommer **1799** beginnt er mit der Arbeit an »Maria Stuart«. Im Dezember siedelt er, sechs Wochen nach der Geburt der ersten Tochter Karoline Henriette Luise, mit seiner Familie nach Weimar über.

Das 1901 im Golden Gate Park in San Francisco aufgestellte Goethe- und Schiller-Denkmal, eine Kopie des Weimarer Denkmals von Ernst Rietschel (1804–1861) aus dem Jahre 1857.

Weimar, 1800–1805

Im Juni **1800** wird in Weimar »Maria Stuart« uraufgeführt, im September **1801** in Leipzig »Die Jungfrau von Orleans«. Schiller besucht die dritte Vorstellung und wird frenetisch gefeiert. **1802** experimentiert Schiller in der »Braut von Messina« mit der Form der antiken Tragödie. Im April stirbt seine Mutter. Im November wird er geadelt. »Die Braut von Messina« wird im April **1803** in Weimar uraufgeführt. Das Stück erlangt jedoch nie die Popularität der anderen klassischen Dramen aus Schillers Spätwerk. Im März **1804** folgt die Uraufführung von »Wilhelm Tell«, wiederum in Weimar. Im Mai reist Schiller mit seiner hochschwangeren Frau und den beiden Söhnen nach Berlin, um die Chancen und Bedingungen für einen Wechsel in die Metropole auszuloten. Die Verhandlungen scheitern und Schiller bleibt in Weimar. Im Juli kommt die zweite Tochter Emilie Henriette Luise zur Welt. Schiller arbeitet am »Demetrius«, den er nicht mehr vollenden kann. Er stirbt am **9. Mai 1805** im Alter von 45 Jahren an den Folgen seiner chronischen Krankheit.

Die Obduktion ergibt eine weit fortgeschrittene Zerstörung lebenswichtiger innerer Organe. Der Leibarzt des Herzogs schreibt im Obduktionsbericht, bei diesen Umständen müsse »man sich wundern, wie der arme Mann so lange hat leben können«. Wie in Schillers Werk, so triumphiert auch in Schillers Leben der Geist lange über den Körper – bis eben die Kräfte nicht mehr reichen.

Druck A 1 / Jahr 2016
Alle Drucke der Serie A sind im Unterricht parallel verwendbar.

Bildnachweis: S. 2: akg-images GmbH; S. 215: wikimedia.commons / Wuselig; S. 217: wikimedia.commons / File Upload Bot (Magnus Manske); S. 219: wikimedia.commons / Amonet

Redaktion, Satz, Erläuterungen und ›Leben und Werk im Überblick‹: Dr. Hans-Georg Schede, Freiburg

Layout: Yvonne Behnke, Berlin

Druck: westermann druck GmbH, Braunschweig

ISBN 978-3-507-69987-8